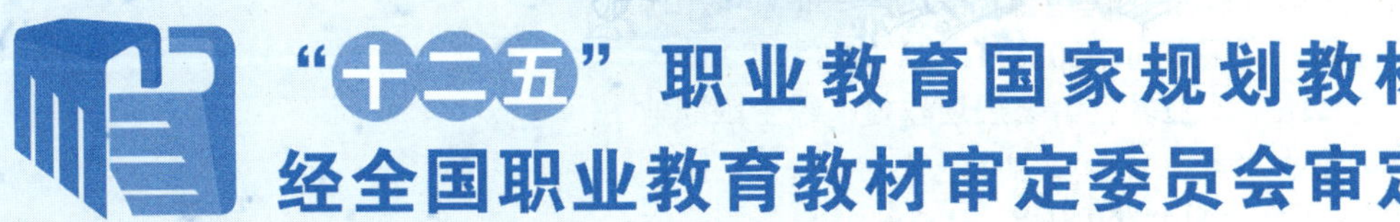

现代职业礼仪

白丽香◎主　编
栗书河　宋　梅◎副主编

中国铁道出版社有限公司
CHINA RAILWAY PUBLISHING HOUSE CO., LTD.

内容简介

本书为“十二五”职业教育国家规划教材。全书共五个项目，从职业礼仪认知、职场个人形象塑造、求职面试、职场沟通交往、商务交际及宴会礼仪等方面融合东西方经典礼仪准则与现代礼仪规范，结合目前学生特点，依据现代职业场合，以项目、任务形式，整合并强化实训指导，使学生全面掌握实用职业礼仪，提升职业素养。

本书适合作为职业教育院校公共礼仪教材，适用于高等学校本科职业礼仪教学，同时适用于各行各业员工职场培训及日常礼仪培训。

图书在版编目（CIP）数据

现代职业礼仪/白丽香主编. —2版. —北京：中国铁道出版社有限公司，2021. 11（2024.8重印）
“十二五”职业教育国家规划教材　经全国职业教育教材审定委员会审定
ISBN 978-7-113-28630-9

Ⅰ. ①现…　Ⅱ. ①白…　Ⅲ. ①礼仪-高等职业教育-教材　Ⅳ. ①K891. 26

中国版本图书馆CIP数据核字（2021）第258753号

书　　名：现代职业礼仪
作　　者：白丽香

策　　划：祁　云　　　　　编辑部电话：（010）63549458
责任编辑：祁　云　李学敏
封面设计：刘　颖
责任校对：安海燕
责任印制：樊启鹏

出版发行：中国铁道出版社有限公司（100054，北京市西城区右安门西街 8 号）
网　　址：https://www.tdpress.com/51eds/
印　　刷：河北宝昌佳彩印刷有限公司
版　　次：2014 年 4 月第 1 版　2021 年 11 月第 2 版　2024 年 8 月第 3 次印刷
开　　本：850 mm×1 168 mm　1/16　印张：13.5　字数：314 千
书　　号：ISBN 978-7-113-28630-9
定　　价：45.00 元

第二版前言

中国优秀传统文化的丰富哲学思想、人文精神、教化思想、道德理念等，可以为人们认识和改造世界提供有益启迪，可以为治国理政提供有益启示，也可以为道德建设提供有益启发。本书第二版增加了礼仪概述的内容，通过对“礼仪”的认知，让学生感受中国文化的博大精深，指导学生用实际行动传承中华优秀的传统文化，培养爱国情怀；通过对“职业礼仪”的认知，加强道德修养，树立正确的社会道德观和人生价值观，增强社会责任感、使命感；培养高尚的情操，铸造美好的心灵，自觉地规范自己的行为，塑造良好社会形象。

社会文明程度得到新提高，是我国“十四五”时期经济社会发展的主要目标之一。2014年2月24日，习近平总书记在十八届中央政治局第十三次集体学习时指出：“礼仪是宣示价值观、教化人民的有效方式。”礼仪作为一种制度规范和价值载体，具有成风化人的教化功能。大学生在步入职场时，会面临各种各样的职场礼仪状况，本教材坚持推行职业教育项目教学、案例教学、情景教学、工作过程导向教学，为学生职业发展奠定较为扎实的礼仪基础，提高职业学院学生的实践能力。

本书以培养学生职业礼仪素养为核心，首先阐述了礼仪的内涵，接下来从职场的角度，面向各行各业，包括职场个人形象、求职面试、职场沟通交往、商务交际及宴会礼仪等角度融合东西方经典礼仪准则与现代礼仪规范，帮助学生掌握实用职业礼仪，提高学生职业素养，学会以管理者的角度观察、分析、判断事物，使学生具有能够完成综合性管理工作任务所具备的职业能力，通过对本教材的学习运用，做到知识与技能、过程与方法、态度与价值观三者的协调统一。

第二版在保留第一版内容的基础上，进行了以下修订：

1. 增加了礼仪概述的内容，在理论认知中融入课程思政内容，注重培养学生传承中国优秀传统文化，培养爱国情怀，加强道德修养，树立正确的社会道德观和人生价值观，增强社会责任感、使命感。

2. 在案例方面进行了优化，同时增加了网络沟通礼仪内容。

3. 新版教材图片进行了全面更新，同时增加了数字化资源，便于更直观地学习和掌握。

4. 突出教学创新，实现教企结合。

5. 本书编写团队一直在教学及行业礼仪培训一线，团队力量更强大。

本书由白丽香任主编，栗书河、宋梅任副主编，于昕、王秀荣、高媛、倪小丽、储金梅参与编写。本书主编白丽香女士是职场礼仪培训专家，企业礼仪顾问，河北省礼仪文化教育学会副会长，秦皇岛市礼仪协会会长，从事礼仪教学及行业礼仪培训19年，并具有任职6年的业界工作经历，课程建设过程中侧重学科理论与企业实践相融合，注重教学模式创新。参与本书编写的成员有业界人士、礼仪骨干教师、专家教授，大家来自不同行业，具有不同的学缘结构、年龄结构。

本书在编写过程中参考了大量有关礼仪及职场方面的图书、文献以及网络上的相关资料，这些都以参考文献的形式列出，在此，向这些文献的作者表示衷心的感谢！在本书改版过程中，秦皇岛职业技术学院张有山老师及10名学生在图片拍摄及数字化资源的制作方面给予了帮助，在此一并表示感谢！

在教材建设方面我们不断作出改进，不断尝试创新，在此，恳请各相关院校同仁和读者朋友在使用本书时对发现的不足及缺陷给予批评指正，我们将不胜感激。

编　者

2021年9月

第一版前言

荀子曰："人无礼则不生，事无礼则不成，国无礼则不宁。"礼，是中华民族传统文化的核心内容，它铸造了中国"礼仪之邦"的美誉。礼仪是人们在社会交往中共同遵守的行为规范和准则，泛指礼貌和礼节。礼仪本身就是一种特殊的语言，凭借它可以顺利地开启各种交际活动的大门、建立和谐融洽的人际关系。

在现代社会中，职业素质已成为用人单位选用人才的重要标准，也是职场制胜、事业成功的第一法宝。目前，高职礼仪教育更多拘泥于某一专业各岗位的礼仪规范，而大学生在步入职场时，会面临各种各样的职场礼仪状况，往往因知之甚少而难以应对，这将极大地影响用人单位对于高职学生的认同度，影响学生工作能力的发挥。因此，当前非常有必要普及高职学生职业礼仪教育。

本教材以培养学生职业礼仪素养为核心，从职场实际出发，面向各行各业及办公室职员，从职场个人形象、求职面试、职场沟通交往、商务交际及宴会礼仪等角度融合东西方经典礼仪准则与现代礼仪规范，帮助学生掌握实用职业礼仪，提高学生职业素养，学会用管理者的角度观察、分析、判断事物，使学生具有能够完成综合性管理工作任务所需具备的职业能力，即做到知识与技能、过程与方法、态度与价值观三者的协调统一。

教材的主要特点：

1. 突出职业教育，注重综合能力训练

本教材设计四个项目环节，遵循"项目导向"的现代职业教育指导思想。强调情境模拟训练和案例分析，培养学生辨析能力和实际操作能力。"为行动而学"，"通过行动来学"，实现教、学、做一体化教学。

2. 项目化课程设计思路

本教材设计基于"岗位胜任力模型及工作任务"的"项目化"教学模式，通过对各职场环境的分析，将课程内容整合为四个大的学习项目。每个项目由若干个任务组成，每个任务又由一系列的子任务相辅助。学生在不断地完成任务的过程中，由浅至深，由单一任务到综合任务，从而构建个人对于职场礼仪的综合认知与实践体系。

3. 教材内容教学化编写

本教材注重对一线教学的支持。每个教学项目从"项目情境"引导，围绕认知与训练环节设置任务单元及子任务，每个任务设置"能力目标"；每个子任务设置"任务情境""学生讨论""布置任务""知识链接"，与教学流程一致；

同时结合知识点设计“实践操作”内容，整合子任务学习重点；在整体任务环节又设计“拓展实践”来提升学生对任务实践的实操能力，由此给予学生充分的展示空间，调动学生主观能动性，在自然、轻松的氛围中，全方位地展示礼仪，通过反复的训练，使其成为一种礼仪习惯并达到学则会用的目的。

4. 突出教学改革，实现教企结合

在应用类环节，本教材整合前三项项目知识点，专门以企业实际案例为学习情境，综合训练礼仪的实践应用能力。同时，在整个教材的最后环节，我们设计了“应用考核项”，考核学生独立设计指定情境中的礼仪点，培养礼仪思维，每时每刻注重礼仪，让礼仪如影随形，并培养学生团队合作精神。希望通过教学与企业案例的有效结合实现教材编写目的：教师易上，学生易学。

本教材主编白丽香女士从事高职礼仪一线教学工作有十多年时间，具有长期酒店、商场、公务员等职业礼仪培训经历，具备任职 6 年的业界工作经历。其理论基础扎实，教学经验丰富，实践能力强，具备创新意识。参与本教材编写的成员还有企业高级技师、国家职业技能鉴定题库开发专家、省精品课程负责人等。所有编者都具备业界经历，而且来自不同行业，具有不同的学缘结构和年龄结构。

本教材由白丽香任主编，栗书河、宋梅任副主编，参编有于昕、王秀荣、高媛。尽管我们在高职教材的建设方面做了许多努力，但由于能力和水平有限，加之本教材的编写属于改革新尝试，所以还存在着很多不足和缺陷，恳请各相关院校同仁和读者朋友在使用本教材时给予批评指正，我们将不胜感激。

本教材在编写过程中参考了大量有关礼仪及职场方面的书籍、文献以及网络上的相关资料，在此向相关作者表示衷心的感谢！感谢中国铁道出版社的支持和帮助！特别感谢鱼酷餐饮管理公司给予的资料支持及咨询帮助！感谢张有山老师、张秋敏老师给予的支持和帮助。

编　者

2014 年 2 月

目录

项目四 职场商务交际礼仪

项目一 礼仪概述

项目情境

孔子的儿子叫孔鲤，字伯鱼。陈亢问孔鲤："你在老师那里听到过什么特别的教诲吗？"孔鲤回答说："没有呀。如果一定要说有，也只有两次。有一次他独自站在堂上，我怕影响他，快步从庭院走过，父亲问我：'学《诗》了吗？'我回答说：'没有。'他说：'不学《诗》，就不懂得怎么说话。'于是我退下后开始学《诗》。又有一次，他又独自站在堂上，我快步从庭院走过，父亲问我：'学《礼》了吗？'我回答说：'没有。'他说：'不学《礼》就不懂得如何立身。'于是我退而学《礼》。私下听到父亲的教诲就只有这两次。"陈亢回去高兴地说："我提一个问题，得到三方面的收获，听了关于读《诗》的道理，听了关于学《礼》的道理，又听了君子不偏爱自己儿子的道理。"

"不学礼，无以立。"这句话出自《论语》，意思是说做人要有礼，没有礼，便无法立足。朱熹解释说，学礼则"品节详明，而德性坚定，故能立"。因为学礼会让人拥有良好的品德、自律的精神，而且内心的道德感强烈，所以这样的人才能够在社会中"立住"。

礼仪是中华民族的传统美德，从古至今，源远流长。做什么事情，先学会做人。作为一名职场人，首先要做一个有礼的人，学会为人处世，能恰当地处理好各种社会关系，这样才能在社会上立足。礼仪，就是来教会人们为人处世之道。

通过本项目的学习，使学生能够了解课程定位；理解礼仪的相关概念及特征；能够掌握国际礼仪通则；了解职业礼仪的含义、作用及个人礼仪修养。能够应用职业礼仪原则修炼自身的礼仪素养。

任务 1 礼仪认知

能力目标

- 了解礼仪的起源与发展。
- 掌握礼仪的相关概念。
- 理解礼仪的原则及功能。

1949 年，著名史学大师钱穆先生去了香港，在非常艰苦的条件下创办新亚书院，在岭南传播中国文化。1967 年，新亚书院因故停办，钱先生去了台北。不久，有一位名叫邓尔麟的美国学者去拜访他，听他谈中国文化。钱先生谈了很多，他说，中国文化说到底只有一个字，那就是“礼”。礼是中国人一切行为的准则，体现着中国文化的特殊性，在西方语言里没有对等的词可以对译。钱先生的说法，可谓一语中的。钱先生说，要了解中国文化，必须站得更高，看到中国之心。中国传统文化的核心思想就是“礼”。从来没有人从如此宏观的角度来论述中国文化的本质。中国人在长期的历史过程中，形成了共同的价值体系和行为方式，并且通过礼的形式，使之“格式化”，推行到各地，从而深深地扎根于社会，成为人们互相联系的强大纽带。

请同学们思考：“了解中国文化，必须站得更高，看到中国之心。中国传统文化的核心思想就是‘礼’。”这句话说明“礼”在中华文明中处于何种地位？那么，礼的含义是什么？经历了怎样的发展演变？作为新时代的年轻人该如何传承中华传统礼仪文化？

今天我们学习的礼仪，就是在传统礼仪的基础上，结合新时代精神予以发展和传承。

子任务 1　礼仪的起源与发展

任务情境

孔子周游列国的时候，有一天听到一个叫皋鱼的人在路边哭得十分悲伤。于是孔子就上前去问他：“你为什么哭得这么悲伤呢？”

皋鱼回答说：“我小的时候为了学习，曾经离开父母周游各个诸侯国，等我回去的时候，双亲都已经去世了。作为一个儿子，应当侍奉父母时我却不在他们身边；现在我想要供养父母，他们却都已经不在了。这就是‘树欲静而风不止，子欲养而亲不待’的悲哀啊。”皋鱼说完，就因悲伤过度而去世了。

“树欲静而风不止，子欲养而亲不待”意思是，树想要静下来可风却不停，子女想好好赡养父母时，父母却等不到这一天了。这个故事告诫我们，行孝要及时，要在平时的一点一滴中注意关心父母，不要等到父母不在以后追悔莫及。

学生讨论

读完这则故事你的感触是什么？

布置任务

“孝”是中国传统家国天下的一种延续了数千年的言行与礼仪，查阅资料，每人整理 3 个礼仪故事并在课堂分享，一起感受中国传统文化的博大精深。

一、“礼仪之邦”的由来

1. 中华民族制礼历史悠久

中国是一个文明古国，素有“礼仪之邦”的美称。儒家肯定“周公制礼作乐”。周公（姬旦）为周朝开国元勋、大思想家，是礼法和典章制度的创制者、东方文化的奠基人。《周礼》一书，相传为周公所著，其内容大部分是西周旧制，同时记载着作者的许多政治思想。全书共六篇，按天、地、春、夏、秋、冬六官分述。历代统治阶级将《周礼》列为儒家重要经典，至今已有3000多年的历史。

2. 中国古代礼制仪法完备

中国最早的三部礼书为《周礼》《仪礼》《礼记》，详细记载了秦汉以前的礼仪。在西周时期，已有礼的专门机构——春官宗伯，到了唐代，改称礼部，清代则改称典礼院，民国后隶属外交部礼宾司，管辖至今。

3. 礼仪是中国传统文化的重要组成部分

经过儒家和历代帝王的推崇与倡导，礼仪渗透到中国社会生活的各个方面。儒家学说的创始人孔子对礼仪非常重视，他明确告诫弟子："非礼勿视，非礼勿听，非礼勿言，非礼勿动。”孔子之所以如此重视“礼”，因为“礼”代表了孔子理想中的一种政治局面。其特征有三：其一是“和”，主张以仁爱之心待人，“和为贵”，反对征战、杀伐；其二是“让”，主张安分守己，互相谦让，“己所不欲，勿施于人”；其三是“序”，强调在人际关系中，必须“有序”，即遵守“君君臣臣，父父子子”，“贵贱有等，亲疏有体，长幼有序”。在我国几千年的文明历史中，儒家礼治的主张日益得到统治者的赞同，形成内容极其广泛的行为规范，从而成为中国传统文化的重要组成部分，同时也对中国人的文化心理产生深远影响。

二、礼仪的起源与发展

中华民族是人类文明的发祥地之一，文化传统源远流长。礼仪究竟何时何故而起，自古以来，人们对此进行过种种探寻，归纳起来，大体有五种礼仪起源说：一是天神生礼仪；二是礼为天地人的统一体；三是礼产生于人的自然本性；四是礼为人性和环境矛盾的产物；五是礼生于理、起于俗。

礼仪作为中华民族文化的基础有着悠久的形成和发展历史，经历了一个从无到有、从低级到高级、从零散到完整的过程。从历史发展的角度可以分为六个时期：

1. 起源时期（约公元前21世纪以前）

这一阶段综合考古学、民族学的材料可以发现，这一时期原始的政治礼仪、祭祀礼仪、婚姻礼仪等已有了雏形，但还不具有阶级性。

2．形成时期（公元前 21 世纪—公元前 771 年）

这一阶段约为夏、商、西周三代。从夏朝建立起，中国社会进入了奴隶制社会。由于大规模地利用奴隶劳动，使生产力比原始社会有了更大的发展，与之相适应，社会文化也得到了较大的发展。在这个阶段，提出了极为重要的礼仪概念，如“五礼”（吉礼、凶礼、军礼、宾礼、嘉礼），确立了崇古重礼的文化传统。古代的礼制典籍亦多撰修于这一时期，如在西周，出现了中国历史上的第一部记载礼的书籍《周礼》。人们通常认为，传世的《周礼》和《仪礼》是周公的遗典，它们与其释文《礼记》，成为后世称道的“三礼”。“三礼”所涉及的各种礼制的总和，涵盖了中国古代礼仪的主要内容，是我国礼仪的经典之作，对我国后世的礼仪建设起到了不可估量的作用。

3．变革时期（公元前 771 年—公元前 221 年）

这一阶段约在春秋战国时期，是我国奴隶制向封建制转变的过渡时期。以孔子、孟子为代表的儒家学者系统地阐述了礼的起源、本质和功能等问题，第一次在理论上全面而深刻地论述了社会等级秩序划分及其意义，以及与之相适应的礼仪规范、通用义务。

4．强化和衰落时期（公元前 221 年—1911 年）

这一阶段大约是从秦汉到清末。这一时期的重要特点是尊君抑臣、尊夫抑妇、尊父抑子、尊神抑人。在漫长的历史演变过程中，一方面，它起着调节、整合、润滑人际关系的作用，作为一种无形的力量制约着人们的行为，使人们循规蹈矩地参与社会生活；另一方面，又逐渐成为妨碍人类个性自由发展、阻挠人类平等交往、窒息思想自由的精神枷锁。

5．现代礼仪时期（1911 年—1949 年）

1911 年末，清王朝土崩瓦解。西方文明和文化对中国传统的伦理秩序产生了巨大的冲击，简化了中国传统礼仪的繁文缛节，形成了独特的中西合璧的半封建半殖民地礼仪。孙中山先生和同仁们破旧立新，用民权代替君权，用自由、平等取代宗法等级制；普及教育，废除祭孔读经；改易陋俗，剪辫子，禁缠足等，从而正式拉开现代礼仪的帷幕。20 世纪三四十年代，中国共产党领导的苏区、解放区，重视文化教育事业及移风易俗，进而谱写了现代礼仪的新篇章。

6．当代礼仪时期（1949 年至今）

1949 年 10 月 1 日，新中国成立，新型人际关系、社会关系的确立，标志着中国的礼仪、礼学进入了一个新的历史时期。

改革开放以来，随着中国与世界的交往日趋增强，许多礼仪从内容到形式都在不断革新。我国现代礼仪是在中国传统礼仪的基础上，继承和发扬了中华民族在礼仪方面的优良传统，具有时代特点的礼仪规范；又是适应改革开放，在新的层次上同国际礼仪接轨，符合国际通行原则的礼仪规范。

而职业礼仪，是现代礼仪的重要组成部分，广泛应用于现代职业活动中，越来越受到现代人们的重视。

实践操作

查阅资料并小组讨论：

① 了解我国古代主要的礼仪书籍有哪些。

② 目前你了解的礼仪活动中，你觉得哪个礼仪活动最有意义？

③ 作为新时代的年轻人该如何传承中华优秀的传统礼仪文化。

子任务 2　礼仪的含义

任务情境

在天津南开大学旧址的东楼入口处，立着一面醒目的大镜子，镜子上方篆刻着一段话：面必净，发必理，衣必整，钮必结；头容正，肩容平，胸容宽，背容直。气象勿傲、勿暴、勿怠，颜色宜和、宜静、宜庄。这 40 个字，是由南开大学创始人、著名的教育家张伯苓先生订立，另一位南开大学创始人严范孙先生亲笔题写的“容止格言”。1904 年，张伯苓先生和严范孙先生在旧式的严氏家塾的基础上，创办了新式的南开大学。南开大学像当时许多新创办的学校那样，采用新式教育方式培养学生。他们认为，学校培养的新式学生，一方面应当具有现代理念、视野与学识；另一方面，也应该具有良好的精神状态、仪表风度和人格修养。因此，张伯苓在学校门口设立了这面镜子，令每位学生进出校门时，遵循“以铜为镜，可以正衣冠”的古训，依照“容止格言”，对着镜子整顿自己的风貌。美国哈佛大学校长伊里奥博士来南开大学参观，见这里的学生举止言谈、风度仪表都同其他学校的学生不同，便问张伯苓原因何在。张伯苓把他带到镜子前，将上面的箴言向他细细解释，伊里奥听了十分钦佩。后来还有外国人将镜上箴言拍下来，刊登在美国的报纸上，他们对这种教育方式推崇备至。

学生讨论

南开大学礼仪教育的“容止格言”，对于一个人有哪些影响？

布置任务

践行礼仪规范，对于职场人会有哪些作用？

知识链接

一、礼仪的基本概念

1. 礼

《说文解字》中：礼，履也。所以事神致福也。礼的含义比较丰富，它既可指为表示敬意而隆重举行的仪式，也可泛指社会交往中的礼貌和礼节，是人们在长期的生活实践中约定俗成的行为规范。在古代，礼特指奴隶社会或封建社会等级森严的社会规范和道德规范。

2．礼貌

礼貌是人与人之间在接触交往中相互表示尊重和友好的行为准则，它体现了时代的风貌与道德品质，体现了人们的文化层次和文明程度。礼貌是一个人在待人接物时的外在表现，它通过言谈、表情，姿态、举止等来表示对人的尊重。礼貌可分为礼貌行动和礼貌语言两个部分。

3．礼节

礼节是人们在日常生活，特别是在交际场合中，相互问候、致意、祝愿、慰问以及给予必要的协助与照料的惯用形式。礼节是礼貌的具体表现，如中国古代的作揖、跪拜，当今世界各国通行的点头、握手，南亚诸国的双手合十，欧美国家的拥抱、亲吻，少数国家和地区的吻手、拍肚皮、碰鼻子等，都是不同国家礼节的表现形式。

4．仪式

仪式是指在一定场合举行的，具有专门程序、规范的活动，常用于较大或较隆重的场合，是一种正规、隆重的行礼的具体过程或程序。人们在社会交往过程中或是组织开展各项专题活动过程中，常常要举办各种仪式，以体现重视或表示纪念。常见的仪式包括开幕仪式、闭幕仪式、签字仪式、剪彩仪式、欢迎仪式、交接仪式等。仪式往往有程序化的特点，这种程序因场合不同而存在差异，所以人们要正确遵守和运用。

5．礼仪

礼仪是人们在社会交往中共同遵守的行为规范和准则，是礼貌、礼节、仪式的统称。礼仪作为在人类历史发展中逐渐形成并积淀下来的一种文化，自始至终地以一定的、约定俗成的程序、方式来表现的律己敬人的完整行为。在礼学体系中，礼仪是有形的，它存在于社会的一切交往活动中，其基本形式受物质水平、历史传统、文化心态、民族习俗等众多因素的影响。语言、行为表情、服饰器物是构成礼仪最基本的三大要素，一般来说，任何重大典礼活动都需要同时具备这三种要素才能完成。

礼仪是人际交往的通行证，渗透于人们的日常生活中，体现着人们的道德观念，确定着人们交往的准则，指导着人们的行动。在社会生活中，人人以礼相待，互尊、互爱、互谅，并成为自觉的行动，这是社会文明进步的表现。

二、礼仪的原则

1．遵守

社会上的每个成员都应自觉、自愿地遵守礼仪规范。礼仪规范反映的是人们共同的利益和要求。任何人，不论身份高低、职位大小、财富多寡都要遵守执行。遵守是首要条件，没有这一条，就谈不上礼仪的应用、推广。在人际交往中，遵守的原则主要有遵守公德、遵时守信等。

2．敬人

敬，是礼仪的核心。孔子说："礼者，敬人也。"这是对礼仪核心思想的高度概括。《礼记》

云："夫礼者，自卑而尊人。"所谓敬人的原则就是要求人们在互相交往过程中既要互谦互让、互尊互敬、友好相待、和睦共处，更要将对交往对象的重视、恭敬、友好放在第一位。常存敬人之心，处处不可失敬于人，失敬就是失礼。

3．自律

自律是礼仪的基础和出发点。自律的原则要求人们在社会交往过程中自我要求、自我约束、自我对照、自我反省、自我检查。古人云："己所不欲，勿施于人。"学习、应用礼仪，最重要的就是按照礼仪规范严格要求自己，克己慎独、表里如一。

4．平等

平等原则是指对任何交往对象都一视同仁，以礼待人，既不盛气凌人，又不卑躬屈膝。在人际交往中，不因为交往对象彼此之间在年龄、性别、种族、国籍、文化、职业、身份、地位、财富以及与自己的关系亲疏远近等方面有所不同，就厚此薄彼、区别对待。"投之以桃，报之以李""礼尚往来"，社会交往中每个人都希望得到尊重。平等原则是现代礼仪区别于传统礼仪的最主要的原则。

5．宽容

宽容是一种美德。由于个人经历、文化、修养等因素而产生的差异不可能消除，这就需要求同存异，相互包容。能原谅别人的过失，不计个人得失，要做到严于律己，宽以待人。不过分计较他人的过失，多体谅他人，有容人雅量。

6．适度

要求应用礼仪时，注意把握分寸，认真得体。把握各种情况下的社交距离，把握与特定环境相适应的人们彼此间的感情尺度、行为尺度、谈吐尺度，建立健康、良好、持久的人际关系，谦虚谨慎、落落大方。

7．从俗

由于国情、民族、文化背景的不同，在人际交往中，实际上存在着"十里不同风，百里不同俗"的现象。因此，在交往中要做到入乡随俗，尊重他人习惯，与大多数人保持一致，切勿目中无人，自以为是或指手画脚，妄加非议。

三、礼仪的功能

"读书是学习，使用也是学习，而且是更重要的学习"，学习的目的在于运用。当前，礼仪之所以被提倡，之所以受到社会各界的普遍重视，主要是因为它具有多重重要的功能，既有助于个人，又有助于社会。

1．提高自身修养

在人际交往中，礼仪往往是衡量一个人文明程度的准绳。它不仅反映着一个人的交际技巧与应变能力，而且还反映着一个人的气质风度、阅历见识、道德情操。因此，在这个意义上，完全可以说礼仪即教养，而有道德才能高尚，有教养才能文明。也就是说，通过一个人对礼仪运用的程度，可以察知其教养的高低、文明的程度和道德的水准。由此可见，学习礼仪，运用礼仪，有助于提高个人的修养，有助于“用高尚的精神塑造人”，真正提高个人的文明程度。

2．美化自身，美化生活

个人形象，是一个人仪容、表情、举止、服饰、谈吐、教养的集合，而礼仪在上述诸方面都有详尽的规范。因此学习礼仪，运用礼仪，无疑将有益于人们更好地、更规范地设计个人形象、维护个人形象，更好地、更充分地展示个人的良好教养与优雅的风度。当个人重视美化自身，对他人以礼相待，人际关系将会更加和睦，生活将变得更加温馨，这时，美化自身便会发展为美化生活。

3．改善人际关系

古人认为：“世事洞明皆学问，人情练达即文章。”这句话，讲的其实就是交际的重要性。一个人只要同他人打交道，就不能不讲究礼仪。运用礼仪，能够帮助人们规范彼此的交际活动，更好地向交往对象表达自己的尊重、敬佩、友好与善意，增进彼此之间的了解与信任。帮助人们更好地取得交际成功，进而造就和谐、完美的人际关系，取得事业的成功。

4．净化社会的风气，推进精神文明建设

一个人、一个单位、一个国家的礼仪水准如何，往往反映着这个人、这个单位、这个国家的文明程度、整体素质。古人曾经指出：“礼义廉耻，国之四维”，将礼列为立国的精神要素之本。荀子也曾说过：“人无礼则不生，事无礼则不成，国家无礼则不宁”。由此，遵守礼仪，应用礼仪，将有助于净化社会的风气，提升个人乃至全社会的精神风貌。

知识拓展

拱手礼

拱手礼是最具中国特色的见面问候礼，在古代算是“揖礼”的一种。《论语·微子》曾载“子路拱而立。”《礼记·曲礼》：“遭先生于道，趋而进，正立拱手。”便是拱手礼。《尚书大传》说：“拱则抱鼓。”就是将手肘向外拱成圆形，好似怀中抱着圆鼓。学者叶国良先生说：“这是向人表示和善的姿势，应形成于史前远古，因为根据力学原理，此一状态双手的攻击力最低。”

行拱手礼时的手位，《说文解字注・手部》曰：“谓沓其手，右手在内，左手在外。男之吉拜尚左，女之吉拜尚右。凶拜反是。”据此记载可以得知，行拱手礼时，一般右手在内，左手在外；中国古人以左为敬，所以行拱手礼时，左手在外，以左示人，表示真诚与尊重。若遇丧事行拱手礼，则正好相反。

现代人行拱手礼同样沿袭了古人的行礼规范，行礼时，双腿站直，上身直立或微俯，两臂如抱鼓伸出，双手在胸前抱举或叠合，手型如拱，自上而下，或由内而外，有节奏地晃动两三下，并微笑着说出问候话语。一般情况下，男子应该右手握拳在内，左手在外，如果是女子则正好相反。如果为丧事行拱手礼的话，就要男子左手握拳在内，右手在外，女子则相反。

实践操作

2015 年 11 月 16 日，中国国家主席习近平在土耳其安塔利亚宣布，中国将于 2016 年 9 月 4 日至 5 日在杭州举办二十国集团领导人第十一次峰会，即 G20 杭州峰会。在本次 G20 峰会上，习近平将与 G20 成员、嘉宾国领导人及国际组织负责人齐聚杭州，围绕“构建创新、活力、联动、包容的世界经济”主题，以及“加强政策协调、创新增长方式”“更高效的全球经济金融治理”“强劲的国际贸易和投资”等重点议题展开讨论。这不仅是一场盛事，更是一次浙江精神的展示、市民素质的锤炼、社会风气的洗礼。于是，使命从此处生发，合力由此刻凝聚。在杭州市文明办、市文广集团主办的“全城同写东道主文明公约”大型公益活动上，《G20 杭州峰会东道主文明公约》正式出炉。“见面微笑喜相逢，言行自信又从容，礼仪衣着尚体统，敬老爱幼人情浓，宽人律己人自重，车行有序礼让恭，文明娱乐勿扰众，爱护生态责任重。”这八句话体现着一座城市的文明，也是所有杭州人的文明承诺。文明公约虽然只有短短几十字，但是对市民的行为习惯是一种提升。每个人都应该积极投身到提升自己文明礼仪素养的行动中，做文明的劝导者，带动周边人遵循公约，造就美丽杭州。

①《G20 杭州峰会东道主文明公约》体现了礼仪的哪些原则？

② 结合以上案例谈一谈礼仪的功能。

拓展实践

刘晶今年大学毕业，准备到大学期间曾实习的一家大型国企应聘人资培训专员一职，这次面试她可是信心满满，实习期间获得企业相关部门一致认可，并被评为优秀实习生。胜券在握的刘晶同学在面试前一周收到人资经理的面试题目，要求面试时，需要刘晶为企业中层干部进行一次 1 小时的礼仪培训，内容是结合企业实际，为宣传和弘扬社会主义核心价值观，讲一讲我国礼仪的起源与发展。

要求：

① 根据所学并查阅资料谈谈礼仪文化在企业发展中的重要作用。

② 请你为刘晶设计培训内容。

任务 2　职业礼仪认知

能力目标

- 理解职业礼仪的含义与作用。
- 掌握职场人应具备的礼仪修养。
- 学会培养个人礼仪修养的途径。

艾丽是个热情而敏感的女士，在中国某著名的房地产公司任副总裁。一天，她接待了来访的建筑材料公司主管营销的韦经理。韦经理被秘书领进了艾丽的办公室，秘书对艾丽说：“艾总，这是建筑材料公司的韦经理。”艾丽离开办公桌，面带微笑，走向韦经理。韦经理伸出手来，主动与艾丽握了握手。艾丽客气地对他说：“很高兴你来为我们公司介绍这些产品。这样吧，我先看一看这些资料，之后再和你联系。”韦经理在几分钟内就被艾丽请出了办公室。几天内，韦经理多次打电话，但秘书的回答都是“艾总不在。”

到底是什么让艾丽这么反感一个只说了两句话的人呢？之后，艾丽在一次培训课上提到了这件事：“首次见面，他留给我的印象是不懂基本的职场礼仪。他是一位男士，位置又低于我，怎么能像王子一样主动伸出高贵的手来让我握呢？他伸给我的手看起来毫无生机，冰冷、松软、毫无热情。握手的这几秒，他就留给我一个极坏的印象，他的心可能和他的手一样的冰冷。握手过程没有让我感受到被尊重，我觉得他对我们的会面不重视。作为一个公司的销售经理，居然不懂得基本的握手礼仪，显然他是那种没有经过高级职业训练的人，公司能雇用这样素质的人做销售经理，可见其公司管理人员的基本素质和层次也不会太高。这样素质低的人组成的管理团队，怎么会严格遵守商业道德？又怎么可能提供优质、价格合理的建筑材料呢？我们这样大的房地产公司，怎么能与这样的小公司合作？不可能让他们为我们提供建材。”

请同学们思考：在这个案例中，我们看到了这位销售经理失败的一次会面，请大家分析，在职场活动中，个人失礼行为会给企业带来怎样的影响？学习职场礼仪会有哪些好处？

学习职业礼仪，不仅是时代的需要，更是提升竞争力的现实所需。从某种意义上说，了解并遵守职场礼仪已成为职场人的一种潜在资本，是取得事业成功必不可少的条件。

子任务 1　职业礼仪的含义

任务情境

一家公司准备招聘一名办公室内勤，有 20 多人前来应聘。人资主管从中挑选了一个不起眼的年轻人。他的同事问：“你为何喜欢那个青年，你几乎没有给他做自我介绍的机会，也没有任何人推荐他。”

“你错了！”这位主管说，“他一进门就开始自我介绍。在门口他蹭掉了鞋底上的泥；进门后随手关上了门；当他看到那位残疾老人时，就立即起身让座；进入办公室，他先脱去帽子，回答我的问题时表情自然坚定，音量得体，干脆果断；其他所有人都从我故意放在地板上的那本书上迈过去，而他却俯身捡起书，并把它放到桌子上；他衣着整洁，头发梳得整整齐齐，指甲修得干干净净。难道你不认为这些就是最好的介绍吗？”

学生讨论

人资主管的描述中，你看到了这个年轻人的哪些品质？

布置任务

以小组为单位，讨论并整理：作为一名职场人，应该具备哪些礼仪素养？

一、职业礼仪的含义

职业礼仪，是指人们在职业场所中应当遵循的一系列礼仪规范，用以维护企业或个人形象，是对职场交往对象表示尊重、诚信、友好的行为规范和惯例。现代社会中，职业礼仪已成为职场活动中必不可少的行为规范，并已经成为建立企业文化和现代企业制度的一个重要方面。

职业礼仪包括商务礼仪、服务礼仪以及社交礼仪，表现在职场人的仪容仪表、言谈举止、文化内涵、个人修养、沟通交往、工作态度、服务态度等方面。

二、职业礼仪的作用

1. 规范行为

礼仪最基本的功能就是规范各种行为。职业礼仪可强化企业的道德要求，树立企业遵纪守法、遵守社会公德的良好形象。我们知道，道德太抽象，只能通过人的言行举止，通过人们处理各种关系所遵循的原则与态度表现出来。职业礼仪使企业的规章制度、规范和道德具体化为一些固定的行为模式，从而对这些规范起到强化作用。从某种意义上说，职业礼仪已经成为建立企业文化和现代企业制度的一个重要方面。

例如，日本松下公司创作了“松下之歌”和“松下社训”，每天早晨 8 点，遍布各地的松下员工一起高唱松下歌曲，使每名员工都以自己是松下的员工而感到自豪。目前，我国的许多企业通过企业标志、企业服装等统一企业形象，通过企业表彰大会、企业员工守则等规范企业员工行为，增强企业的凝聚力和向心力。

2. 塑造形象

职业礼仪能塑造个人与企业良好形象，展示企业的文明程度、管理风格和道德水准。良好的企业形象是企业的无形资产，但凡国际化的企业，对于职业礼仪都有高标准的要求，都把职业礼仪作为企业文化的重要内容，同时也是获得国际认证的重要软件。

一个人讲究礼仪，就会在众人面前树立良好的个人形象；一个组织的成员讲究礼仪，就会为自己的组织树立良好形象，赢得公众的赞誉。现代市场竞争除了产品竞争外，还有形象竞争。作为职场人士要时刻注重礼仪，这既是个人和组织良好素质的体现，也是树立和巩固良好形象的需要。

3. 传递信息

良好的礼仪可以更好地向对方展示自己的长处和优势，往往决定了机会是否降临。比如，在公司，你的言行适当与否可能会影响你的晋升以及和同事的关系。比如，带客户出去吃饭，你的举止得体与否也许就决定了交易的成功与失败；又或者，在办公室不雅的言行或许就使你失去了一次参加老板家庭宴请的机会……这是因为礼仪是一种信息，通过这个媒介表达出尊敬、友善、真诚的感情。

4．沟通协调

在职场中，礼仪是人际关系的“润滑剂”，能够非常有效地减少人与人之间的误解与隔阂，最大限度地避免人际冲突，使职场人际交往成为一件非常愉快的事情。在满足人们的职场交往需求的同时，也满足了人们被尊重的需求。礼仪既是形象，也是纽带，是沟通与协调的手段。恰当地运用礼仪，消除差异、增进理解、促进沟通。

实践操作

王琦大学毕业后供职于某外贸公司。国内有影响力的商品展销会即将举办，公司领导委派他担任会场讲解人员。接到任务后，王琦深感此次展会的重要，他该从哪些角度进行准备呢？结合职业礼仪的作用，请你为王琦提出你的建议。

子任务 2　个人礼仪修养

任务情境

日本有一家叫木村事务所的企业想扩建厂房，他们看中了一块近郊土地意欲购买。同时也有其他几家商社想购买这块地。木村事务所的董事长木村先生前后半年多次登门，费尽口舌，但该块地的所有者——一位倔强的老太太，说什么也不卖。

一个下雪天，老太太进城购物顺便来到木村事务所，她本意想告诉木村先生死了这份心。老太太推开门刚要进去，突然犹豫起来，原来屋内整洁干净，而自己脚下的木屐沾满雪水。肮脏不堪。正当老人欲进又退时，一位年轻的小姐出现在老人面前 ：“欢迎光临！”小姐看到老太太的窘态，马上回屋想为她找一双拖鞋，不巧正好没有了。小姐便毫不犹豫地把自己的拖鞋脱下来，整齐地放在老人脚前，笑着说：“很抱歉，请穿这双好吗？”老太太犹豫了：“你不在乎脚冷吗”？“别客气，请穿吧！我没有什么关系。”等老人换好鞋，小姐才问道：“老奶奶，请问我能为您做些什么？”“哦，我要找木村先生。”“他在楼上，我带您去！”小姐就像女儿扶母亲那样，小心翼翼地把老太太扶上楼。于是，就在要踏进木村办公室的一瞬间，老人改变了主意，决定把地卖给木村事务所。那位老人后来告诉木村先生说 ：“在我漫长的一生里，遇到的大多数人是冷酷的。我也去过其他几家想买我地的公司，他们的接待人员没有一个像您这里的小姐对我这么好，您的女职员年纪这么轻，就对人那么善良、体贴，真令我感动。真的，我不缺钱花，我不是为了钱才卖地的。”就这样，一个大企业家倾其全力交涉半年也徒劳无功的事情，竟然因为一个女职员有礼而亲切的举动无意促成了，真是奇妙至极。

学生讨论

案例中的这位女职员具备哪些礼仪修养？

布置任务

如果你是这位女职员的角色，你觉得你能做到吗？说一说为什么。

知识链接

个人修养就是个人认识、情感、意志、信念、言行和习惯的修炼和涵养。一个人只有通过自觉地遵循社会道德体系的要求，更好地履行个人的社会义务，并不断地提升个人的人生境界，才能修养成良好的内在素质，即所谓个人修养高尚。

一、个人礼仪修养的内容

俗语说“诚于中而形于外”，礼貌待人绝对不是简单地学习、模仿，更不是讲究形式的例行公事。礼仪是一个人内心世界的外在表现和真实感情的自然流露。那种举止大方、谈吐不俗、温文尔雅、彬彬有礼的风度，绝不是装模作样所能及的。它必须以良好的个人修养为基础。缺乏修养的人，无论怎样“包装”自己，终究只能给人粗俗、肤浅的感觉和印象。

作为一名职场人士，在职业活动中，除了要有良好的业务素质、扎实的文化知识、丰富的社会经验外，还必须加强礼仪修养，使个人的言行在职场活动中与自己的身份、地位、社会角色相适应，从而被人们理解和接受。

1．遵守公德

礼仪作为一种修养，是在多层次的道德规范体系中最基本的行为规范之一，属于社会公德的内容。礼仪与道德相辅相成、互相补充。道德是礼仪的基础，礼仪是道德的表现形式。举止大方、温文尔雅、彬彬有礼，是以良好的道德修养为基础的。道德修养能有效地调节和控制人的行为，美好情操是文明习惯的自然修饰和流露。

2．遵时守信

遵时守信是人际交往时极为重要的礼貌。遵时，就是要遵守规定的时间和约定的时间，不得违时，不可失约。守信，就是要讲信用，不可言而无信。失约和言而无信都是失礼的行为，是人际交往中普遍为人们所反感的。“一诺千金”，“言必行，行必果”是对自身人格的尊重和珍惜。在职场中，约定的时间不要轻易变更；因发生人为不可抗拒的因素不得已改动时，应及早打招呼，做好说明解释工作，尽量避免给交往对方造成麻烦或令人产生误会。

3．真诚友善

在人际交往时，要做到待人真诚、表里如一。待人不严厉、不急躁、不粗暴。“己所不欲，勿施于人”，不能以伤害他人发泄自己的怨气，不要把自己的快乐建立在别人的痛苦之上，更不要落井下石。真诚谦虚很容易得到别人的信任；而虚情假意、口是心非者即使在礼貌礼节方面做得无可挑剔，仍然会让人感到不快，最终使得正常的交往难以继续。与人交往从善良的愿望出发，以诚相待，才能赢得别人的信赖。

4．平等尊重

礼仪行为总是表现出双方性或多方性，你给对方施礼，对方也自然会还你以礼。平等是人与人交往时建立情感的基础，是保持良好的人际关系的诀窍。在交往中，平等表现为不骄狂，不我行我素，不自以为是，不厚此薄彼，更不以貌取人，或以职业、地位和权势压人，而是应该处处时时平等谦虚待人。只有这样，才能建立广泛的合作关系，促进交往活动顺利进行。

5. 注意小节

有的人做事大大咧咧，行为没有拘束、不拘小节，如进入他人会议室，推开门就往里闯；展览会上随便触摸展览品；当众掏鼻孔、剔牙齿等。在职场中不拘小节，反映出一个人行为修养较差。在注重礼仪的社会交往场合，不注意小节的人是不受欢迎的。注意小节，彬彬有礼，是最起码的交往行为修养。

二、礼仪修养的养成途径

良好的礼仪修养，是需要经过长期的有意识的学习、实践、积累而逐步形成的，可以从以下四个方面着手：

1. 加强道德修养，陶冶美好情操

有德才会有礼，无德必定无礼。因此，修礼宜先修德。

加强道德修养，树立正确的社会道德观和人生价值观，增强社会责任感、使命感；培养高尚的情操，从生活中不断汲取美的情感，铸造美好的心灵，明辨是非，提高审美情趣和鉴赏能力，自觉地规范自己的行为，保持良好形象。

2. 利用资源，系统学习

通过课堂、网络等学习途径，利用多种学习资源系统全面地学习礼仪知识。在学习礼仪的同时，应当将这种学习与职业环境结合起来，这样能够更好地掌握和理解礼仪。在学习礼仪的过程中，我们要做到"恰如其分"，也就是说避免太过。比如，在不需要有太多礼仪的地方太注重礼节，让人觉得你似乎在卖弄、炫耀；与人交往时，只注重礼节，而忽视相互间的情感交流，让人觉得你只是在做技术性操作，在玩弄技巧，应用心在交往。

3. 善于观察，反思纠正

"纸上得来终觉浅，绝知此事要躬行。"生活就是最好的老师，我们可以向生活中彬彬有礼的人学习、模仿，也可以观察有哪些行为举止是不符合礼仪规范的，要善于总结，这样就能在以后的社会生活中避免犯错误。当我们看到生活中非常不礼貌的行为举止时，我们要学会自我反省、自我批评，反观自己是否能够表现出礼貌的举止和行为。当我们在生活中，由于不懂礼貌而四面碰壁时，也会以一种直接经验的方式对自我进行教育。

4. 勤于实践，养成习惯

礼仪的学习更重要的是能力的训练，而不是单纯知识的学习。如果不将礼仪知识运用到实践中，单纯的学习知识没有更多意义。将学习、运用礼仪真正变为个人的自觉行为和习惯做法。俗话说："习惯成自然。"习惯一旦形成，就会成为无意识的行为。坚持以礼待人，从点滴做起，持之以恒，不断积累、升华，提高自己的素质和修养。

实践操作

香港最著名的畅销书作家梁凤仪女士应邀到北京大学做报告，时间是下午 3 点。当天上午她应邀参观了中央电视台的一个拍摄基地后，她觉得时间还很充足，就和基地的领导一起共进了午餐。谁知乘车去北京大学的路上塞车了，结果迟到了一小时。

会议开始后，主持人一再强调："梁老师迟到是因为塞车。"但是，走上讲台的梁凤仪觉得自己是不可原谅的，她说："各位同学，我在此向大家诚恳道歉！北京塞车是常事，但我不应该以此为自己找借口，我应该把塞车的时间计算在内，做好充分的准备。如果在座的有一千位同学，我迟到的这一小时，对大家来说，就是浪费了一千个小时的生产力量，影响一千个人的心情啊！我只能盼望你们的原谅！"她的话，不仅赢得了同学们热烈的掌声，更赢得了大家发自内心的爱戴。

结合案例，以小组为单位分享：

① 梁凤仪女士的行为给你带来什么启示？

② 结合自身实际谈一谈如何提升自己的礼仪修养。

拓展实践

组织同学进行演讲练习。

形式：上课时根据情况，随机抽查。

题目：

① 在职场中加强礼仪修养的重要性；

② 践行礼仪行为从小事做起。

要求：

① 要求每位同学按规定的题目准备讲稿；

② 演讲时间 3 分钟左右；

③ 演讲内容要有实例做依据。

职场个人形象礼仪

项目情境

我刚进入惠普科技的第一年，通过 8 场简报，方才开始正式拜访顾客。我的第一场简报是公司简介，我非常慎重地将自己关在小会议室里准备了三天三夜，连前辈的光盘都看过了 *N* 遍，动作、台步、语气、开场、串场、结尾、投影仪操作，一再地模仿练习。我本来就有主持大型活动的经验，上台讲话并不是难题，不过，简报那天，我虽是当日唯一通过的，评审们却对我的形象给予了严厉的批评——我留的学生头没有露出额头，领带打得太短，手上拿着圆珠笔还不时拿出来转，皮鞋没擦亮，袜子颜色不对……

评审们问我 :“知不知道你卖的是什么？”我回答 :“计算机。”他们又问 :“总价多少？”我答 :“几十万至数百万。”他们又问 :“顾客买的时候有没有看到计算机？”我答 :“没有，半年后才交机。”又问 :“有没有看到公司？”答 :“没有。”问 :“看到谁？”答 :“我。”最后他们问 :“你看起来像是够资格托付几十万至数百万生意的专业人士吗？还是只是一个不经世事的毛头小子？”

我们常常以为我们是为自己而穿，往往忽略了你的衣着代表了你的公司形象、你的产品价值以及你的专业素养。最严重的，是漠视了顾客对你衣着的观感和印象。

在职场中，无论你从事的是何种职业，也无论你处于何种职务，一个人所展示的个人形象所代表的一定不仅仅是你自己的个人形象，更重要的，他代表着自己组织的形象。那么，在职场中，无论男士或是女士，无论前辈还是新人，也无论地位高者还是地位低者，都应该努力塑造自己良好的职场形象。

在交往过程中，人们最先遭遇的是“第一印象”，良好的第一印象主要通过一个人的性别、年龄、姿态、谈吐、面部表情、衣着打扮等形成，即“首因效应”。首因效应告诉我们，在交际中，要注意“脸面”等细节。要给人留下良好的第一印象，从外到内的装饰都是必不可少的，外表即装饰，而内在则指的是言谈举止。外表不需要多么时尚高档，最重要的是得当、干净、利落，内在就是要注意言谈举止的礼貌、周到，对对方的敬重和谦让。

在职场中，要注重自己容貌的修饰、发型的设计、服饰的穿着、饰品的佩戴以及端正的站、行、坐等肢体语言，也包括富有神采的表情和各种规范得体的手势。从点滴、细微中全面地塑造自己在职场中的完美形象，展现出自己良好的教养和优雅的风度，做一名知礼仪、懂礼节的优秀职业人。

通过本项目的学习，应能够做到正确修饰自己的仪容，设计职场发型；掌握职场服饰礼仪，做到服饰的选择和穿着与环境、身份、职务达到和谐统一；能够规范基本的举止姿态，恰当地运用仪态语言，从而塑造得体、优雅的个人职场形象。

任务 1　职场仪容礼仪

能力目标

- 能够设计个人职场发型。
- 能够化精致的职业淡妆。

林肯是美国历史上著名的总统之一。他出身于一个拓荒者的家庭，本人是律师，竞选总统时名气并不是很大。他在竞选过程中，收到一位小姑娘的来信，信中说，你的相貌太平常了，你的下巴光秃秃的，不够威严，不像男子汉，如果你蓄上一大撮胡子，那么我们全家都会投你的票。林肯采纳了小姑娘的意见，蓄上了一大撮胡子，使他的形象增添了几分光彩，赢得了许多选民的好感。

日本著名企业家松下幸之助从前不修边幅，也不注重企业形象，企业发展缓慢。一天，松下幸之助去理发，理发师不客气地批评他太不注重仪容仪表，说："你是公司的代表，却这样不注重仪容仪表，别人会怎么想，连人都这样邋遢，你的公司会好吗？"从此松下幸之助一改过去的习惯，开始注意自己在公众面前的仪容仪表，生意也随之兴旺起来，现在松下电器的种类产品享誉天下，与松下幸之助长期率先垂范，注重个人仪容仪表是分不开的。

请同学们思考：上面的两个案例中你得到了怎样的启示？一个人在社会中需要扮演不同的角色，当一个人以某种角色出现时，在仪容仪表方面就要符合社会对这个角色所规定的要求。那么，作为职场人士，该如何注重自己的仪容呢？

仪容是指一个人的容貌和形体，包括按照社会审美观修饰以后的容貌和形体。仪容美是指运用一定的美容常识，发挥自己的容貌优势，通过化妆等有效的途径来弥补自身的缺陷和不足，使自己的仪容端庄、大方、自然，给对方带去最生动、最直接的第一信息，给其留下良好的第一印象。

子任务 1　设计职场发型

任务情境

姜莹奉公司老总安排去外企拜访客户，从而争取外企的广告方案设计权。拜访之前，她进行了精心的准备，化了时下最流行的彩妆，到美发店做了时下最流行的爆炸头。来到公司，姜莹发现自己的回头率很高，她感到有一点得意。正在这个时候，姜莹碰到了恰好来这里办事的好朋友张小姐。"你也来找人吗？"张小姐问道。"我来拜访上帝——我们公司的客户。""拜访客户？你这副尊容更像是走 T 台的，我还以为你来这家公司表演呢！"

快言快语的张小姐说道。“是吗？”姜莹困惑起来，接下来的拜访会是一个什么结果呢？

学生讨论

① 试想姜莹女士的困惑是什么？接下来的拜访结果将如何？

② 姜莹女士的仪容存在哪些问题？

布置任务

作为职场人士应选择何种发型？

知识链接

发型，是指头发在经过一定的修剪、修饰之后表现出来的整体形状。职场中的发型，应符合自己的职业形象，给人以自然、清新、大方、得体的感觉。

一、头发要求

1．保持清洁，梳理整齐

（1）保持清洁

保持头发干净、清爽是职场人士对于护发礼仪的基本要求。我们在日常生活中，毛囊会分泌许多油脂，加之头发不断地吸附灰尘，头发会很容易变脏，甚至产生难闻的气味。因而，为了能够保持头发的清洁，要经常清洗头发。一般情况下，应隔天洗一次头发，最长不能超过三天。在夏季，或经常进行户外运动以及油性发质者，应每天清洗。

清洗时应注意将水温控制在40℃左右，不要过高或过低，以免对头发造成损伤；选用适合自身发质的洗发液，并取适量倒在掌心中揉搓起泡后再涂抹于头发，用指腹充分清洁头发，然后用清水冲洗干净，避免洗发液残留；最后，可在易干燥的发梢处涂抹护发乳，待营养吸收后，充分冲洗头发，用毛巾拭干后可待其自然晾干或用吹风机低温吹干头发。应注意的是，清洗也不宜过勤，以免使头皮脆弱更易分泌油脂。

（2）梳理整齐

要使一个人的头发看起来健康、秀美、整洁，除了要定期清洁打理外，还应认真梳理整齐，令头发层次清晰，清爽悦目，避免凌乱不堪。梳理头发应选择合适的工具，不应用手指直接整理，而应根据发型、发式选择专用的各式发梳来梳理。作为职场人士更应随身携带一把发梳，以备不时之需。通常男士头发半月修剪一次，最长也不应超过一个月；女士头发要注意保持头发的造型。

2．注重头发的美化

作为职场人士，按照常人的审美标准，都希望拥有一头浓密、发质优良的头发。但由于遗传等因素，并非人人都可拥有这样的发质，这就需要注重头发的美化。

首先，应注意头发的养护，从饮食、日常生活规律等各个方面来保护头发；其次，应避免频繁烫发、染发。

对于头发的修饰，染发的颜色不宜过于鲜艳；在头发装饰品的选择上，也应注意场合和身份。

二、发型要求

发型是头发的整体造型。选择发型，最重要的是考虑个人条件和所处的场合。个人条件包括：发质、脸型、身高、年龄、着装、配饰、性格等。比如，“国”字脸的男士最好不要理寸头，否则看起来像一张扑克牌；“Ω”发型则主要适合鹅蛋脸的女士，如果倒三角脸型选择了它，就不适合。

除了个人条件，选择发型也要考虑场合。在社会生活中，人们的职业、身份、工作环境不同，发型的选择自然不同。在工作场合，发型要规范、庄重、自然；在社交场合，发型则可以个性、时尚、高贵。

① 职场男士发型要求：前不及眉；旁不遮耳；后不及衣领；不留长发和大鬓角。在此标准下，选择合适的发型，如图 2-1 所示。

图 2-1　职场男士发型

② 职场女士发型要求：齐耳直发或微长稍曲的发型；发不遮脸，刘海不过低；发饰不宜鲜艳；可盘发、自然束发及披肩长发，见表 2-1。

表 2-1　职场女士发型

发型	说明	图例
长卷发	将刘海侧分，发稍部分做大卷效果，让人看起来温和且容易接触，同时修正脸型	
短发	微微夹在耳后的侧分直短发，不仅显气质干练，而且还完美修饰了脸型轮廓，自然系的黑色发色，呈现知性优雅 OL（Office Lady）气质	

续表

发型	说明	图例
盘发	盘发发型，职场中青春女孩、轻熟女性及中年女上司都可以选择。显得脖颈修长，气质优雅，有女人味，大方干练	

三、发型选择

发型对人的形象有极强的修饰作用，它能够反映一个人的内在气质、文化素养和内心情感，甚至可以“改变”人的容貌。选择适合自己、适合场合的发型极其重要。在整个发型设计中，脸型是最重要的参照对象。

1. 发型与脸型相协调

任何一种脸型都有其特殊的发型要求，所以要根据自己的脸型选择适宜的发型。脸型与发型的黄金搭配法则——互相弥补。例如，瘦长的脸型，就应该让发量向两边加宽；上尖下宽的三角脸型，就要让发型上重下轻，等等。另外一个很重要的问题是，是否烫发也要根据自己的脸部特征决定。如果你是直线型的脸，那么可能就不适宜过于鬈曲的浪漫式烫发；如果你的脸型曲线柔和，那“清汤挂面”的直发可能就不适合你的女性特质。如果介于中间型，那么恭喜你，怎样都不错，你的发型选择范围很广泛。

（1）长形脸

目的是缩短脸型，方法是剪出刘海，脸旁剪少许短发，盖住腮帮，头顶扁平，两侧蓬松。

将头发留至下巴，留点刘海或两颊头发剪短些，都可以在视觉上减少脸的长度而加强宽度感。也可将头发梳成饱满柔和的形状，使脸有圆润的感觉。一般自然、蓬松的发型能给长脸人增加美感。

（2）方形脸

目的是使脸型柔和，方法是剪出一边梳的长刘海，使前额变窄，头顶蓬松，适合侧分。

头发宜向上梳，轮廓应蓬松些，而不宜把头发压得太平整，耳前发区的头发要留得厚一些，但不宜太长。前额可适当留一些长发，但是不宜过长。

（3）圆形脸

目的是拉长脸型，适合四六分、侧分，忌中分。方法是头顶蓬松，两边头发略盖住脸庞，紧贴耳际，不露耳朵。

这样的脸型常会显得孩子气，所以发型不妨设计得老成一点，头发要分成两边而且要有一些波浪，脸看起来才不会太圆。也可将头发侧分，短的一边向内略遮，较长的一边可自额顶做外翘的波浪，这样可“拉长”脸型。这种脸型不宜留刘海。

(4) 椭圆形脸

这是女性中最完美的脸型，采用长发型和短发型都可以，但应注意尽可能把脸显现出来，突出这种脸型协调的美感，而不宜用头发把脸遮盖过多。

另外，还有倒三角形脸要遮盖额头两角，下巴两边堆积重量（提升发量）；正三角形脸，额前堆积重量，用柔和的线条遮盖下巴两角，即下巴两边的头发保留长度；菱形脸的额角、下巴角堆积重量，脸旁略遮盖。

2. 发型与体型相协调

发型的选择得当与否，会对体型的整体美产生极大的影响。高而丰满的体型适合头发有一定的量感与长度，而小巧的体型则可有多一些层次及飘逸的感觉，只有这样量身定做的发型，才能使人看起来更精神，落落大方。

比如，脖颈粗短的人，发型适宜高而短；脖颈细长的人，宜选择齐颈搭肩舒展或外翘的发型。体型瘦高者，适宜留长发；体型矮胖者，适宜选择有层次的短发。

3. 发型与服饰、妆容相协调

当我们去做头发时，应让自己的服饰和妆容都能最体现自己的个性气质，这可以胜过任何语言的描述。发型师看到的是一个静态的形象，所以，用一点心展示你的内在气质，也许能在一瞬间唤起发型师的创作灵感。有些发型可能看似雷同，但一些局部细节的变化或许会让你的整个形象焕然一新。

头发是人体之冠，为体现服饰的整体美，发型必须根据服饰的变化而改变。比如，穿着礼服和制服时，可选择盘发或短发，以显得庄重、秀丽、文雅；穿着休闲、轻便服饰时，可选择各式各样适合自己脸型的发型。

4. 发型与年龄、职业相协调

发型是一个人文化修养、社会地位、精神状态的集中反映。通常年长者最适宜的发型是大花型短发或盘发，给人以精神、温婉的印象。对于年轻人，适合那些活泼、粗犷、富有青春活力和时尚气息的发型。

从职业的角度，发型更多体现与自己的职业岗位相适应，侧重的是职业要求而非个人的性格特征，例如，作为旅游职业接待人员，发型要给人以亲切感，适宜选择盘发、短发或自然束发，不宜留披肩长发。

实践操作

结合所学知识，请为自己设计符合将从事的职业要求及相关场合的发型，小组讨论，选出设计最恰当的发型并分享。

性别	年龄	职业	场合	发型描述	补充说明

子任务 2　会化职业妆

任务情境

某公司招聘文秘人员，由于待遇优厚，应聘者很多。中文系毕业的小李同学前往面试，她的背景材料可能是最棒的：大学四年，在各类刊物上发表了三万字的作品，内容有小说、诗歌、散文、评论等，还为六家公司策划过周年庆典，英语表达也极为流利，书法也堪称佳作。小李五官端正，身材高挑、匀称。面试时，招聘者拿着她的材料期待她的到来。可她一进门就把考官们吓了一跳，只见小李脸上抹了惨白的、厚厚的粉底，眼上是烟熏妆，睫毛又浓又密，脸蛋绯红，涂着鲜红的唇膏，身上散发出浓重的香水味道。三位招聘者互相交换了一下眼色，主考官说："李小姐，请回去等通知吧。"她喜形于色："好！"挎起小包飞跑出门。

学生讨论

小李能等到录用通知吗？为什么？

布置任务

小李应选择何种妆容参加面试？

知识链接

女士职业妆化妆原则："化妆上岗，淡妆上岗"；男士化妆要求：应有修眉和涂无色唇膏等修饰。

一、仪容卫生修饰

仪容美的首要要求：卫生、整洁、经常清洗和整理。

1. 面部

注意清洁、修饰与保养；如果没有职业需求、宗教信仰或民族习惯，男士应养成勤剃须的习惯。

2. 眉毛

坚持进行必要的修饰，女士每天修剪杂眉，就像男士剃须一样，养成习惯。

3. 眼睛

保持清洁且要有活力，如果佩戴眼镜，也要注意眼镜片的清洁。

4. 耳朵

经常进行耳部的清洁及耳毛的修剪，不能在公共场所掏耳朵。

5. 鼻子

保持鼻腔清洁，公共场所不要挖鼻孔，清洁鼻腔要用手帕或纸巾遮挡，注意经常修剪鼻毛，不要让鼻毛露出鼻腔。

6．口腔

牙齿洁白，口腔无异味，每天要坚持做到“三个三”（三餐后刷牙；每次刷牙时间在饭后三分钟内；每次刷牙时间不少于三分钟），公共场所不要随地吐痰，不要无遮掩地咳嗽、打喷嚏、清嗓、打嗝。

7．手臂

手保持清洁，不留长指甲，不涂抹浓艳的指甲油，不在公共场所修剪指甲；注意腋毛不外露。

8．腿脚

注意清洁，遮掩腿毛；脚趾保持清洁，穿露脚趾鞋子，不要穿袜子。

二、面容化妆

1．化妆前的准备

（1）护肤

要想拥有完美服帖的妆容，肌肤的保养是基础。根据肤质、年龄选择合适的护肤产品，并可使用一些面膜、精华液等来定期保养皮肤，还可以选择去专业的肌肤美容机构进行护理。另外，要做好肌肤的保护措施，比如白天出门时应涂抹防晒霜，风大的天气佩戴口罩，还有丝巾、眼镜等也可以抵挡户外环境对肌肤的损伤。同时，应养成良好的生活习惯，保证充足的睡眠，定期清洁皮肤。保持肌肤的活力，多运动、多饮水，多吃水果，以保证肌肤的水嫩。

（2）了解自己的脸型

在化妆前，应充分了解自身的脸型，不可依照他人化妆的技巧照搬照抄地乱涂乱化。而是应根据自身脸型的特点，用化妆中的技巧来打造视觉上的美感，扬长避短，使化妆能够起到美化面部的作用。

（3）选用合适的化妆品

要选择适合自己肤质的化妆品，干性肌肤选择保湿滋润的产品，油性肌肤要注意皮肤的清洁，选择补水控油的产品。

（4）化妆工具

① 修眉刀：近几年流行起来的化妆工具。刀刃约 3 厘米长，刀刃上有类似锯齿的构造，异常锋利。它可以像剃刀一样将眉毛齐根割断，修出的眉形比较整齐，也可以方便地修掉眉毛或眼睑上大面积的汗毛。

② 眉梳和眉刷：美化眉毛的必备小工具。先用眉刷扫掉眉毛上的毛屑，再用眉笔描出眉毛的主形，然后再用眉刷沿眉毛方向轻梳，使眉色深浅一致，自然协调，最后再用眉梳把画乱的眉毛梳顺。在眉刷和眉梳的帮助下，画出的眉毛自然、整齐。

③ 多用粉扫：很容易地给暴露在外的脖颈、肩部扫上一层若有若无的薄粉，而普通海绵扑粉往往扑不均匀，用大粉扫做起来就轻松容易多了。

④ 吸油纸：对于油性肌肤的人来说，无论冬天还是夏天，脸上都容易出油，而随身携带吸油纸很有用。吸油纸为名片夹大小，每盒约 100 张。出门在外、开会或晚宴时，如果脸上油脂分泌过多会感到很不舒服，再说油光满面也不雅观，而又没有卸妆后重新化妆的时间，这时可以用吸油纸吸去脸上的油脂，脸上会重新显出清爽干净，而且不破坏原有的彩妆。

⑤ 眉剪：如果拔眉怕疼或者怕感染，那就应该准备一把头部尖细又锋利的修眉剪刀。它可以将眉毛一根根的剪掉，修出整齐的眉形。修剪时，选择弯头的会好用些。

⑥ 唇刷：即使从经济角度讲，多准备几支唇刷也是很必要的。唇刷能很方便地将口红管里残留的口红使用干净，一点都不浪费；如果没有唇线笔，唇刷还可以用来描画唇线；如果有几支口红，可以借助唇刷调出新的颜色，使唇色与众不同，更重要的是使用唇刷涂口红更灵巧，涂色会更均匀、细致。

⑦ 海绵扑：海绵很容易老化，而怎样判断海绵扑是否需要更新呢？一般来说，有以下两种情况就需要更新：一种是当侧面出现海绵的硬质颗粒时；第二种是当正反两面出现许多小裂纹而且经常有颗粒脱落时。海绵扑可以用低碱性的洗洁精清洗，并且要阴干。

⑧ 化妆棉：用处很多，可以浸满卸甲油后敷在指甲表面快速卸掉指甲油；也可以用于拔完眉毛后消毒或给耳孔消毒；或者用于卸干净眉毛或睫毛上的残妆等。

⑨ 睫毛膏和指甲油：容易变干，但也很容易解决。指甲油干了可加入乙酸乙酯或丙酮（化学试剂商店有售，也可以作卸甲油用）；睫毛膏一般是水溶性，干燥时加入市售的饮用纯净水即可重新溶解。

2. 化淡妆的步骤

（1）洁面

这是确保妆容能够服帖的重要一步。洁面前应根据自身肤质、年龄选择合适的洁面产品。洁面时，用温水打湿面部，将适量的洁面产品挤在手掌中揉搓起泡后，用双手在面部由下而上打圈清洁，然后用清水充分清洁，再用毛巾吸干面部水分。

（2）润肤

洁面后，以拍打的方式涂紧肤水（或润肤水），全脸均匀拍打，从而促进血液循环，使肌肤光滑有弹性。拍过紧肤水（或润肤水）之后，擦面霜。将面霜均匀涂抹在脸上的各个部位，并使用专业的眼部护理产品，用手指轻轻按摩至吸收，以确保眼部湿润。

（3）打粉底

选用粉底的颜色要接近肤色。挤适量在虎口部位，然后用手指或湿润的海绵块（或粉底刷）蘸取，按照自下而上的顺序，用轻拍的手法，使其充分被皮肤吸收，妆面服贴，不要忽视颈部及耳后部位。也可用深浅不同的粉底在面部打造出暗影和高光的效果，以期打造立体妆容。

（4）画眼线

画眼线时，应注意内眼线的涂抹，紧贴睫毛画内眼线，以免造成露出内眼皮的效果。

上眼线从内眼角画到外眼角，下眼线则从外眼角画至距内眼角约三分之一处，外眼角的眼线稍粗，往内逐渐变细。上下眼线在外眼角处不连接，上眼线稍长出眼角，眼睛看起来明亮有神。

（5）涂眼影

选用适合场合和服装及肤色的眼影，根据颜色种类和浓淡的不同在双眼皮里侧和外侧由深至浅依次用手指或眼影刷涂抹，涂抹时应注意由外眼角至内眼角也要由深至浅涂抹。最后可在眉骨下方涂抹一些高光眼影，以期达到立体妆容的效果。

（6）修饰睫毛

睫毛以黑亮、微向上翘为美，可以采取粘假睫毛和涂抹睫毛膏的方式进行修饰。在涂睫毛膏前，先用睫毛夹将上眼睫毛固定成上翘形状，然后应选用适宜的睫毛膏，分别刷上下眼睫毛。上眼睫毛要求用睫毛刷横向呈 Z 字形由睫毛根部涂抹到梢部，并进一步固定拉长其上翘的趋势；下眼睫毛则应采用纵向的方式用睫毛刷刷每根睫毛，使其根根分明，最终使眼睛看起来明亮有神。

（7）描眉

描眉前，应注意眉形的修整，特别是应避免杂眉的出现，影响眉毛整体效果。然后应根据肤色和场合选取合适颜色的眉笔（或用眉粉刷蘸取眉粉），按照自身的眉形，沿着眉毛生长的方向由中间向两边轻轻描画，要注意的是，眉心部位的颜色应比眉尾更浅。

（8）扑粉

在面部大部分妆容完成后，为保持妆容持久，避免面露油光，还应用粉扑蘸取一定的定妆粉（散粉）轻按面部皮肤，特别是 T 区容易出油的部位更应注意。

（9）打腮红

为使化妆者面部更加自然，有比较好的气色，还应挑选适合肤色、服装的腮红粉（或腮红膏），用腮红刷（或直接用手指），以打圈式或横向式涂抹于笑肌上方，也可根据脸型适当调整手法和涂抹部位，以达到修饰脸型的作用。

（10）涂口红

涂口红可以让唇部看起来有立体感。作为妆容完成的最后一步，要根据肤色、服装、场合选择合适的唇膏、唇彩，均匀涂抹于双唇。

3．补妆

由于肤质和季节的原因，很多时候化好的妆容是很难保持较长时间的，特别对于职场人士来说，化好的妆容要保持 8 小时的工作时间，甚至多于 8 小时，这就更需要适时地进行补妆，以免造成妆容变花，满面油光，妆容残缺的现象。可随身带吸油纸、配有小镜子的粉饼、唇膏等化妆品，以便及时补妆，保持良好的状态。

需要注意的是，补妆时一定要回避他人，选择无人在场的角落或洗手间进行，切不可在公共场所旁若无人地化妆或补妆，这是极不礼貌又缺乏素养的表现。补妆只是做局部性的修补，应以补为主，而不必抹去旧妆再重新化妆。

4．卸妆

从保护皮肤的角度讲，卸妆比化妆更重要，卸妆一定要彻底，切不可带妆过夜。一般来说，只要使用了含有粉底成分的化妆品，都应选用专用的卸妆产品卸妆。正确的卸妆步骤是先卸彩妆，再卸底妆。按照眼睛、眉毛、嘴唇、面颊的顺序进行。

卸妆时，取适量卸妆液倒在卸妆棉上，用食指、中指、无名指夹住卸妆棉，由下自上一点点清除彩妆，而后再用洁面产品彻底深层洁面，如图 2-2 所示。

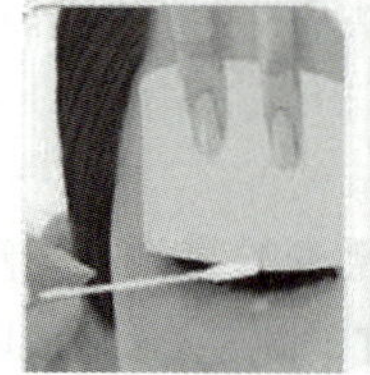
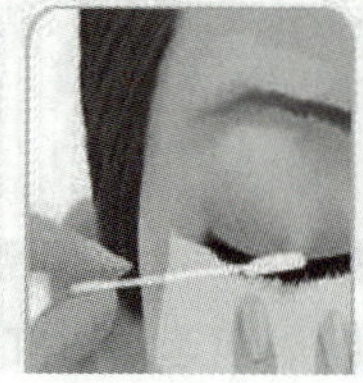

图 2-2 卸妆方法

5．化妆的基本要求

① 化妆应以自身面部客观条件为基础，适当强化和美化，以自然为准则。

化妆不能失真，化妆的最高境界是妆而不露，化而不觉，做到“清水出芙蓉，天然去雕饰。”

② 化妆应随环境、场合、时间、年龄、身份的不同而不同。

日常工作妆，以淡妆为宜；夜晚的社交场合，如晚宴、观看演出等，妆容可适当加浓，做到“浓妆淡抹总相宜”。

③ 化妆应与服饰相协调。

穿着不同，妆容的浓淡和体现的格调就要不同。穿着晚礼服，就应妆容偏浓；休闲装、工作装则应淡妆修饰，化妆与服饰的格调要一致。

④ 化妆要突出美点，弥补缺陷和不足。

化妆的目的就是要突出美点，这美点或者是眉，或者是眼，或者是唇，或者是皮肤，等等。要符合目前的社会审美观，正确地认识和评价自己，总会找出一个值得突出强化和令人羡慕的美点，那么，在这个时候，你才会是真正美的你。

【小贴示】化妆的基本要求

- 不要在公共场合化妆或补妆。
- 不要使化妆防碍他人。
- 不要使化妆出现残缺。
- 不要借用他人化妆品。
- 不要议论他人的化妆。
- 不要过分热情地帮他人化妆。

实践操作

化简单职业妆

1．准备

(1) 化妆工具

① 粉底刷或海绵；② 眼影刷；③ 粉扑；④ 睫毛夹；⑤ 腮红刷；⑥ 唇刷或棉棒。

(2) 化妆品

① 粉底液或粉底霜；② 眉笔；③ 眼线笔、眼线液或眼线膏；④ 眼影；⑤ 睫毛膏；⑥ 腮红；⑦ 唇膏。

2. 化简单职业妆训练

化简单职业妆训练见表 2-2。

表 2-2 化简单职业妆训练方法

步骤	实训方法	图示	特别说明	评价
打粉底	教师请一名同学做模特，给同学们示范；学生互相进行操作		无工具情况下也可用手指轻拍	学生互相评价
修眉毛	同上	1.去除杂眉 2.画出眉型 3.眉骨提亮	应提前要求学生修整眉毛	同上
画眼线	同上	眼线 紧贴睫毛根部画 画下眼线	应根据眼部形状的不同来教授不同画法	同上
涂眼影	同上	眼影 2 1 3	应提醒学生根据实际情况来选择眼影	同上
涂睫毛液	同上		应使用睫毛夹固定上眼睫毛形状，再涂抹睫毛液	同上
打腮红	同上	打在笑肌上	应根据学生不同肤色、脸型来教授不同画法	同上

续表

步骤	实训方法	图　示	特别说明	评　价
涂唇膏	同上		应尽量要求学生自备，不宜混用	妆容完成后请同学们评价操作最好的同学

拓展实践

“仪容仪表”展示会：全班同学六人一组，结合所学在表2-3所示职业中分别选择两种：设计一份妆容（男和女）。

要求：

① 根据所提供的场景和化妆对象的特点进行化妆，并进行自评和互评；

② 要注重服装搭配。

表2-3　不同职业人员的仪容仪表

职业岗位	年龄	场景描述	外貌描述	妆容操作评价
商务人员				
政务人员				
银行职员				
商场职员				
教师				
酒店服务员				
导游人员				
航空服务员				
护理人员				
文秘				
…				

任务2　职场着装礼仪

能力目标

- 能够了解国际礼服和中国礼服。
- 能够规范地穿着制服。
- 能够正确地选择和穿着男士西装。
- 能够正确选择和穿着女士西装套裙。
- 能够正确选择和搭配饰品。

婉晴要去参加一个招聘秘书岗位的面试，为表示自身对面试的重视，她特意向妈妈借来了一身价格昂贵的深绿色的套裙，并选择了一双黑色的丝袜和黑色的高跟鞋。穿上后，婉晴发现套裙对于她来说还是有点大了，裙子松松垮垮的不说，上衣也太宽松了，不过她想，如果再买一身套裙自己平时也不一定穿得着，于是就穿着妈妈的套裙去了面试现场。在排队等候时，人们都用诧异的眼神看着这个二十几岁的小姑娘，婉晴觉得很不好意思，她不禁思索起来，她选择的这身衣着到底是否合适呢？接下来的面试会给考官留下怎样的印象呢？

请同学们思考：婉晴的衣着是否合适？接下来的面试中她会给考官留下怎样的印象？她的衣着打扮存在哪些问题？

俗话说，“佛靠金装，人靠衣装”“人凭衣裳马凭鞍”。掌握好职场服饰礼仪，做到扬长避短，对维护个人形象及企业形象都非常重要，要做到服装与环境、身份、职务和谐统一。

子任务 1　认识礼服

任务情境

安心是一名 28 岁的公司业务经理，最近有很多场合需要出席。她为着装发愁，便找她的好友黄鹤一起购置服装。

两位闺密一起来到商场，面对琳琅满目的各式服装，安心犯了难。黄鹤建议她先确定要出席哪些场合，然后再帮她挑选相应的服装。安心告诉她，公司过几天要举行周年庆典，会邀请公司所有的合作伙伴在香格里拉酒店的宴会厅举行自助酒会；周末则是她的大学同学楠雪的婚礼，是在海边举行的沙滩婚礼；而下周她又要代表公司赴北京出席行业协会的研讨会，会见到许多同行和合作企业的代表。

学生讨论

如果你是黄鹤，会推荐安心选择怎样的服饰？

布置任务

根据情境中安心将出席的三个场合，为她分别设计一套适宜的服装。

知识链接

一、着装原则

服装的原本功能是御寒的，随着人类的进步和发展，服装成为了装饰人们身体的美化物。着装是一种文化，是一个国家和民族礼仪的标志之一。有人说，着装是一种无声的语言，它展示着一个人的身份、涵养、文化素质、审美情趣和心理状态等信息。在社会交往中，着装的选择必须遵循一定的礼仪原则。

1. TPO-R 原则

世界服装公认的着装“TPO”原则。TPO 原则是日本男装协会于 1963 年提出来的。TPO 即英文“Time”（时间）、“Place”（地点）、“Occasion”（场合）的缩写，是指着装要适应时间、地点和场合。R 是“Role”（角色）的缩写。TPO-R 原则即在日常生活、工作，特别是在社会交往中，我们依据不同的时间、地点、场合，以及个人的角色来选择不同服装，以表示对所处环境及所面对的人的尊重。

（1）时间

时间，泛指时代、年份、季节、时辰。衣着要考虑时间变化，顺应自然还要有时代特点。在不同的时间里，着装的类别、式样、造型应有所变化。比如，夏天应穿着透气、吸汗、凉爽的服饰；而冬天则应随气温的变换选择保暖、御寒的服装。一天中，白天在工作场所应穿着严谨、规范的工作服；晚间如有社交活动则应穿着时尚、亮丽的礼服；如在家中，则可穿着宽大、随意的家居服。

（2）地点

地点，所指比较广泛，在穿着上注意地点，是指不同国家、不同民族因不同的文化背景、地理环境、历史条件、风俗人情，在着装上也要显示出不同格调与特色。要因地制宜，尊重对方。置身于室内或室外，漫步于闹市或乡村，身处国内或国外，忙碌于工作场所或家中，随着地点的变换，着装的款式也应当有所不同。比如，在北戴河的海滨，经常可以看到穿着比基尼的美女，但如果她们穿成这样去写字楼，则会令人面面相觑。在夏天，少女们只要喜欢，在大街上可以穿着短裙、短裤、吊带、背心等清凉服装，但如果是在阿拉伯国家，这样的穿着就违反了当地法律。

（3）场合

场合，是指当时活动的性质与规模。衣着要与场合相协调，切合当时或庄重，或随意，或喜庆，或悲伤的环境。适当的场合选择适当的服饰，体现了服装艺术的最终效果。成年人日常所处的场合有三种：一种是公务场合，在这样的场合里应穿着制服、套装、套裙等较为规范的服饰，而要避免穿着运动装、家居服、时尚潮服等显得不庄重的服饰；第二种是社交场合，主要是指在上班之外的交际场合，比如参加音乐会、宴会等，在这样的场合可视具体情况穿着礼服、民族服装等服饰，避免穿着制服、工作服、休闲装等，应充分体现自身个性，穿着典雅、时尚；最后一种是休闲场合，也就是一人或和亲友独处或者在公共场合与不相识者共处的时间，这时应依据不同的场合选择穿着家居服、牛仔裤、运动装等舒适、方便、自然的服饰。

（4）角色

角色，是指在这个环境中所扮演的角色。在着装的选择中要与自己在这个环境中所处的角色相匹配，要恰到好处。例如，在婚礼中，同样的时间、场合、地点，但因不同人扮演角色的不同，其着装的选择也应变换。新娘无疑应该是这一环境中的主角，而伴娘则相当于仅次于新娘的角色，其他宾客则是配角，因而要考虑着装不能过于惊艳，以免抢走新娘与伴娘的风采。

2. 三色原则

三色原则，是指在选择服装时，特别是在选择穿着正式服装时应遵循的基本原则。这一原则要求在穿着时，总体色彩以少为宜，并尽量将其控制在三种以内。遵循此原则，在正式场合会使穿着者展现大方、得体、庄重的风格，并使其显得规范、简洁、和谐。如果色彩过于繁多，会给人以繁杂、低俗的感觉。比如，正式场合男士着西装套装时，上下装、皮带、鞋袜是一种色调，衬衫是一种色调，领带是一种色调。

3. 人体比例原则

（1）头身比例

就东方人的体型而言，东方人正常的成人头身比例应该为7.5，也就是说身高应该是头长的7.5倍，如图2-3所示。应避免复杂的款式、繁乱的色彩和过多的横线条，以免将人体人为分为过多的层次，使头身比例失调，特别是对于头身比例较小的人来说更应注意选择简洁的款式。

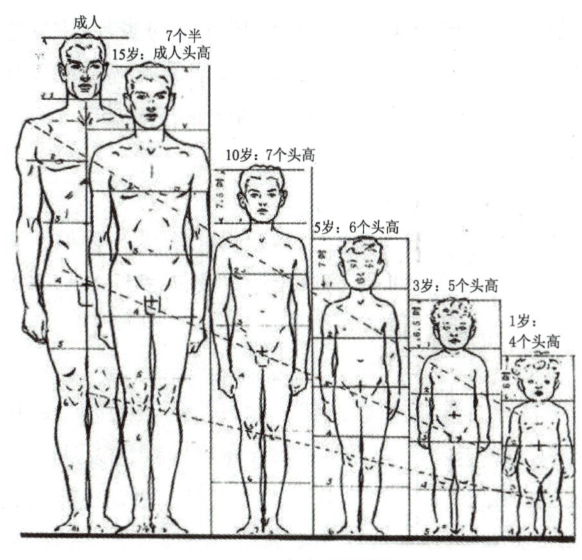

图2-3　头身比例图

（2）头肩比例

头肩的比例应为2，也就是说肩膀的宽度应为头长的两倍。肩部较窄的人，可选择大开领、泡泡袖的款式或带有垫肩的衣服；肩部较宽的人，则可选择缩进领、插肩、吊脖领、深开领及不对称领款式的衣服。需要注意的是，身高较矮的人不适合将肩膀的宽度显得过宽，以免在视觉上给人以更加矮小且粗大的感觉。

（3）头颈比例

头颈的比例应为0.5，也就是说人体从下颌到锁骨处，即颈部的长度应该等于半个头长。如果颈部较短的话，应避免选用领子较高的服装，而应选择V领等有些向下延伸的领型；在选择发型时，也应尽量避免选择长发、中长发，特别是A型的大波浪状的卷发，而应选择呈V字形的发型。

（4）上下身比例

上下身的比例应为0.5，如果下身的长度与上身相等或更短的人，则应避免穿着上衣过短的服饰，下装也应避免穿着七分裤、九分裤、喇叭裤、宽腿裤和带有方格、横线条或夸张花纹图案的衣服。

二、国际礼服

1. 男士礼服

在国际上，特别是在西方国家，男士在不同正式场合，需要着不同式样的礼服。其中，主要包含以下几种：

（1）大礼服

大礼服又称燕尾服，是西式晚礼服的一种，曾被视为晚间第一礼服，号称男士礼服之王。起源于英国，源于欧洲马车夫的服装造型，前身较短，后身较长而下端分开像燕子尾巴；色彩多以黑色为正色，表示严肃、认真、神圣之意。

（2）晨礼服

曾经是欧洲上流阶层出席英国 Ascot 赛马场金杯赛时的服装,因此也被称为“赛马礼服”。通常上装为黑色或灰色，后摆为圆形尾；下装为深灰色黑条裤，戴黑礼帽。晨礼服是欧洲男士白天参加庆典、星期日的教堂礼拜以及婚礼活动的正规礼服。晨礼服的正式穿法为外套、衬衣、长裤，搭配背心、领结。

（3）平口式礼服

平口式礼服也被称作王子式礼服，单排扣和双排扣均较为常见，其特色是剪裁设计类似于西装，虽不及燕尾服与晨礼服正式，但仍可用于各类正式派对上穿着。平口礼服的正式穿法为外套、衬衣、长裤，搭配领结、腰封。

（4）西装礼服

特别正式的场合，一般不能穿着普通西装。如果将西服的戗驳领用缎面制作，成为西装礼服，再搭配领结和腰封（或者背心），衬衣选择胸前打褶皱设计的礼服衬衣，也是可以出席隆重场合的。西装礼服也可以说是一种现代的改良礼服。西装礼服的正式穿法为外套、衬衣、长裤，搭配背心、领带。

2. 女士礼服

在国际上，正式场合中，女士是不能着裤装出席的。而根据场合的不同，也应穿着不同的礼服，主要有以下几种：

（1）大礼服

大礼服为单色拖地或不拖地的连衣裙；佩戴颜色相同的帽子和长纱手套以及各种饰品，是晚上穿着的正式礼服，是女士礼服中最高档次、最具特色、充分展示个性的礼服样式。大礼服又称夜礼服、晚宴服、舞会服。

（2）小礼服

通常是长至脚面而不拖地的露背式单色连衣裙，以小裙装为基本款式，适合在众多礼仪场合穿着的服装，如酒会、宴会等。

（3）常礼服

一般由质料、颜色相同的上衣和裙子搭配而成的服装，在各种款式造型中被誉为“款式皇后”，是变化莫测、种类最多、最受青睐的款式，也非常适宜在一些日间举行的正式活动中穿着。

三、中国礼服

1. 男士礼服

在中国，除上述在国际上通用的服装可作为礼服外，男士还有以下几种服饰可作为正式场合穿着。

(1) 中山装

由孙中山提倡而得名。中山装前门襟有五粒扣子；带风纪扣的封闭式领口，上下左右共有四个贴袋，袋盖外翻并有盖扣；一般应为上下装同色的深色毛料精制。中山装是在广泛吸收欧美服饰优点的基础上设计而成的，综合了西式服装与中式服装的特点。

(2) 西装套装

在中国，在许多正式场合可以直接穿着西装作为礼服。

(3) 民族服饰

在中国，由于少数民族众多，每个民族在节日庆典时都会穿着隆重的民族庆典服饰，因而在正式场合中，我们也尊重他们的民族习惯，让他们将这些服饰也作为礼服来使用。

2. 女士礼服

同样，在中国，还有些服饰是女士可作为礼服来穿着的。

(1) 旗袍

旗袍有各种不同款式和花色。紧扣的高领；贴身，衣长过膝；两边开叉、斜式开襟，这些是旗袍的特点。在正式场合穿着旗袍，开衩不宜过高，应到膝关节上方一到两寸为佳。旗袍是在 20 世纪上半叶由民国服饰设计师参考满族女性传统旗服和西洋文化基础上设计的一种时装。

(2) 连衣裙

正式场合中，部分款式、面料的连衣裙也可以作为礼服来使用，例如，丝质、毛料质地的款式形似小礼服或套裙的连衣裙，都是女士出席日间正式活动或者小型晚宴不错的选择。要注意在裙长的选择上，应遵循西装套裙裙长的要求，避免过短的连衣裙。

(3) 西装套裙

西装套裙指上装是西装，下装是面料统一、长度适宜的裙子，对于日间举办的一些正式活动，也可着这类服饰参加，特别是一些年龄偏大、身份高贵的女士。

(4) 民族服饰

同样，在中国，很多民族的女性也会着其民族庆典服饰作为礼服出席许多重要场合。

实践操作

请同学从网上查看不同风格的服装，并说明该服装适合什么场合。

要求：每组至少完成五种不同场合的服装整理。

子任务 2　正确选择、穿着男士西装

任务情境

小李是一位刚刚进入职场的新手，平时工作时也学着其他同事的样子，穿着衬衫、西裤上班。但因为天气原因，又一直在办公室工作，所以还没机会穿着正式的西服套装。

一天，公司接待一家重要的外资企业合作伙伴，总经理要求所有员工必须着西装出席。小李到百货商场精心挑选了今年最流行的一套粉色西装，并配以红色领带、黑色皮鞋、白色袜子，自己觉得镜中的形象英俊潇洒。第二天，小李穿着新买的西装套装来到公司，为显郑重，将西服的单排两粒纽扣都扣了起来。一进门，总经理和其他同事就用疑惑的眼神看着小李。一会功夫，部门经理小刘就来告知小李，上午的接待活动他不需要参加了，总经理让他下午换身衣服再来上班。

学生讨论

① 总经理为何不让小李参加接待工作？

② 小李的着装哪里出了问题？

布置任务

根据任务情境，为小李选择一套西服套装，并且说明如何穿着。

知识链接

西装，也称西服、洋服。它源于欧洲，是举世公认的国际服装，也是男士在正式场合着装的最佳选择。人们常说："西装七分在做，三分在穿。"西装的制作工艺和质地是极其讲究的，而穿着西装也要遵循一定的规范，才能穿出西装的品味。因而，如何选择西装、穿着西装是职场人士必备的礼仪知识。

一、西装的选择

视频

男士西装套装的选择

1. 面料

一般情况下，尤其是商务场合，西装的面料选择应以毛料为首选，上下装保持统一。以高档毛料制作的西装，大都具有轻、薄、软、挺的特点，穿着舒适，外形挺括，给人典雅高贵之感。

2. 颜色

在正式场合中，西装的颜色以藏蓝色为首选。应注意的是，英文中 black suit 其实指的也是藏蓝色，而不是纯黑色的西装。另外，要注意西装上下装的颜色统一。而衬衫和领带颜色的搭配则应参考三色原则，也就是说全身的颜色应尽量避免多于三种，一般衬衫会选择白色（或浅色单色），深色的西装，深色的皮带，深色的鞋袜，领带则要与西装颜色搭配，也可体现个性。

3. 尺寸

在选择西装时，大小尺寸合体是基本的要求。试想一下，如果穿着一身不合体的西装，无论其做工如何精良，都无法体现出穿着者的精神风貌。

要选择一身合适的西装，首先应考虑穿着者的身高、身材比例等因素，选择合适的版型。一般情况下，西装可分为欧式版型、英式版型、美式版型、日韩式版型等几种，应根据其不同的特点，扬长避短选择版型。

其次，想要选择一身合适的西装，还要注意尺寸礼仪，西装穿好后，应注意其与衬衫间应留出可以穿着一件薄羊绒衫的尺度；领口处应紧贴并应低于衬衫 1~1.5 厘米，袖长应到手腕为宜，衬衫袖口则应比西装袖口长出 1~1.5 厘米；下身裤装的长度则应保持裤腿管刚好盖在鞋面上为宜。

4. 做工

在挑选西装时，一件西装做工的好坏，应看其里衬是否外露、衣袋是否对称、纽扣是否缝牢、表面是否起泡或跳线、针脚是否均匀、外观是否平整。做工的好坏，直接影响日后穿着是否合体、舒适、耐穿，也体现了穿着者的品味，所以应格外注意。

二、西装的穿着礼仪

1. 穿着前的准备

西装作为正装不同于平时所穿着的休闲装，在穿着前应做好充分准备，避免因某些原因破坏个人形象。

(1) 拆除商标

在西装穿着前，一定要将上衣左边袖口处的商标拆除，避免贻笑大方。

(2) 熨烫平整

在西装穿着前，一定要根据面料，选择合适的温度将西装熨烫平整，避免穿着满身褶皱的西装，致使美感全失。

2. 穿着礼仪

(1) 纽扣的系法

西装纽扣的系法讲究很多，一般情况下，西装有单排扣上衣和双排扣上衣之分。

系单排两粒扣式的西装时，讲究“系上不系下”，系单排三粒扣式的西装时，可以只系中间一颗纽扣或者上面两颗纽扣，也就是说单排扣上衣的最下面一颗纽扣是不系的。在坐下时，为防止西装版型走样，可以把扣子全部解开；站立时，特别是在一些郑重的场合起身时，则应将纽扣按礼仪要求系上，以示尊重。系双排扣上衣时，则应将能够系上的纽扣全部系上。

(2) 口袋的使用

在穿着西装时，为保证西装笔挺不走样，应尽量在口袋中少装或者不装东西。一般情况下，西服下装的裤袋里基本上是不装任何物品的；西装上衣左侧外胸口袋除可以放入一块用以装饰的手帕外，不可放置其他物品；上衣左侧内胸口袋可用来放置笔、钱夹、名片夹等物品，但也不要放过大过厚的东西；上衣外侧下方的两个口袋，一般也不放任何东西。

(3) 衬衫的穿着

正装衬衫的选择，面料以纯棉、纯毛为主，不可选择条绒布、水洗布等作为西装衬衫穿着；色彩上一般选择单一色，在正规的商务场合，以白色为首选，也可根据西装色彩选择浅灰色、浅蓝色等庄重颜色，应避免红色、粉色等鲜艳颜色的衬衫，严禁竖条纹西装搭配竖条纹衬衫；在款式上应选择长袖衬衫，短袖衬衫则只适合在休闲场合穿着；穿着衬衫时，应将所有纽扣都系好，如果不系领带则可将领口的纽扣解开；衬衫下摆应均匀地掖进裤腰内。

衬衫与西装搭配时，衬衫的领子应为有座硬领，领围大小以系好领口扣子后能以食指自由伸进为度。衣领的宽度应根据自己脖子的长短来选择。即脖子较短的不宜选择宽领衬衫；脖子较长的不宜选用窄领衬衫。

一般情况下，衬衫里面不宜穿其他衣服。如果天气较冷，衬衫里面也可以穿低领的保暖内衣，颜色一定要跟衬衫的颜色一致；衬衫外面也可以穿 V 领的羊绒衫。

(4) 领带的搭配

在比较庄重、正式场合中，穿着西装很多时候都要搭配领带，领带可以起到“画龙点睛”的作用。领带的选择，面料以真丝或棉麻为宜，如麻质西装可选择棉、麻质的领带搭配；毛呢西装可搭配针织领带；高级羊毛西装搭配光滑细致的丝棉领带。领带最好选单一颜色，黄色、蓝色、紫红色等都是不错的选择，应尽量避免选择多于三种颜色的领带；如果喜欢图案，斜条纹、小圆点、规则的小图形等都是很不错的选择。

穿着西装是否系领带应根据场合、服装的不同来选择。领带的长度在皮带扣的位置，如需佩戴领带夹，则只宜将其夹在领带打好后、衬衫自上而下的第四粒至第五粒纽扣之间。下面介绍几种领带的打法，如图 2-4 ～图 2-9 所示。

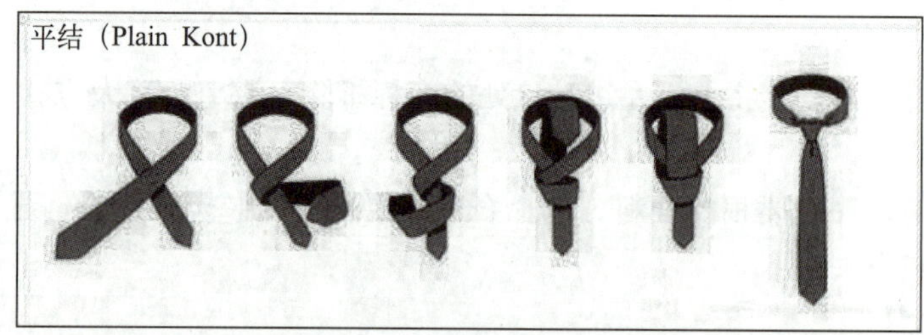

图 2-4　平结领带的系法

图 2-5　交叉结领带的系法

图 2-6　双交叉结领带的系法

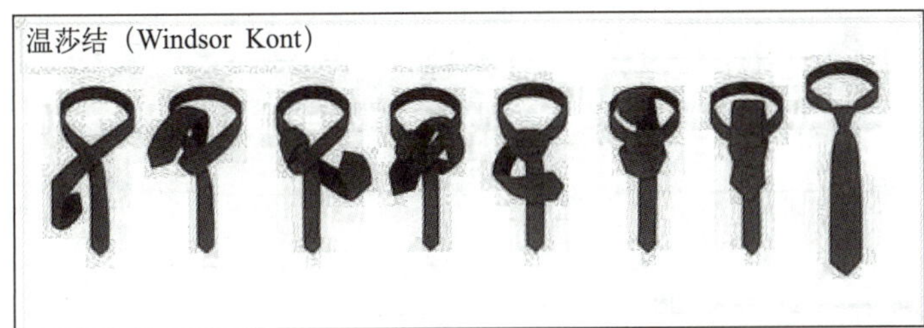

图 2-7　温莎结领带的系法

图 2-8　亚伯特王子结领带的系法

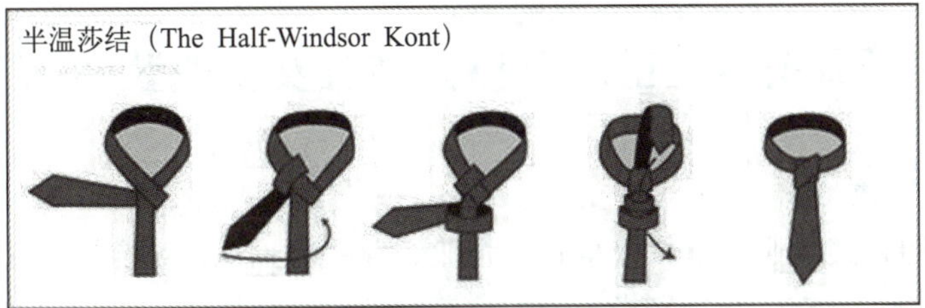

图 2-9　半温莎结领带的系法

（5）鞋袜的穿着

在穿着西装时，鞋袜的搭配也要讲究。我们常用“西装革履”来形容一个人的穿着打扮，所以，西装搭配时，皮鞋是唯一的选择。皮鞋颜色的选择以深色、单色为宜，深色西装配黑色硬底皮鞋，偶尔也可以穿深棕色皮鞋；浅色西装可搭配浅色皮鞋，但绝对不可配旅游鞋、布鞋、漏脚趾的凉鞋。

图 2-10　鞋袜搭配

皮鞋无论新旧，都必须保持鞋面清洁，参加重大社交活动，皮鞋保持光亮，是对活动场合、对宾客的尊重。

着西装、穿皮鞋时，袜子的质地尽量选择纯棉或纯毛，袜子的颜色要与皮鞋或裤子颜色一致，以深色、单色为宜，不宜穿白色或彩色的袜子，同时，尽量选择中筒袜，袜口不外露，如图 2-10 所示。

(6) 西装与大衣的搭配

西装外搭配大衣时，大衣不应过长，最长不超过膝盖下 3 厘米。

【小贴士】正式场合，西装与衬衫、领带色彩搭配方法，如图 2-11 所示。

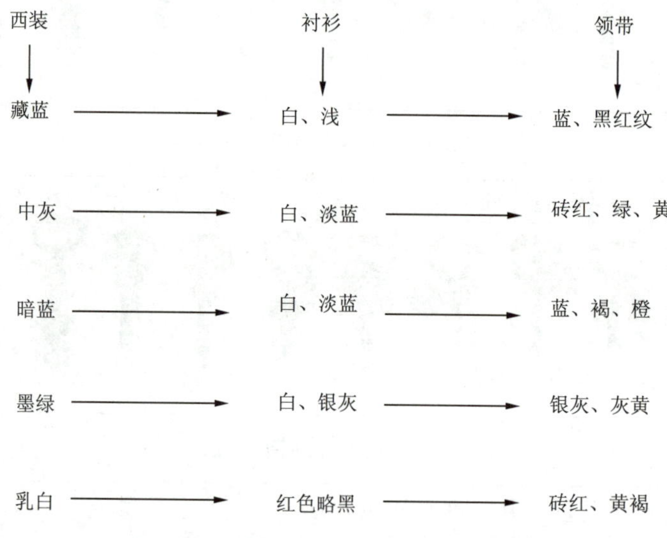

图 2-11 西装与衬衫、领带色彩搭配方法

实践操作

品头论足：选择 5 名男生各借西装一套并按规定着装搭配，请同学进行评价。

子任务 3 正确选择、穿着女士西装套裙

任务情境

一外商考察团来某企业考察投资事宜，企业领导高度重视，亲自挑选了庆典公司的几位漂亮女模特来做接待工作，并特别指示她们身着紧身衬衫和短裙，领导说这样才显得对外商的重视。但考察团上午见了面，还没有座谈，外商就找借口匆匆走了，工作人员被搞得一头雾水。后来通过翻译才知道，他们说通过接待人员的着装，认为这是个管理制度极不严谨的企业，完全没有合作的必要。

学生讨论

① 外商为何会取消与该企业的合作？

② 女模特的着装有何问题？

布置任务

在任务情境中，接待人员应穿着什么样的服装出席该场合？

知识链接

西装套裙，简称“套裙”，上装为女式西装，下装为裙装。西装套裙以其独特的端庄、典雅、美丽、含蓄以及柔和的线条美，越来越受到现代职业女性的青睐。

女士西装套裙不仅适用于正式的工作场合，也适合于社交场合。

一、套裙的选择

1. 面料

套裙的面料最好选择纯天然质地的面料，讲究匀称、平整、光洁、柔软、悬垂、挺括，不起皱、不起球，而且上下装的面料也应保持一致，但应避免选择真皮或仿皮套裙。

2. 颜色

套裙色彩以冷色调为主，清新、庄重，避免选择过于花哨的颜色，上下装可为同一颜色，也可采用上浅下深或上深下浅的对比色，但颜色不应超过两种，以免有失庄重。

3. 尺寸

套裙尺寸应根据自身体态选择合身的大小，上衣不宜过短，最短可以齐腰；裙子以窄裙为主，长度一般及膝或膝盖上下 1 厘米的位置。无论上衣和裙子，都必须合身，不可过大或过小、过肥或过瘦。

二、套裙的穿着礼仪

1. 衬衫的搭配

套裙的穿着应考虑与衬衫的搭配，色调应统一而稳重。衬衫的颜色以白色或单色为首选。应该说明的是，与套裙搭配的衬衫不必过于精美，领型等细节上也不宜十分新奇夸张。穿衬衫时，要注意必须将衬衫的下摆掖入裙腰之内，不得任意悬垂于外，或是将其在腰间打结。在正式场合，衬衫不宜外穿，尤其穿着紧身衬衫更是失礼的表现。

2. 内衣的穿着

穿着套裙时，内衣应尽量选择肤色或与衬衫相同的颜色，并应选择大小合适的内衣，以避免内衣外露的情况出现。

3. 鞋袜的搭配

在穿着套裙时，最好与皮鞋搭配，鞋跟的高度以中跟或高跟为宜。

袜子的选择一定是长筒丝袜或连裤袜，袜口不可暴露于外，即裙子的下摆必须遮住袜口。袜口暴露在外，是一种公认的既缺乏服饰品味又失礼的表现。袜子的颜色选择以肤色为主，同时要注意裙、鞋、袜三者之间色彩要协调，袜子的颜色，可有肤色、黑色、浅灰、浅棕等几种常规选择，忌彩色，宜单色。此外，应保持袜子完好无损，破损的袜子须立即更换。

4．饰品的搭配

就佩饰而言，职场女性在穿着套裙时应以少为宜，合乎身份和场合。工作场合中，可不佩戴饰品，如果佩戴的话也不应超过三种，且颜色、质地应尽量统一。避免过度张扬的饰品佩戴在商务场合中。

【小贴示】职场着装选择

- 不要盲目跟随潮流。
- 不要穿假冒品牌服装。
- 不要穿风格不统一的服装。
- 不要穿不洁净的服装。
- 不要穿过于裸露的服装。

实践操作

品头论足：选择 5 名女生，各借西装套裙一套并按规定着装搭配，请同学进行评价。

子任务 4　正确选择、搭配饰品

任务情境

作为酒店前台接待人员的安娜最近很开心，因为圣诞节的时候，男友大手笔地送她了一套钻石饰品。第二天一上班，安娜就迫不及待地将这套钻石饰品佩戴上了。到了岗位上，同事果然无不羡慕地询问她佩戴的饰品，她兴奋地告诉她们，饰品中一对耳坠上每只由十颗小钻石镶嵌而成，项链上有 30 颗平均每颗 0.3 克拉的钻石，而戒指上更是镶嵌有一颗 1 克拉的优质钻石，同事们听得不住地感叹。这时，酒店来了一位 VIP 客人，他来到前台想要问询相关事宜，看到此情此景，他不禁说道："女士，您的饰品很漂亮，但是和这身工装搭配起来好像有些不合时宜。您不觉得有些像节日里的圣诞树，有些过于耀眼了吗？不论您的饰品是真是假，我还真有些不敢让您为我服务了。"安娜顿时涨红了脸，急急忙忙将饰品摘掉了。

学生讨论

客人为何会说安娜的饰品不合时宜？

布置任务

在工作场合中，应佩戴怎样的饰品并如何佩戴才更合适？

知识链接

在正式的场合，无论社交场合亦或是商务场合，除去西装、套裙、制服等正装之外，也离不开许多重要的饰品，饰品的选择、搭配更能充分反映一个人的素养。

饰品又叫饰物，是指那些能够起到点缀装饰作用的物件，如服装的配物或首饰配件等。饰品佩戴恰当常常可以起到画龙点睛的作用，能够提升整体形象；反之，不符合礼仪标准和审美标准的饰品佩戴则会适得其反，破坏形象，因而如何选择、搭配饰品非常重要。

一、饰品搭配原则

在职场中饰品搭配应遵循以下几点原则：

1. 应根据自身条件选择饰品

饰品的款式、大小等，首先应根据佩戴者自身条件来选择。如根据佩戴者的脸型、性格、年龄、发型的不同，所选择的饰品也应不同。

2. 应根据时间、场合、服装选择饰品

饰品的选择还应根据时间、场合及所穿着的服装来决定。如在出席宴会穿着晚礼装时可选择较为复杂华丽的饰品，而如果是工作场合则应选择较为朴素小巧的饰品。

3. 工作场所中饰品的选择

在工作场所中，饰品的佩戴应以少而精为原则，力求简单大方，不应过分华丽夸张，以免有炫耀的嫌疑。在饰品的选择上应注意以下几点：

① 饰品数量应尽量少，不可超过三件，且应同一颜色、质地。

② 在发饰的选择上应强调实用性，不宜佩戴色彩鲜艳、样式夸张的发饰。

③ 耳饰可选择小巧含蓄的耳钉。

④ 项链的选择切忌花哨，样式应简洁大方，不要过于耀眼。

二、饰品佩戴礼仪规范

饰品佩戴的礼仪规范见表 2-4。

表 2-4　饰品佩戴礼仪规范

配饰名称	使用范围	佩戴礼仪	佩戴禁忌
戒指	佩戴在左手有相应含义；佩戴右手则起到装饰作用	佩戴左手上，戴食指上表示无配偶或无交往对象；中指表示恋爱中；无名指表示订婚或已婚；小拇指表示独身	一只手不要戴 2~3 枚戒指
耳环	一般为女性所佩戴，讲究成对使用，每只耳垂上佩戴一枚耳环	佩戴耳环时，应注意与自身脸型、发型及所穿服装相协调、统一	正式场合不宜在一只耳朵上佩戴多枚耳环
项链	戴在颈部的环形首饰。通常所佩戴的项链不应多于一条，但可将一条项链折叠佩戴	佩戴项链时，应与服装及颈部肤色及颈部粗细相协调。浅色服装戴深色或艳丽一些的宝石类项链；脖子较短的人应选择较细的项链；脖子较长的人应选择稍粗的项链	男士所佩戴的贵金属项链不宜外露

续表

配饰名称	使用范围	佩戴礼仪	佩戴禁忌
手镯	即佩戴于手腕上的环状饰物，手腕与手臂不美者应慎戴	手镯可以戴一只，也可以戴两只。通常已婚者戴左手或一手戴一只；未婚者戴右手	男士一般不佩戴手镯
脚链	即佩戴于脚踝处的链状饰物。脚踝、小腿不美者慎戴	脚链一般只戴一条，戴在哪一只脚踝上都可以。如果穿丝袜时，应戴在丝袜外面	正式场合一般不戴脚链
胸针	多为女士所用	穿西装时，应别在左侧衣领上；穿无领上衣时，则应别在左侧胸前；其具体高度，应在从上往下数的第一粒与第二粒纽扣之间	
领针	即专用于别在西装左侧领上的饰物，男女皆可使用	应佩戴一枚，并且不宜与胸针、纪念章、奖章、企业徽章等同时使用	在正式场合，不应佩戴有广告效用的领针
手提包	提包的颜色要与季节、场合、气氛相协调	在严肃的社交场合，可使用颜色较暗、形状较方正的提包；参加舞会或宴会，可使用颜色鲜艳的羊皮小包或缎面小包；女性穿银灰、奶白色的套装时，提包的色彩以白、黄、棕色为宜；穿黑、咖啡色的套装时，以棕、灰色提包为宜	不要把手提包塞得满满的

三、香水

法国著名时装设计师夏奈尔曾这样评价："香水是服饰的最后搭配。"香水的全部意义是愉悦感觉、兴奋神经，诱发人们的最佳视觉及联想效果，她把服饰美烘托并升华到另一高度。香水是一种文化，是完成优雅形象塑造中画龙点睛的一笔。服装设计大师纪凡希说："聪明的人会选择一种最配他风格的香水。"作为职场人士，应该学会如何选择和使用香水。

1. 香水的分类

(1) 按香型划分

① 植物香型：气味清新、自然，适用于晨间。

② 花香型：气味温馨、浓郁、甜美，适用于日间。

③ 西普莱香型：气味优雅、甜蜜、幽深，适用于成熟女性在正式场合使用。

④ 东方香型：气味馥郁独特，香气经久不散，适用于社交场合。

⑤ 合成香型：气味浪漫、温柔、迷人，适用于女性晚间使用。

（2）按香水中香精含量及香气持续时间划分

① 微香型香水：香精含量仅为 5% 以下的，香气持续时间为 1 ～ 2 小时的香水，适用于沐浴后或健身运动时。

② 淡香型香水：香精含量为 5% ～ 10%，香气持续时间为 3 ～ 4 小时的香水，适用于日间上班。

③ 清香型香水：香精含量为 10% ～ 15%，香气持续时间 5 小时左右的香水，适用于一般交际应酬。

④ 浓香型香水：香精含量为 15% ～ 20%，香气持续时间 5 ～ 7 小时的香水，适用于出席宴会或舞会。

2．喷洒方法

（1）七点法

首先将香水分别喷于左右手腕静脉处，双手中指及无名指轻触对应手腕静脉处，随后轻触双耳后侧、后颈部；轻拢头发，并于发尾处稍停留；双手手腕轻触相对应的手肘内侧；使用喷雾器将香水喷于腰部左右两侧，左右手指分别轻触腰部喷香处，然后用沾有香水的手指轻触大腿内侧、左右腿膝盖内侧、脚踝内侧。注意擦香过程中所有轻触动作都不应有摩擦，否则香料中的有机成分发生化学反应，可能破坏香水的原味。

（2）喷雾法

在穿衣服前，让喷雾器距身体 10 ～ 20 厘米，喷出雾状香水，喷洒范围越广越好，随后立于香雾中几分钟；或者将香水向空中大范围喷洒，然后慢慢走过香雾。这样都可以让香水均匀落在身体上，留下淡淡的清香。

3．注意事项

① 应购买高品质的香水。

② 应在出门前半小时使用。

③ 不要当着他人的面喷香水。

④ 皮肤过敏者慎用。

⑤ 避免香水与宝石及浅色衣物接触。

⑥ 腋下、鞋内禁用香水。

子任务 5　规范穿着制服

任务情境

凌宇是刚刚被某五星级酒店餐饮部录用的一名新员工。经过岗位培训后，她应与其他新员工一起领取工装。可凌宇因为其他一些事耽搁了，最后一个领取了工装，库房的管理员实在找不到适合她的服装。没办法，凌宇只好领回了一套袖子和裤脚都有些长的工装。经理提示她可以找到后勤工作人员进行服装修改，可凌宇觉得也不是太长就没在意。

终于到了凌宇上岗工作的时候了，她被分配到了酒店最繁忙的中餐厅工作。上班的第一天，中餐厅来了一位特殊的客人，是某美食杂志的资深编辑。他扮作普通客人来到中餐厅，想考察一下酒店的服务水平和食物的品级。刚一进餐厅，凌宇就积极地迎了过来，微笑招呼起这位“客人”。可很奇怪，客人并没有表现出开心的笑容，而是上下打量了一下她，皱起了眉头，转身就离开了餐厅。

一个月后，杂志刊登了这位资深编辑的文章，对市内的各家五星级酒店餐厅以亲身体验做了评价。当提到凌宇工作的酒店时，这位“客人”只提了寥寥数笔，但却让酒店老板惭愧不已。文中写到：“对于一家五星级酒店来说，服务人员的着装都不能合体合身，实在无法让人有心情、有信心品尝这里所做出的菜肴。”

学生讨论

① 资深编辑为何会转身离开？

② 员工制服穿着是否合体，会对酒店形象造成怎样的影响？

布置任务

总结穿着制服时应注意什么。

知识链接

制服是一群相同团体的人所穿着的服装，用以辨识从事某个职业或属于某团体的成员，所以也称为岗位识别服，如图 2-12 所示。

图 2-12　酒店礼宾制服

制服穿着不仅体现岗位人员的精神风貌，也直接影响人们对于该企业或行业的评价和印象。职业岗位穿着整齐统一的制服，不仅是对客户的尊重，便于客户辨认，而且也可使穿着者萌生职业的自豪感和责任感，是敬业、乐业在服饰上的具体体现。所以，作为职场人士，制服的穿着要非常注意。

一、制服着装要求

1. 服装美观整洁

（1）合体

制服穿着必须大小肥瘦合体，过大或过小都会给人不舒服的感觉。主要体现在“四长”和“四围”。

“四长”：衣袖长至手腕；衣底长至虎口；裤长至脚面；裙长至膝。“四围”：领围以插入一指大小为宜；胸围以穿进一件羊绒衫为宜；腰围及裤裙的臀围以穿进一条羊毛裤为宜。

(2) 整齐

穿着制服时应注意服装的整齐。袖口和领口的扣子一定要扣好，里面的衬衣下摆扎好，切不可散放在外面；制服袖子不可挽起，也不能卷起裤腿穿着裤装；不可穿着破损、褶皱的制服上岗。

(3) 洁净

应注意保持制服的洁净，至少 3 天左右应清洗一次，特别应注意领口、袖口地方的清洁。

2. 鞋袜搭配适宜

制服穿着除了要注意美观整洁以外，鞋袜的搭配也非常重要。

(1) 鞋

穿着制服时，一般选择皮鞋穿着，有些制服也可穿着布鞋。选择时，应尽量选择深色或与制服相协调的颜色，其中皮鞋鞋跟不宜过高，男士应低于 3 厘米，女士鞋跟不能超过 4 厘米；穿着时应保持鞋面清洁，皮鞋应擦亮保养，布鞋则应保持干爽。

(2) 袜

选择袜子时，应选择与鞋的颜色相协调的色彩，切忌穿花袜子，另外应选择长筒袜，袜口不能露在裤子或裙子外；穿着时，应保持其干净、干爽，每天更换、清洗，避免出汗后产生异味。

3. 规范佩戴工号牌

许多职业除要穿着制服外，企业或单位会为工作人员配备工号牌，以便工作或服务时易于辨认并明确职责，工号牌标明佩戴者的姓名、职位和部门。佩戴工号牌时应将其端正地佩戴在制服左胸上方，有的工作岗位要求佩戴手套和帽子，也务必要按规定佩戴整齐。

佩戴工号牌可以起到方便客户识别、便于沟通以及监督工作人员工作状况的作用，从而提高工作人员的工作积极性及约束力。

二、制服穿着禁忌

制服既然属于上班装，那么穿着时就必须严格遵守有关礼仪规范和单位具体规定，应注意以下四个方面。

1. 忌脏

穿着制服，必须努力使之保持干净和清爽的状态。一旦发现制服被弄脏，就应当马上进行换洗。制服定期或者不定期地进行换洗，应当成为职场人用以维护自我形象的自觉而主动的行为。不仅如此，除制服之外，与之同时配套穿着的内衣、衬衫、鞋袜，亦应定期进行换洗。

2. 忌皱

穿着制服一定要整整齐齐，外观完好。由于制服所用的面料千差万别，并非所有的制服都能做到挺括、笔直，但不可使其皱皱巴巴、折痕遍布。为防止制服产生褶皱，必须采取一些必要措施。例如，不穿时，叠好或挂好，切勿随手乱扔；洗涤后，加以熨烫；穿着中，不乱倚、乱靠、乱坐等，最重要的事是，必须从思想上认识到，满是褶皱的制服是丑的。

3. 忌破

在工作中，制服有可能会不经意在一定程度上产生破损，同时，制服也会自然的发生“老化”，例如，开线、磨破、纽扣丢失等。对于残破的制服，要分别进行处理，不宜在正式场合穿着有明显修补痕迹的制服。

4. 忌乱

在穿制服的单位里，最忌讳一个“乱”字。一方面是，有人不按照规定穿制服。以“不合身”“忘记了”等托词，拒绝穿着，甚至自以为美的将街市装、宴会装、休闲运动装等穿到单位；另一方面，有人穿着制服不规范。比如，敞胸露怀、不系扣、撸胳膊卷袖子、不打领带等，有损制服的形象，更损害单位的形象。

实践操作

（1）以小组为单位分别选择一名同学，根据该同学未来计划从事的职业岗位（可参照表 2-5 所示岗位）借穿工作制服一套（可自制工号牌）。课堂上穿着，请同学评价并参与讨论。

表 2-5　不同职业岗位的穿着描述

职业岗位	服装描述	鞋袜描述	工号牌描述	穿着状态描述
商务人员				
政务人员				
银行职员				
商场职员				
教师				
酒店服务员				
导游人员				
航空服务员				
护理人员				
文秘				
…				

（2）教师和同学们一起准备适量的首饰、手表、钢笔、皮包、围巾、眼镜等常用饰品，以组为单位，每组为组员中的一位男士和女士搭配一套适合在工作场合佩戴的饰品，展示并讲解。

拓展实践

形象设计：一对 24 岁的龙凤胎，准备到一家五星级酒店竞聘公关部经理一职，请你从仪容和着装及饰品佩戴三方面，为他（或她）进行面试的个人形象设计（提示：二人均体型标准，身高适宜，面容姣好）。小组选择代表以 PPT 形式进行演示讲解。

任务 3 职场仪态礼仪

能力目标

- 能够正确展示基本举止仪态。
- 能够正确展示和运用体态语言。

任务情境

战国后期，刺客荆轲受燕国太子丹之托，行刺秦王嬴政。“风萧萧兮易水寒，壮士一去兮不复还”，荆轲抱着必死的决心出发，却在行刺的过程中，图穷匕首见，败露了形迹，没有刺中秦王。

在身负重伤的情况下，荆轲知道此事已经不可能成功了，于是他倚柱大笑，向秦王箕踞而骂：“今天算你走运！我本来想要效仿以前的曹沫那样活捉你，逼迫你归还侵占的诸侯领地，没想到事情没有成功，让你逃脱，这大概是天意吧。但是你凭恃你的强大武力，吞并诸侯，你统治的时间又怎么能长久呢？

箕踞是指随意地张开两腿坐着，像簸箕一样，是一种不雅、无礼的坐姿。荆轲故意“箕踞以骂”，是想以这种无礼姿势表现出对秦王嬴政的嘲弄与侮辱。

请同学们思考：

① 从荆轲的故事中，坐立姿势不雅会造成什么样的后果。

② 举例说一说生活中不文雅的坐姿现象。

仪态即一个人的举止姿态，包括站立的姿态、走路的步态、说话的声音、面部的表情以及所运用的手势。仪态体姿比相貌更能表现人的精神气质，不同的举止姿态代表着一个人对特定事物的不同态度。正所谓“小节之处见精神，言谈举止见文化。”

子任务 1 规范展示基本举止仪态

任务情境

一位人事部部长带着三位刚从各分公司推选出来的业务骨干去见总裁，总裁将从这三位业务骨干中挑选出一位任业务经理。三位年轻人进入总裁办公室时，总裁还没有到，人事部部长请三位年轻人稍等。一会儿总裁来到了办公室，只见两位年轻人坐在沙发上，一个架起“二郎腿”，而且两腿不停地上下抖动，另一个身子松懈地斜靠在沙发一角，两手攥握手指“咯咯”作响；另一个年轻人端坐在椅子上规矩地等候面试。总裁非常客气地对两位坐在沙发上的年轻人说：“对不起，选拔已经有结果了，请退出。”两位年轻人四目相对，不知何故。

学生讨论

① 面试选拔为何什么都没问就结束了？

② 三位年轻人的面试结果将会如何呢？

布置任务

根据任务情境，总结三位年轻人应表现的礼仪姿态，并以小组为单位进行情境演示。

知识链接

视频

侧放式站姿

一、站姿

人的仪态美，是以优美的姿态来体现的，而优美的姿态又以正确的站姿为基点。站姿的规范标准为：站立时，头、颈、躯干、脚的纵轴在同一垂线上，挺胸、收腹、梗颈；同时注意肌肉张弛的协调性，挺胸立腰沉肩，两肩和手臂的肌肉放松，呼吸自然，两眼平视，嘴微闭，面带微笑。

视频

男士前交叉式站姿

1. 基本站姿

① 男士、女士通用站姿——侧放式站姿，如图 2-13 所示。

手位：双手放于腿部两侧，手指弯曲成半握拳状。

脚位：脚掌分开呈 V 字形，脚跟靠拢，双膝并拢。

图 2-13　侧放式站姿

② 男士站姿——交叉式站姿，如图 2-14 所示。

手位：两手在体前交叉，左手搭在右手手腕上，上体直立，双手臂自然。

脚位一：脚掌分开呈 V 字形，脚跟靠拢，双膝并拢。

脚位二：双脚分开，两脚之间的距离 10 厘米左右，不得超过 20 厘米。

视频

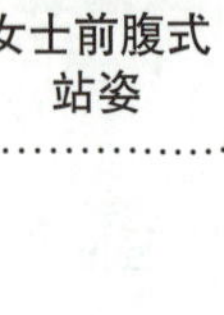

女士前腹式站姿

③ 女士站姿——前腹式站姿，如图 2-15 所示。

图 2-14　男士交叉式站姿

图 2-15　女士前腹式站姿

手位：双手在腹前交叉，右手轻握左手，贴在小腹部约肚脐的位置。

脚位一：脚掌分开呈 V 字形，脚跟靠拢，双膝并拢。

脚位二：双膝并拢，一脚在前，将脚跟靠于另一只脚内侧偏后位置，两脚尖向外展开约成 30° 角，形成一个斜的小“丁”字，即小“丁”字步。

2. 站姿训练方法

（1）对照法

同伴帮助或自己对着镜子进行训练，纠正不良姿势，在找准规范动作感觉后，坚持每次 30 秒，每组 3 次，连续练习 3 组。

（2）贴壁法

靠墙站立，要求脚后跟、小腿、臀部、肩胛骨、后脑勺都要紧贴墙壁，沉肩吸气收腹，坚持 30 秒，每组 3 次，连续练习 3 组。也可两人一组，背靠背站立练习。

（3）顶书法

头顶书，把书放在头顶中心，书不能掉。要求：头、躯体自然保持平衡。这种训练方法可以纠正低头、仰脸、歪头及左顾右盼等不良习惯。

站姿训练每次应控制在 20 ~ 30 分钟，训练时最好配上轻松愉快的音乐，用以调整心境，既可以防止训练的单调性，又可以减轻疲劳感。

二、坐姿

坐姿是一种基本的静态造型，端庄的坐姿给人文雅、稳重、自然大方之感。坐姿的规范标准为：上体自然挺直，肩放松，胸微挺，颌微收，目平视，嘴微闭，面带微笑。在标准坐姿的基础上，随着上、下肢位置的不同，坐姿姿态也有不同。

1. 基本坐姿

① 男士坐姿 1——标准式坐姿，如图 2-16 所示。

下肢：在标准式坐姿的基础上，双脚一前一后，前脚前伸全脚掌着地，后脚回收前脚掌着地。

手臂：两手分别放在双膝上。

② 男士坐姿 2——屈直式坐姿，如图 2-17 所示。

图 2-16　男士标准式坐姿

图 2-17　男士屈直式坐姿

视频

男士坐姿

下肢：两腿分开，一前一后，两脚在同一条直线上。

手臂：两手分别放在双膝上。

③ 女士坐姿 1——标准式坐姿，如图 2-18 所示。

下肢：双腿并拢，双脚成小“丁”字。

手臂：双手叠放，置于腿上。

④ 女士坐姿 2——斜放式坐姿，如图 2-19 所示。

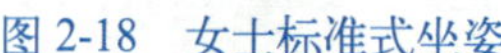

图 2-18　女士标准式坐姿

图 2-19　女士斜放式坐姿

斜放式坐姿分为左斜放和右斜放两种方式，动作相同，方向相反。以左斜放为例：

下肢：左脚向左平移一小步，左脚掌内侧着地，右脚左移，右脚内侧中部靠于左脚脚跟处，右脚脚掌着地，脚跟提起，双腿靠拢斜放，两膝始终相靠。

手臂：双手叠放，置于腿上。

⑤ 女士坐姿 3——重叠式坐姿，如图 2-20 所示。

此坐姿在正式或非正式场合均适宜，尤其适合穿裙子，是女士最能体现优雅体态的坐姿，并给人以大方高贵之感。

下肢：双腿膝部交叉，一上一下交叠在一起，双腿同时斜放于左侧或右侧，腿部与地面约成 45° 角，叠放于上的脚尖内收，垂向地面。

手臂：双手叠放，置于腿上。

2．动作过程

(1) 入座

入座动作一定要轻缓、文雅。

从坐具的左侧入座，自然地走到坐具的前面，右脚后撤，保持上身的直立和身体的重心，依次屈膝屈髋慢慢坐下。

注：女士入座时，右脚小交叉后撤，并稍稍拢一下裙边。

(2) 落座

落座时，应坐坐具的三分之二或二分之一；上体挺直、目光平视、面带微笑，并注意选择适宜的坐姿，如图 2-21 所示。

图 2-20 女士重叠式坐姿

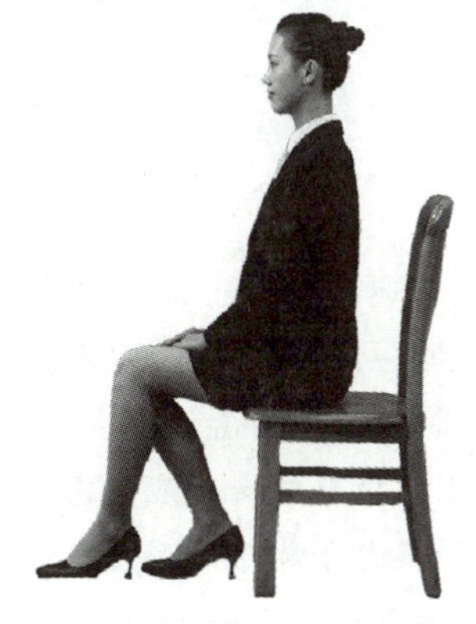

图 2-21 坐姿上体姿态展示

（3）起坐

起身离座时，动作也一定要轻缓，避免弄响座椅，或将椅垫、椅罩碰掉在地上。起坐时，右脚后撤，依次伸髋伸膝起来，并保持规范的站姿，站定之后方可离开。若是起身就走，则会显得太过匆忙，有失稳重。

注：女士起坐时，右脚小交叉后撤，同时也要注意拢一下裙边。

三、走姿

优美的走姿可以体现人的优雅、稳健、充满活力，充分展示出体态美，表现出一个人的风度、风采和韵味。走姿的规范标准为：上身挺直，两肩相平，目视前方，双臂自然摆动。提髋以大腿带动小腿向前迈步，膝盖和脚踝应放松，做到腿直而不僵；步伐从容平稳，步幅适中，两脚落地成一条直线；步幅、步伐、摆臂和呼吸配合成协调的节奏。

1. 基本走姿

走姿要求：轻盈、自如、稳健、大方，有节奏感。

（1）头部

头正、颈直、下颌微收，目光平视前方。

（2）上体

双肩下沉，挺胸收腹，立腰，脊背挺直，上体微前倾。

（3）手臂

手臂放松伸直，手指自然弯曲，摆动两臂时，以肩关节为轴，上臂带动前臂呈直线前后摆动。

（4）下肢

提髋、屈大腿带动小腿向前迈步，脚跟先着地，身体重心落在前脚掌上，身体重心的移动，主要是通过后脚用力，将身体重心推送到前脚掌，从而使身体前移，前脚落地和后脚离地时，膝盖须伸直。

（5）步位

步位指两脚落地的位置。男士行走时，两脚跟交替前进在一条较粗的直线上；女士行走时，两脚内侧着地的轨迹要在一条较细的直线上。

(6) 步幅

步幅也称步度，是指跨步时两脚之间的距离，即前脚跟与后脚尖之间的距离，通常步幅是 70 厘米左右。

(7) 步速

步速指行走的速度。男士每分钟 108 ～ 110 步为宜；女士每分钟 118 ～ 120 步为宜。在一定的场合，一般应保持相对稳定的速度。

另外，行走时脚不宜抬得过高，也不宜过低，过低会使鞋底与地面相摩擦。

特别提示：穿高跟鞋的女士应注意。高跟鞋虽然能帮助收腹、立腰、挺胸，使走姿更显挺拔、优雅，但由于高跟提升了脚跟的高度，走起路来自然比较辛苦。所以，穿高跟鞋要走“柳叶步”，即小步前行，两脚落地时，一定要落在一条直线上，切不可用屈膝的方法来保持平衡，否则，不仅影响行走姿态的美感，而且对肢体有害。

2．走姿训练方法

(1) 顶书训练

面对镜子，将书置于头顶，行走时双臂自然摆动，保持头正颈直、目视前方，可以纠正走路摇头晃脑的毛病。

(2) 步位、步幅训练

在地上画一直线，行走时检查自己的步位和步幅是否落在直线上，可以纠正“外八字”“内八字”及脚步过大或过小的毛病。

(3) 步态综合训练

训练行走时各种动作要协调，最好配上节奏感较强的音乐，注意掌握好走路时的速度和节拍。保持身体平衡，双肩后展，双臂摆动对称，动作协调。

四、蹲姿

视频

男士高低式蹲姿

视频

女士高低式蹲姿

一个讲究举止的人，一定讲究蹲的姿态。蹲姿是由站姿转化而来的，当人站立时，两腿弯曲并降低身体高度即形成蹲姿。蹲姿只是人们在比较特殊的情况下所采用的一种暂时性体态。如要拾取掉在地上的东西或取低处的物品时，就必须采用蹲姿。规范的蹲姿应该是，双腿靠紧（男士可有适当的间隙），臀部向下，如图 2-22 所示。

图 2-22　蹲姿

1．基本蹲姿

(1) 高低式蹲姿

高低式蹲姿是最常用的蹲姿。基本特征是双膝一高一低。下蹲时一只脚在前，全脚着地，小腿基本垂直于地面；另一只脚稍后，脚掌着地，脚跟提起；形成两膝一高一低的姿态；臀部向下，身体基本上以单腿支撑。女子下蹲时两腿要靠紧，男子两腿间可有适当间隙。

注意：下蹲时，上体依然保持正直，左右脚可交换前后。

（2）交叉式蹲姿

交叉式蹲姿适合于服务行业。下蹲时，右脚在前，左脚在后，右小腿垂直于地面，左膝从右腿后面向右侧伸出，左脚脚跟抬起，前脚掌着地，两腿前后靠紧，合力支撑身体；臀部向下，上身稍前倾。左右脚可交换。

（3）半蹲式蹲姿

半蹲式蹲姿的基本特征是身体半立半蹲。下蹲时，上体少许弯下，但不能与下肢构成直角或锐角，臀部向下；双膝略微弯曲，角度可大可小，但一般为钝角；身体的重心应放在一条腿上。这种蹲姿多在行进中临时采用，最忌讳的是臀部不是向下，而是高高撅起。

（4）半跪式蹲姿

半跪式蹲姿是一种非正式蹲姿，又叫单跪式蹲姿。下蹲之后，改为一腿单膝点地，臀部坐在脚跟之上，而以脚尖着地；另外一条腿应当全脚掌着地，小腿垂直于地面；双膝应同时向外，并尽力靠拢。当下蹲时间较长，或是为了用力方便时，可以采用这种姿态。

2．蹲姿的注意事项

① 不要突然下蹲。下蹲时，切勿速度过快，特别是在行进中下蹲时尤其要牢记这一点。

② 不要方位失当。在他人身边下蹲时，最好与之侧身相向，正面面对他人或背对他人下蹲都是极不礼貌的。

③ 不要毫无遮掩。在大庭广众之下下蹲时，身着裙装的女性一定要避免个人隐私部位暴露在外。

④ 不要随意滥用。不要在工作中随意采用蹲姿，也不可蹲在地上或椅子上休息。

实践操作

以小组为单位选择四名同学，分别进行基本姿态展示，请同学评价并参与讨论（见表 2-6）。

要求：男士穿皮鞋，女士穿高跟鞋。

表 2-6　项目评价表

项　目	评价项目	评　　价
站姿	手位、脚位（两种姿态）	
坐姿	下肢，手位，入座、落座、起坐的动作过程	
走姿	头部、上体、手臂、下肢、步位、步幅、步速	
蹲姿	上体、双膝、臀部	

子任务 2　正确运用体态语言

任务情境

美国第 51 届第 41 任总统，乔治•赫伯特•沃克•布什，常被称为老布什。当年能够坐上总统的宝座，成为美国“第一公民”，与他的仪态表现分不开。在 1988 年的总统选举中，布什的对手杜卡基斯，猛烈抨击布什是里根的影子，没有独立的政见。而布什在选民的形象也的确不佳，在民意测验中一度落后于杜卡基斯 10 多个百分点。未料两个月以后，布什以光彩照人的形象扭转了劣势，反而领先 10 多个百分点，创造了奇迹。

布什有一点不足，他的演讲不太好，嗓音又尖又细，手势及手臂动作总显得死板，身体动作不协调。于是请专家进行指导，成功地纠正了尖细的嗓音、生硬的手势和不够灵活的摆动手臂的动作，结果，这些姿态的调整让布什具有了新颖独特的魅力。在以后的竞选中，布什竭力表现出强烈的自我意识，改变了之前人们对他的评价，配以卡其布蓝色条子厚衬衫，以显示“平民化”，最后获得了胜利。

学生讨论

为什么身体姿态、语言表达可以为老布什总统在竞选中加分？

布置任务

小组讨论：在进行演讲的过程中，体态语言具体都包括什么？选择一名代表上台表述并演示。

知识链接

美国著名的心理学家艾伯特·梅拉比安有一个著名的公式：传递信息的总效果（感情的表达）=7% 的语言 +38% 的声音 +55% 的表情。由此看出，非语言形式的体态语言在人际交往中发挥着重要的作用。体态语言即通过人体姿态发出的无声信息，包括人们的眼神、微笑、手势等。它以生动直观的形象告诉对方所要表达的意思，使人们的交往更富有表达性和渲染性，正确运用体态语言，会使表达更充分，更富有感情色彩，更富有感染力，同时更能展示自己的个人形象，提升个人魅力。

一、目光

人的眼睛最富于表现，从一个人的眼神中，往往能看到他的整个内心世界。一个人良好的交际形象，目光是亲切、友善、坦然和有神的。眼睛被人们称为“心灵的窗户”，这是因为人们心灵深处的奥秘通常会自然地从眼神中流露出来。印度诗人泰戈尔说：“一旦学会了眼睛的语言，表情的变化将是无穷无尽的。”这说明，眼神语言的表现力是极强的，是其他举止无法比拟的。目光运用得当与否，直接影响到信息传递和交流的效果。因此，我们要学会在不同场合、不同情况下，应用不同的目光语。

1．注视时间

在人际交往过程中，目光接触的时间遵循 7/3 原则，即 70% 的时间里保持目光接触，30% 的时间不要进行目光接触。如果超过 70%，则表示对对方人的兴趣可能大于谈话；如果低于 30%，则表示对对方或对方交谈的话题不感兴趣。每次视线接触的时间，除关系十分亲密的人外，一般注视对方 1 ～ 3 秒较适宜。

2. 注视部位

在人际交往中，注视对方的不同部位，传达的信息也会有所不同，营造的气氛也不一样。因此，人们应根据不同的场合和对象，选择注视不同的部位。

（1）公事注视

注视区域在额头至两眼之间，即正三角区域内。这种注视给人的感觉是严肃、认真、有诚意，能令对方慎重考虑你的意见，在一定程度上能让自己掌握控制权，保持主动。人们常常在工作交往中，如联系业务、洽谈生意及谈判等场合使用这种注视行为。

（2）社交注视

注视范围在两眼至嘴之间的倒三角区域内。这种注视令人感到舒服、有礼貌，能营造出一种和谐的气氛。人们通常在社交活动中，如舞会、宴会、朋友聚会等场合使用这种注视行为。

（3）亲密注视

注视对方的双眼到胸部之间的区域，是一种亲近的注视行为，一般不能随便使用，以免引起他人的误解。这种注视行为通常用于亲人、恋人之间。

一般情况下，与他人相处时，不要注视对方头顶、大腿、脚部与手部。对异性而言，通常不应注视肩部以下的部位。

注视并不等于凝视。因此，无论是公事注视、社交注视还是亲密注视，都应注意不可将视线长时间固定在所要注视的位置，这是因为，人本能地会认为，过分地凝视是一种威胁，是在窥视自己内心深处的隐私。所以，与对方交谈时，应不时地将视线从固定的位置移开。这样，能使对方心里感到轻松、平等，易于交往。

3. 注视角度

在人际交往中，根据目光注视交往对象的角度，大致可以判断与交往对象的亲疏远近关系。注视他人的常规角度如下：

（1）平视

平视即视线呈水平状态，又称正视。一般适用于在普通场合，与身份、地位平等之人进行交往。平视体现了双方彼此对对方的尊重，也体现平等、公正、自信、坦率之意。

（2）侧视

侧视是一种平视的特殊情况，即位于交往对象一侧，面向对方，平视着对方。它的关键在于面向对方，否则即为斜视对方，斜视表示对人的轻蔑，那是很失礼的。

（3）仰视

仰视即主动居于低处，抬眼向上注视他人。仰视表示尊敬、景仰、崇拜，也有期待之意。因此，在面对长辈、贵宾和上司时，仰视对方，容易赢得对方的好感。一个人独自仰视有表示在思考的意思。

（4）俯视

俯视即低眼向下注视他人，一般用于身居高处时。俯视往往带有权威性，也可对他人表示轻慢、歧视。俯视晚辈也能表示爱护、宽容、怜爱之意；一个人独自俯视表示害羞、胆怯或者悔恨等。

【小贴示】让目光有神的训练方法

第一步：鼻腔静静地深吸一口气，视线保持水平，眼睛略微睁大。

第二步：眉毛上扬，伸展眼圈周围的肌肉，确定目光是否有神。

第三步：嘴唇呈微笑状，把目光换成语言，说："您好"，加以配合表达。

第四步：目光集中到某一物体的某一部分的某一点，反复练习，目光会变得集中，也会明亮。

二、微笑

微笑，是一种特殊的语言——"情绪语言"。它可以和有声语言及行动相配合，起"互补"作用，沟通人们的心灵，架起友谊的桥梁，给人以美好的享受。工作、生活中离不开微笑，社交中更需要微笑。微笑是世界通用的体态语言，它超越了各种民族和文化的差异。微笑是人人都喜爱的体态语言，正因为如此，无论是个人和组织，都充分重视微笑及其作用。

1．微笑规范

（1）口眼结合

要口到、眼到、神色到，笑眼传神，微笑才能扣人心弦。

（2）笑与神、情、气质相结合

这里讲的"神"，就是要笑得有情入神，笑出自己的神情、神色、神态，做到情绪饱满，神采奕奕；"情"，就是要笑出感情，笑得亲切、甜美，反映美好的心灵；"气质"，就是要笑出谦逊、稳重、大方、得体的良好气质。

（3）笑与语言相结合

语言和微笑都是传播信息的重要符号，只有注意微笑与美好语言相结合，声情并茂，相得益彰，微笑方能发挥出它应有的特殊功能。

（4）笑与举止相结合。以笑助姿、以笑促姿，形成完整、统一、和谐的美

尽管微笑有其独特的魅力和作用，但若不是发自内心的真诚的微笑，那将是对微笑的亵渎。有礼貌的微笑应是自然的、坦诚的，是内心真实情感的表露。否则强颜欢笑，假意奉承，那样的"微笑"则可能演变为"皮笑肉不笑""苦笑"。比如，拉起嘴角一端微笑，使人感到虚伪；吸着鼻子冷笑，使人感到阴沉；捂着嘴笑，给人以不自然之感，这些都是失礼之举。

2．微笑的种类

（1）含笑

不出声、不露齿，只是面带笑意，表示接受对方、待人友善，适用范围较为广泛。

（2）微笑

唇部向上移动，略呈弧形，不露齿、不出声，表示自信、友善、融洽，适用范围最广，如图 2-23 所示。

（3）轻笑

嘴巴微微张开一些，上齿显露在外，不发出声响，表示欣喜、愉快，多用于会见客户、向熟人打招呼等情况，如图 2-24 所示。

（4）浅笑

笑时抿嘴，多见于年轻女性表示害羞之时，通常又称为抿嘴而笑。

（5）大笑

大笑表现太过张扬，一般不宜在商务场合中使用。

笑的共性是面露喜悦之色，表情轻松愉快。

图 2-23　微笑

图 2-24　轻笑

3．微笑训练方法

（1）他人诱导法

同学之间互相通过一些有趣的笑料、动作引发对方发笑。

（2）情绪回忆法

通过回忆自己曾经的往事，幻想自己将要经历的美事，引发微笑。

（3）口型对照法

通过一些相似的发音口型，找到适合自己的最美的微笑状态，如“一”“茄子”“钱”“哈”等。

（4）习惯性佯笑法

强迫自己忘却烦恼、忧虑，假装微笑。时间久了，次数多了，就会改变心灵的状态，发出自然的微笑。

（5）牙齿暴露法

笑不露齿是微笑；露上排牙齿是轻笑；露上下八颗牙齿是中笑；牙齿张开看到舌头是大笑。

三、手势

手势是人们交往时不可缺少的动作，是最具表现力的一种“体态语言”，俗话说：“心有所思，手有所指”。手势是传情达意的最有力的手段，正确适当地运用手势，可以增强感情的表达，如招手致意，挥手告别，拍手称赞，拱手致谢，举手示意，等等。

1．手势规范标准

视频

手势规范标准

五指伸直并拢，掌心向斜上方，腕关节伸直，手与前臂形成直线，以肘关节为轴，肘关节既不要成 90° 直角，也不要完全伸直，弯曲 140° 左右，手掌与地面基本上成 45°。

2．职场常用手势

（1）横摆式

横摆式是在引导时常用的谦让礼的姿势。

手位：以右臂为例，以肩带动手臂（腕关节要低于肘关节）从腹前抬起，以肘关节为轴轻缓地向右摆出，到身体右前方停住；左手下垂。

脚位：双脚成 V 字或双脚并紧；女士双脚可形成右小丁字步。

目光：目视客户，面带微笑，如图 2-25 所示。

（2）前摆式

前摆式是当一只手拿着东西或扶着电梯门或房门时，另一只手做出的谦让的手势。

手位：以右臂为例，右臂从身体的侧前方，向上抬起，至上臂离开身体的高度，然后以肘关节为轴，手臂由体侧向体前摆动，摆到手与身体相距 20 厘米处停止。

脚位：双脚成 V 字或双脚并紧；女士双脚可形成右小丁字步。

目光：目视客户，面带微笑，如图 2-26 所示。

视频

横摆式手势

图 2-25　横摆式

图 2-26　前摆式

（3）直臂式

直臂式是用以指引方向的手势。

手位：曲肘由体侧抬起，手到肩的高度时，向要行进的方向伸出前臂，肘关节不能完全伸直。

脚位：双脚成 V 字或双脚并紧；女士双脚可形成右小丁字步。

目光：注意眼睛要兼顾所指方向和客户，如图 2-27 所示。

（4）双臂横摆式

如果是面向众多来宾，请诸位入席就座，可采用“双臂横摆式”的手势：诸位请。

手位：两手从体前抬起到胸的高度时，向身体两侧摆开，摆至身体侧前方，上身稍前倾。

脚位：双脚成 V 字或双脚并紧；女士双脚可形成右小丁字步。

目光：目视来宾微笑施礼致意，如图 2-28 所示。

（5）斜摆式

请来宾入座时，可采用“斜摆式”手势。

手位：一只手曲臂由前抬起，再以肘关节为轴，前臂由上向下摆动，使手臂向下成一斜线，指向坐具。

脚位：双脚成 V 字或双脚并紧；女士双脚可形成右小丁字步。

目光：目视来宾微笑点头示意，如图 2-29 所示。

图 2-27　直臂式

图 2-28　双臂横摆式

图 2-29　斜摆式

3．运用手势应注意的问题

① 在交往中，手势不宜过多，动作不宜过大，切忌“指手画脚”和“手舞足蹈”。

② 打招呼、致意、告别、欢呼、鼓掌属于手势范围，应该注意其力度大小、速度的快慢、时间的长短，不可过度。鼓掌是表示欢迎、祝贺、赞许、致谢等的礼貌举止。鼓掌的标准动作应该是用右手掌轻拍左手掌的掌心，鼓掌时不应戴手套，宜自然，切忌为掌声大而使劲鼓掌，应自然终止。

③ 在任何情况下都不要用大拇指指自己的鼻尖和用手指指点他人。谈到自己时应用手掌轻按自己的左胸，那样会显得端庄、大方、可信。用手指指点他人的手势是不礼貌的。

④ 一般认为，掌心向上的手势有诚恳、尊重他人的含义；掌心向下的手势意味着不够坦率，缺乏诚意。攥紧拳头暗示进攻和自卫，也表示愤怒。伸出手指来指点，是要引起他人的注意，含有教训人的意味。递接物品用双手，掌心向上，上身稍向前倾，以示尊敬。这种手势被认为是诚恳、恭敬、有礼貌的。

⑤ 有些手势在使用时应注意区域和各国不同的习惯，不可以乱用。因为各地习俗迥异，相同的手势表达的意思，不仅有所不同，而且有的大相径庭。

⑥ 日常生活中某些不雅的行为举止会令人极为反感，严重影响交际风度和自我形象，应该十分注意避免。如当众搔头皮、掏耳朵、抠鼻孔、剔牙、咬指甲、剜眼屎等，餐桌上更应注意。

【小贴示】几种手势在不同国家的含义不同

- 掌心向下的招手动作：在中国主要是招呼别人过来，在美国是叫狗过来。
- 翘起大拇指：一般都表示顺利或夸奖别人，但也有很多例外。在美国和欧洲部分地区，表示要搭车；在德国表示数字“1”；在日本表示“5”；在澳大利亚，竖起大拇指尤其是横向伸出大拇指，表示对人侮辱。与别人谈话时将拇指翘起来反向指向第三者，是对第三者的嘲讽。
- OK 手势源于美国，在美国表示“同意”“顺利”“很好”的意思；而法国表示“零”或“毫无价值”；在日本是表示“钱”；在泰国表示“没问题”；在巴西表示粗俗下流。
- V 形手势：这种手势是第二次世界大战时的英国首相丘吉尔倡导使用的，现在已传遍世界，是表示“胜利”。如果掌心向内，就变成骂人的手势了。

实践操作

1. 设计微笑培训计划书

现有一家刚刚开业的四星级酒店，设施设备先进、高档、齐全，实力雄厚。但员工服务缺乏亲切、热情的态度，开业初期屡屡有顾客投诉，造成不良的社会声誉。于是酒店高层决定为职工进行一次微笑培训，结合所学请你为其做一份培训计划书。

要求：从培训需求分析、训练目标、训练方案和方法、督导策略四方面进行分析整理，抽查同学进行 PPT 展示。

2. 场景训练

以小组的形式，每组从中任选两项自拟场景进行演示（见表 2-7）。

表 2-7 场 景 训 练

项目	要 求	备 注
递接物品	①用双手递接，左手递接扣分；②递接物品时，如果双方相距过远，主动走近对方；③坐着的情况下，要在递接物品时起身站立；④物品直接交到对方手中；⑤在递物时要让对方便于接取	将带尖、带刃的物品递给他人时，严禁以尖、刃直指对方；将带有文字的物品递交给他人时，正面朝向对方
手持物品	①手持物品时依据自己的能力与实际的需要、物体的重量、物品形状、易碎程度来采取相应的手势，避免持物时手势夸张、小题大做，失去自然美；②确保物品的安全，轻拿轻放，防止伤人或伤己	取拿食物，如敬茶、斟酒、送汤、上菜等，手指不要碰触到杯、碗、碟、盘的边沿

续表

项目	要　　求	备　　注
展示物品	①展示物品，将被展示的物品正面朝向观众；②物品要举到一定的高度；③注意展示的时间，要让观众充分观看；④当四周皆有观众时，展示还需要变换不同角度，双臂伸直将物品向前伸出，活动范围由肩至肘处，上不过眼部，下不过胸部	展示物品要注意手及手臂的美观，如展示首饰、瓷器、字画等
邀请	①邀请进入手型：五指并拢伸直，掌心向斜上方；②肘关节微屈，腕关节要高于肘关节；③邀请来宾入座时，手要以肘关节为轴由上而下摆动，指向斜下方；④指示邀请方位时，手臂不要完全伸直且目光兼顾来宾及所指方向	做到手是手臂的延长线，肘部的角度在 140° 左右，从迎宾到引领到指引方向到就座，应充分练习
鼓掌	在欢迎领导、来宾、新同事到来时，应用右手掌轻拍左手手心，但要注意避免时间过长、用力过分	观看音乐会、个人演唱会等，展示出的掌声有所不同

拓展实践

学生以小组为单位，自拟场景，进行体态展示，要求每位同学至少有一个考核点。让学生发挥主动性和创造性，让学生充分体验体姿和体态语言的相关礼仪，每组展示结束，让学生互相评价，评分标准见表 2-8。

表 2-8　礼仪实践之仪态礼仪测试评分标准

项　　目	细节要求	分　　值	成　　绩	备　　注
个人展示	目光有神	5		
	保持微笑	5		
手势展示	横摆式	10		
	斜摆式	10		
	直臂式	10		
	前摆式	10		
	双臂横摆式	10		
	脚位	5		
	目光微笑	3		
	动作流畅、自然	5		
其他手势展示	递接物品	5		
	手持物品	5		
	展示物品	5		
	鼓掌	4		
	个人身体姿态	5		
	微笑、目光有神	3		
加分	着装合乎场景	5		
	情景设计流畅	3		
扣分	无道具	5		
	情景设计不流畅	3		
合计		100		

职场沟通交往礼仪

项目情境

小贾是公司销售部一名员工，为人比较随和，不喜争执，和同事的关系处得都比较好。但是，前一段时间，不知道为什么，同一部门的小李老是处处和他过不去，有时候还故意在别人面前指桑骂槐，对跟他合作的工作任务也都有意让小贾做得多，甚至还抢了小贾的好几个老客户。起初，小贾觉得都是同事，没什么大不了的，忍一忍就算了。但是，看到小李如此嚣张，小贾一赌气，告到了经理那儿。经理把小李批评了一通，从此，小贾和小李成了绝对的冤家了。

小贾所遇到的事情是在工作中常常出现的一个问题。任何一个人都不喜欢与人结怨，可能他们之间的误会和矛盾在比较浅的时候就可以通过及时的沟通而消失，但是两位当事人并没有通过有效沟通去化解矛盾，主管做事也过于草率，没有起到应有的调节作用，他的一番批评反而加剧了二人之间的矛盾。

职场沟通交往礼仪是在职业场合中应遵循的、用于律己敬人的各种行为准则和惯例，适用于职场的交往艺术。遵守职场沟通交往礼仪，不仅能表现个人良好涵养、创造和谐融洽的工作环境，也能提高工作效率，更有利于树立企业形象。

内强素质、外塑形象，良好的职场礼仪就是立足职场的资本。掌握必要的职场礼仪规范以及常用的职场沟通技巧，是作为职业人必备的技能。

通过本项目的学习，使学生能够做到恰当得体的与他人进行沟通交谈；学会求职面试礼仪及技巧；做到能够塑造良好的办公室礼仪形象，并规范办公室接待工作。通过本项目的学习和训练，提高人际沟通交往能力，为顺利步入职场打下良好的基础。

任务 1 职场语言交流礼仪

能力目标

- 能自觉地使用礼貌用语恰当得体的与人进行沟通交谈。
- 能学会认真倾听别人的话语。

- 能正确规范地接打电话。
- 能灵活运用谈判技巧进行各种谈判。

财务部陈经理总会每月按照惯例请员工吃一顿。一天，他走到休息室，叫员工小马通知其他人晚上吃饭。快到休息室时，陈经理听到休息室里面有人在交谈，他从门缝看过去，原来是小马和销售部员工小李在里面。小李说："你们陈经理对你们很关心，我见他经常请你们吃饭。""得了吧。"小马不屑地说，"他就这么点本事笼络人心，遇到我们真正需要他关心帮助的事情，他没有一件事办成的。就拿上次公司办培训班的事来说，谁都知道如果能上这个培训班，工作能力会得到很大提高，升职机会也大大增加。我们部门几个人都很想去，但陈经理却一点都没察觉到，也没积极为我们争取，结果让别的部门抢了先。我真的怀疑他有没有真正关心过我们。""别不高兴。"小李说，"走，吃饭去。"陈经理只好满腹委屈地躲进自己办公室。

请同学们思考：案例中上司和下属之间出现了怎样的问题，原因是什么？上司和下属接下来应该怎么做？如果你是案例中的陈经理或小马，你觉得应该如何去做？

日常工作中，我们经常听到这样的抱怨：某某跟领导关系处得好，升迁就是快，但能力却不怎么样。这话有普遍性，但人们却忽视了一个众所周知的真理：工作能力在工作中的重要性只占 30%，而沟通能力所占的重要性却是 70%。在现代社会，对任何企业来说，管理人员 70% 的时间都在做沟通协调工作，而 70% 的工作矛盾又都源于沟通不畅！

那么，从礼仪的角度，在沟通的过程中，我们应该注意哪些方面的内容呢？接下来，我们一起学习职场沟通礼仪。

子任务 1　礼貌进行语言表达

任务情境

一家涉外酒店的中餐厅，正是中午时分，用餐的客人很多，服务员都在忙碌地在餐台间穿梭着。

有一桌的客人全部是外宾，其中一位外宾在用完餐后，顺手将自己用过的一双精美的景泰蓝食筷放入了随身带的皮包里。服务员小李在一旁将此景看在眼里，然后她不动声色地转入后堂，不一会儿，捧着一只绣有精致花案的绸面小匣，走到这位外宾身边轻声地说："先生您好，我们发现您在用餐时，对我国传统的工艺品——景泰蓝食筷表现出极大的兴趣，简直爱不释手。为了表达我们对您如此欣赏中国工艺品的感谢，餐厅经理决定将您用过的这双景泰蓝食筷赠送给您，这是与之配套的锦盒，请笑纳。"

这位外宾见此状，听此言，自然明白自己刚才的举动已被服务员看到，颇为惭愧。只好解释说，自己有点喝多了，无意间误将食筷放入了包中，感激之余，更执意表示期望能出钱购买这双景泰蓝食筷，作为此行的纪念。餐厅经理亦顺水推舟，按最优惠的价格卖给了客人。

聪明的服务员小李既没有让餐厅受损失，也没有令客人难堪，圆满地解决了事情，并收到了良好的交际效果。

学生讨论

① 谈一谈服务员小李在与客人的交流中是如何避免纠纷的？

② 总结一下，应该如何表达让对方能够接受建议而又不至于让对方难堪？

布置任务

结合案例讨论：交谈时应该用什么样的语言和态度？可自拟类似情境，分组进行情景模拟表演，要求：体现合理恰当的语言表达规范。

知识链接

高尔基曾说过："作为一种感人的力量，语言真正的美，产生于言辞的正确、明晰和动听。"语言可以表达一个人的心灵，美的语言能表达美的心灵。一个人，如果缺乏语言方面的修养和能力，即使内心有特别多美好的想法，也不能准确地表达出来，这样势必会影响沟通交流的效果。

一、规范语言表达

1. 恰当、得体的称呼

礼貌进行语言表达，前提是尊重对方。尊重一个人，首先从尊重一个人的姓名开始，从礼貌友好的称呼开始。与人交往，称呼是必须的，要做到恰当、得体的称呼对方。

那么该如何称呼？一要看对方的身份，二要看与对方的关系，三要看所处的场合。例如，已经晋升的领导，如果还是习惯于称呼其之前的职务，就会令对方不满；再比如，和你从小一起长大的伙伴，目前已经小有成就，在他的下属面前，就不能称呼他的乳名，等等。

在正式的交往场合，我们通常以职务或职业进行称呼，如果我们无法判断对方的职务或职业，可以先生、老师来进行称呼。

2. 悦耳、动听的声音

在进行语言表达时，应做到语音标准、吐字清晰；语句停顿准确，思路清晰，谈话缓急有度，从而使交流活动畅通无阻。具体要求做到如下五方面：

(1) 讲普通话

在人际交往中，我们要养成讲普通话的习惯。发音准确、吐字清楚是语言表达的最基本要求，尽量不要讲方言。讲普通话，大家都能听懂，也可以避免一些不必要的误会，或者给交流对象带来理解的障碍，不能达到有效沟通。

(2) 嗓音动听

嗓音动听是指发出的声音具有感染力和吸引力。声音要清新，适当修饰，让听者觉得文雅、亲切。明朗、愉悦的声音就远远比提起嗓门随意发声要动听很多。

(3) 音量适度

音量适度的标准，就是要让所有参与者，包括离自己最远的人也能听清，同时不干扰其他人。在与人沟通过程中，低声交谈往往更能反映一个人的涵养，例如，在优雅的咖啡厅，如果肆意地大声喧哗，势必会给人一种没有教养的感觉，破坏咖啡厅原本优雅的氛围。

（4）语调要婉转

语调是人内心情感的反映，语调婉转，会给人以自然、平和的感觉。在交谈过程中，语调要亲切，有抑扬顿挫，有韵律之美。在任何情况下，都要避免语气语调急躁、生硬、冷漠、狂妄、厌烦和无精打采。

（5）语速适中

交谈时，讲话的速度不要太快，也不能太慢。语速快，给人一种急躁、不沉稳的印象；语速过慢，则会带给对方压抑且不能专注倾听的感受。

3. 谦逊、委婉的表达

交谈是一种复杂的心理交往，对人的微妙心理、自尊心往往起重要的控制作用，触及它，就有可能产生不愉快。因此，对一些只可意会不可言传的事情、人们回避忌讳的事情、可能引起对方不愉快的事情，不能直接陈述，而应用委婉、含蓄、动听的话去说。一般应尽量采用与人商量的口气，先肯定后否定，学会使用“是的……但是……”这个句式。把批评的话语放在表扬之后，就显得委婉一些，间接地提醒他人的错误和拒绝他人。避免使用主观武断的词语，如“只有”“一定”“唯一”“就要”等不留余地的词语。

4. 有尺、有度的表述

谈话要有放有抑有收，不过头，不嘲弄，把握“度”；谈话时不要唱“独角戏”，夸夸其谈，忘乎所以，不给别人说话的机会。

说话要察言观色，注意对方情绪，对方不爱听的话少讲，一时接受不了的话不急于讲。开玩笑要看对象、性格、心情、场合，一般来讲，不随便开女性、长辈、领导的玩笑，一般不与性格内向、多疑、敏感的人开玩笑，当对方情绪低落、心情不快时不开玩笑，在严肃的场合、用餐时不开玩笑。

二、注重言谈艺术

1. 言辞礼貌，平等互敬

谈话时，在心理上、语调上，都要体现出对对方人格的尊重，把对方作为平等的交流对象。在口头表达中，尽量使用礼貌用语，谈到自己时要谦虚，谈到对方时应尊敬。如果装腔作势、以势压人，这不仅不礼貌，而且会使对方反感。

在生活和工作中，我们经常用到的礼貌用语有“五声十一字”：“您好”“您”“请”“谢谢”“对不起”“再见”。这“五声十一字”，我们要常挂嘴边，表达对他人的尊重，形成自己的语言表达习惯。

2. 措辞准确，表达灵活

交谈中，词不达意、前言不搭后语很容易被人误解，达不到交际的目的。在语言措辞上，要针对不同的对象、性别、年龄、场合灵活地使用不同的语言，以利于沟通和理解，避免矛盾的产生。

3．语言生动，机智幽默

生动的语言能使交谈气氛更加活跃、感情更加融洽。在交谈中要创造出一种和谐的信息交流氛围，这就需要随机应变，凭借机智抛开或消除障碍。

在言谈中，幽默具有妙不可言的功能，同时，更能体现含蓄而充满智慧的境界。机智幽默不是耍小聪明或“卖嘴皮子”，它应使语言表达入情入理，体现一定的修养和素质。

4．投其所好，适度赞美

在交流时，注意观察对方的反应，礼貌介入他人的交谈，选择对方感兴趣或擅长的话题进行交谈，给对方展示自己的机会。投其所好，从而产生共鸣，达到沟通交流的目的。

用欣赏的态度与人交流，学会真诚赞美他人，不浮夸、不造作。适度赞美、激励对方，使得你们之间的沟通交流向你所期待的方向发展，而且有可能激发出连自己都没有意识到的潜能。

5．举止文雅，姿态得体

在交谈过程中，要有得体的表情相配合，适当的手势相辅助。手舞足蹈、举止轻狂或唾液四溅等都是极不礼貌的行为。所以，在谈话中不应当有无意义的体态或举动，以免给人轻浮失礼之感。

(1) 表情

① 善用眼神，传递真诚。眼睛是内心情感的灵敏指示器，人们可以用不同的眼神来表达不同的感情和含义。兴奋、喜悦、悲苦、怨愁、恐惧、失望、猜疑、烦闷等情感均可以从眼神中一览无遗。

② 注视呼应，显示尊重。谈话过程中，注视对方是应有的尊重和礼仪要求，能用目光随着谈话内容的发展而变化，也是礼仪的延伸。

③ 情感交流，微笑当先。微笑可以充分展示一个人的风度，助其成功。微笑总是带给人友好的感情，给人以自信、欢乐和幸福，是礼貌的展示，是真诚、热情、友好、尊敬、赞美、谅解等的象征。人际交往中，微笑能迅速地缩小彼此间的心理距离，创造出和谐、融洽的良好氛围，在交流与沟通中起到润滑剂的作用，有助于交际成功。

(2) 肢体语言

一般来说，人的肢体语言方式可以分为以下 6 种：

① 广域信号：包括举止和身体摆放的方式。

② 身体语言：人们用身体躯干在沉默无语时表达的情感。

③ 微观动作：手指、鼻子等微观部位做出来的动作，甚至包括瞳孔的放大与收缩。

④ 面部动作：也就是人的面目表情。

⑤ 空间行为：人与人之间的距离。

⑥ 触觉：拥抱、握手等接触性动作。

为了在与人交往中沟通完全没有障碍，我们必须全面地掌握这些肢体语言，充分挖掘交往对象不同肢体语言的含义，利用这些有用的信息，对其进行更全面、更透彻的分析。这样，在沟通中我们才能始终掌握主动。

【小贴士】交谈时的禁忌

- 忌用口头禅，注意谈吐文明，措辞雅洁。
- 忌打断对方谈话或在他人谈话时插嘴。
- 忌打呵欠，或抓耳挠腮、搔首摆膝、摇头晃脚。
- 与别人谈话时，忌斜视、看书报、玩手机等。
- 忌自我吹嘘或信口开河。
- 忌朝向人咳嗽、打喷嚏。
- 忌非议党和政府。
- 忌非议领导及同事。

实践操作

将学生分成小组，4~5 人一组，进行模拟交谈训练，教师指导点评。

① 选择话题：谈谈我的梦想，谈谈我们的家乡。

② 交谈方式：轻松、擅长。

③ 文明礼貌：多用敬语，委婉表达，礼貌文雅。

④ 简洁明确：简单明了，言简意赅，吐字清晰。

子任务 2　礼貌倾听对方言谈

任务情境

美国知名主持人林克莱特访问一名小朋友，问他："你长大后想要做什么呀？"小朋友天真地回答："嗯……我要当飞机的驾驶员！"林克莱特接着问："如果有一天，你的飞机飞到太平洋上空所有引擎都熄火了，你会怎么办？"小朋友想了想："我会先告诉坐在飞机上的人绑好安全带，然后我挂上我的降落伞跳出去。"

当在场的观众笑得东倒西歪时，林克莱特继续注视着这孩子，想看他是不是自作聪明的家伙。没想到，接着孩子的两行热泪夺眶而出，这才使得林克莱特发觉这孩子的悲悯之心远非笔墨所能形容。于是，林克莱特问他说："你为什么要这么做呢？""我要去拿燃料，我还要回来的！"这就是"听的艺术"。一是听话不要听一半，二是不要把自己的意思，投身到别人所说的话上头。学会聆听，用心听，虚心听。

学生讨论

此段对话，为什么称之为："这是'听的艺术'"。

布置任务

倾听时需要注意什么？认真倾听会收获什么？

知识链接

"上帝赋予我们人类两只耳朵一张嘴，就是为了让我们少说多听。"许多人在交谈中，倾向于以自己的意见、观点、感情来影响别人，因而往往讲个不停，似乎若非如此便无法达到交谈的目的。实际上，与人交谈，光做一个好的演说者并非代表成功，还须做一个好的听众。只有善于聆听的人，才能够利用一切机会博采众长，丰富自己，而且能够留给别人懂礼貌的良好印象。

与此同时，倾听的过程中还可以了解对方是否真正理解了你所要表达的含义，获得必要的信息。注意聆听交往对象的讲话，从他说话的内容、声调、神态，可以了解他的需要、态度、期望和性格，他们会自然地向你靠近，这样你就可以与很多人进行思想交流，建立较广泛的人际关系。

一、认真倾听，获得好感

1．全神贯注

当别人与你交谈或分享自己的思想、情感及经历时，你表示赞同的方法就是全神贯注。当别人在说话的时候，应该把手机收起来，把杂志放下，目视对方。对外界造成的各种干扰，要尽量视而不见，听而不闻，在主观上产生的心理干扰也要尽量控制。不能出现轻敲手指，频频踏脚，或烦躁不安，或打断别人说话，这些都是极不礼貌的。假如当时你没有时间，可以向对方提出，另找一个适合的时间倾谈。聆听时要及时用赞许的眼光、点头及其他体态语言表明你在认真聆听，并且对他的话感兴趣，鼓励他继续说下去。

2．甘当听者

一言以蔽之，成为一个好的听众，有助于建立融洽的人际关系，善于倾听等于向成功迈进一大步。在生活中，很多人常犯这样的毛病，一旦打开话匣，就难以止住。其实，这样的做法往往得不偿失，话说得太多，既耗费精力，又给别人传递太多的信息，还有可能伤害他人，即所谓"言多必失"。而且，这样的做法也使得其无法从交往对象那里了解更多的信息。如果适当控制自己的发言，把说话的机会让给对方，做一个忠实的聆听者，那将是深受欢迎、难能可贵的。

3．呼应配合

在日常交谈时，当对方讲到精彩的地方，可以击掌响应；当对方讲到幽默的地方，可以以笑回之；当对方讲到紧张的地方，则应避免弄出声响。为了鼓励对方说下去，可以适当地提问，或对其所说的稍加评论，这样的做法不仅表明你在聆听对方说话，而且饶有兴趣，避免对方因其说话得不到回应而感到兴味索然，中断讲话。许多人都有过这样的经历，因为发言时无人响应而感到尴尬。一个出色的聆听者，具有强大的感染力，他能够使对方感到自己的重要性，可以极大地调动说话者的情绪。

4．察言观色

在与人交谈中，不仅应学会聆听交往对象的有声语言，还要学会聆听他的肢体语言，例如眼神、姿态、手势等，这些都有传递信息的作用，对弄清交往对象的意图是十分重要的。在人际交往中，有很多人说话并非肺腑之言，他们往往会把真实的想法隐藏起来，这就需要体味对方的话外之音，以便正确判断其真正意图。

5．不抱成见

人际沟通是很不容易的事情，切不可根据自己的认识来判断，以结论来代替聆听。这样，势必会切断人与人交流的线索，妨碍进一步沟通。尤其是对于不善辞令，或不懂沟通技巧的交往对象，他所用的语音语气、字词语调或表达方式，可能会使别人感到很难接受。而事实上，每个人对不同的表达方式也各有喜恶，不可以以个人好恶来判断他人。

6．利用肢体语言

① 端正地坐在椅子上。如果背靠在椅背上，双脚就会向前伸出，你的身体这时候就像是在说："管你在说什么，我觉得很无聊"。当然，端端正正地坐着并不是一动不动，像一尊雕像一样，这也容易让他人误解你带有紧张情绪，未能认真聆听他人说话。

② 双腿不要交叉来交叉去。这样表示你想急于离开，膝部也不要上下来回抖动，这个动作表现出你对目前的谈话毫无兴趣。

③ 如果你是位正在进行商务洽谈的女士，请注意自己的坐姿。尤其是穿裙装的女性对此要更加注意，入座时要双膝并拢，而且要注意自己的姿态。

二、聆听有益，聆听有术

1．要耐心

在对方阐述自己的观点时，应该认真地听完，并真正领会其意图后再适当地发表意见或建议。许多人在听的过程中，一听到与自己意见不一致的观点或自己不感兴趣的话题，或者因为产生了强烈的共鸣就禁不住打断对方，或者做出其他举动，致使他人思路中断、意犹未尽，这些都是不礼貌的行为，应予以避免。

2．要专心

在听对方说话时，应该目视对方，以示专心。人的有声语言往往只传达了部分信息，所以还应注意说话者的神态、表情、姿势以及声调、语气等非语言符号的变化，分析其所传递的信息，以便全面、准确地了解对方的思想感情。同时，以有礼而专注的目光表示认真聆听，对说话者来说也是一种尊重和鼓励，可以使其感到自己谈话的重要性和必要性。

3．要会心

在交谈中，强调在对方谈话时目视对方、认真专心地去听，并不是说聆听者完全被动地、默默地听。经验告诉人们，在说话时，如果对方面无表情、目不转睛地盯着自己看，便会使谈话者怀疑自己的仪表或讲话有什么不妥之处而深感不安。因此，聆听者在听取信息后，为使对方感到你的确在听而非发呆，可以根据情景，或微笑，或点头，或发出"哦""嗯"的应答声，甚至可以适时插入一两点提问，例如，"哦，原来这样，那后来呢？""真的吗？"等等。这样就能够实现谈话者与聆听者不断的交流，形成心理上的某种默契，使谈话更为投机。

4. 要虚心

当别人正讲得兴致勃勃时，不宜插话，如必须打断，应适时示意并致歉。插话结束时，要立即告诉对方“请您继续讲下去。”聆听中还应注意自己的仪态，不应该从自己的举止或姿态中流露出不耐烦、疲劳或是心不在焉的情绪，因为这样会伤害对方的自尊。

实践操作

将学生分成三人一组，分别扮演A、B和C。

A：用3分钟讲述一个故事或者一件自己经历过的事情。

B：注意听取A所表述的事情。

C：观察说话人A的表情和姿态，捕捉说话人的情感。

讲述完毕后：

B：用语言概括听到的内容。

C：不讲内容，只描述说话者在表达时的情感并指出是如何感受到的。

A：针对B和C倾听的准确性进行评价。

三个人分别交换角色重复练习。

要求：①全神贯注：排除干扰、精神集中；②呼应配合：适时回应、给予响应；③察言观色：交谈中不仅倾听他人说话，还要会倾听对方的身体语言，如眼神、体姿、手势、语调等传达的一些信息。

子任务3　礼貌接打电话及规范使用移动电话

任务情境

陈女士的计算机出现了故障，于是想打电话到该品牌的维修部，可是她忘记了维修部电话，于是拨打了该品牌的销售电话。电话响了十多声，才有人接听。接听电话的销售员小孙，得知陈女士是要找维修部，便不耐烦地说：“怎么还打到销售部来了，这里只管销售不管售后维修。”没等陈女士说完便直接挂掉电话。陈女士因为着急修计算机只好又拨通销售部的电话，解释说是因为忘记维修部电话，想麻烦销售员小孙查询并告知她，小孙满脸不高兴地说：“你等着，我找找维修部电话。”谁知等了十多分钟，小孙也未告知陈女士，反而从电话那头听到销售员小孙与同事谈话聊天的声音。

学生讨论

① 试想陈女士得知这种情况后对该品牌会产生什么样的印象？

② 使用电话时应该有哪些礼仪要求？

布置任务

模拟演示：分组模拟演示任务情境中的案例。

要求：按你认为的正确地接打电话礼仪规范完成。

知识链接

随着社会的发展、人际往来的频繁，手机、电话已成为现代人联络、沟通的重要渠道。电话、手机走进千家万户，沟通着人们的情感，联络着彼此的关系。相信，每个人都会打电话，但并不是每个人都懂得接打电话的礼仪规范。虽然，打电话时彼此看不到对方，但是对方的表情、姿态、修养、礼貌等基本素质都可以通过电话这个媒介展示出来。

一、拨打电话的礼仪

打电话者，作为"先发制人"的一方，若要使自己所打的电话既能正确无误地传递信息、联络感情，又能够塑造自己完美的电话形象，就必须时间适宜、内容简练、表现文明。

1．选择适当的时间

生活中，我们每天的交往对象有领导、同事、同学、朋友、家人、亲友，等等。无论与通话者是什么关系，都要注意打电话的时间。要主动避开对方休息、进餐及工作繁忙的时间段。除非是与对方事先预约好而得到许可，一般以不要打扰到对方或给对方带来不便为原则。

对于公务电话，应尽量在对方上班半小时之后或下班半小时之前拨打，在这个时间段对方可以比较从容地听电话。不是特别熟悉的关系，公务电话千万不要打到对方家里占用对方的休息时间。所以，最好选择对方专心致志、心平气和的时间，效果才会比较好，这样，打电话的目的也会容易达成。

① 正常情况下，白天工作日时间应在上午8:30以后打电话，下午在14:30以后，晚上则在21:00 之前。还应注意中午尽量不要拨打电话。

② 周末或节假日尽量不要拨打电话，尽可能不要占用对方的休息时间，如果有特殊情况，也应在上午 9:00 以后拨打电话。

③ 打国际电话时，还应考虑对方国家的时差。如中国同纽约的时差为 12 小时，北京时间下午 15:00 却是纽约人睡得正香的后半夜。如果忽视时差，把对方从睡梦中惊醒是十分不礼貌的行为。

2．注意通话时间

一般情况下，每次通话的具体时长应该有所控制，基本要求接通电话时间不要超过 3 分钟。要在尽可能短的时间内表达清楚自己想要表达的事情。如果有特殊情况，则另当别论。

3．注意通话空间的选择

任何一个懂得礼仪的人是不会在公众场所打电话的，例如，影剧院、会议中心、图书馆、餐桌上等地方。如果在公众场所的确需要拨打电话，应该尽量找一个僻静没有人的地方，并且要压低声音，不要影响他人。

4．做好充分准备

做好准备才能做到胸有成竹、有的放矢。提前做好准备，层次分明、有条有理地说明，做到简明扼要，言简意赅。

① 打电话前，对谈话内容进行再次整理、确认，如果沟通的内容多，可在纸上一一列出。避免漏掉产生二次电话，给人毛躁、不沉稳的印象。

② 电话旁应备有笔与记事簿，方便记录，以免需要时再慌乱寻找笔纸耽误对方时间。

5．通话时的礼节要求

① 通话时，吐字要清楚，语速、音量适中，语句简短、语气亲切，语言文明。接通电话，主动问好，自报家门，说明来意，不要让对方去猜。例如，“您好，我是鱼酷餐饮管理公司开发部经理高明，请问贵公司招商部王云经理在吗？”结束通话，要道一声“谢谢您！”“再见”。

② 通话时，精力要集中，不能一边吃东西一边打电话、一边聊天一边打电话，或者接听电话时做其他的事情，给对方心不在焉且不被尊重的感觉。

③ 打错电话，要及时向对方道歉：“对不起”“打扰您了”，等等，不可一言不发，直接挂断电话。

④ 在通话时，当电话突然中断，按礼仪要求应该由打电话方立即再拨回，并向对方说明情况，不能等接电话一方把电话打回来。

⑤ 要注意举止、形象。打电话时，应站好或坐端正，举止得体。不可坐在桌角或椅背上，也不可慵懒地趴着、仰着、斜靠着或双腿高架着。同时，电话要轻拿轻放，对方虽然看不到，但不良姿态可以影响一个人的情绪和声音，使对方有所察觉。另外，在同事面前，也会有损自己的风度和形象。

6．结束通话要有礼

按照电话礼仪的惯例，一般要由打电话者首先挂断电话。但是，当接听电话方是身份地位高者或年长者时，应由尊者首先挂断电话，以示对对方的尊重。

二、接听电话的礼仪

1．本人接听电话的礼仪

视频

电话礼仪

（1）接听及时

电话铃声一响，应立即放下手中的工作，及时接听电话。接听电话有“铃响不过三”的原则。最佳的接听时间是铃响两声之后接听，铃响一声，会显得仓促；如果铃响三声以后接听，容易让打电话者焦急不安，所以，三声以后接听电话，要向对方道歉：“对不起，让您久等了”。

（2）自报家门

拿起话筒，要主动问好，自报家门，“您好！秦海集团市场部肖潇。”问候对方是礼貌的表示；自报家门则是为了让对方验证一下，是否拨错了电话或找错了人。

（3）文明应答

接听电话要做到积极呼应，有问必答，一定不能冷落对方，及时用“嗯”“好的”“明白”等短语做出呼应，让对方感受到你在认真倾听。一般不应该用“你是谁”“你找谁”“有什么事”之类的话发问，要做到客气有礼。对方交谈内容结束要及时道别，说声“再见”。

（4）做好记录

公务电话通常需要做记录。平时要做好电话记录准备，电话记录簿或记录用纸、笔要准备好，不要通话后放下话筒，再忙乱找纸笔。遇到听不清楚的情况时，可以请求对方重复一遍，特别是对一些重要内容和涉及时间、地点、人物、事件等，最好加以核实，避免记错。

（5）主次分明

接听电话时，不要与人交谈，看文件，或看电视、听广播、吃东西。万一在会晤重要客人或举行会议期间有人打来电话，而此时不宜与其交谈，可向其说明原因，表示歉意，并再约一个具体时间，届时由自己主动打电话过去。

（6）特殊电话处理

遇打错电话时，不要大声斥责对方，要接受对方的道歉，说声“没关系”，然后挂机。对一些难缠的电话，要学会说不，设法摆脱对方的纠缠，委婉而坚决地拒绝对方的请求。

2. 代接电话礼仪

在日常工作中，常有为他人代接电话的时候。此时，要注意以礼相待，尊重隐私、准确记录、传达及时等问题。

（1）以礼相待

接电话时，对方所找的人不是自己，不要显得不耐烦，以“不在”打发对方，而应该友好地答复并询问：“对不起，他现在不在，有什么需要我转告的吗？”

（2）尊重隐私

代接电话时，不要询问对方与其所找之人的关系。当对方有求于自己，如希望转达某事给某人时，要守口如瓶，千万不要随意扩散。即使对方要找的人就在附近，也不要大喊大叫，影响他人工作。别人通话时，不要旁听，更不要插嘴。

（3）准确记录

帮助同事留言时，要注意记录电话内容的重点，应该包括：通话者的姓名、单位、通话时间、内容及是否回话等。

（4）传达及时

代接电话时，先要弄清楚对方是谁、要找谁这两个问题。对方不愿讲第一个问题，不必勉强。对方要找的人不在，可据实相告，再询问对方有什么事情。如果对方要找的人就在附近，要立即去找，不要拖延。若找的人不在，所记录的内容要及时传达转告，避免耽误。

三、特殊情况处理

1. 遇到投诉抱怨

在接到投诉抱怨电话的时候，公务人员应该努力做到平易近人，尽心为群众服务。在处理投诉电话的过程中，要发自内心、真心实意地去服务，寻求从根本上解决问题的方法，而不能故意拖延办理。

2. 听不清楚对方讲话

当对方讲话听不清楚时，进行反问并不失礼，但必须方法得当。如果惊奇地反问：“啊？”或怀疑地回答：“哦？”对方定会觉得无端地招人怀疑、不被信任，从而引起不必要的误会，影响其对接听电话者的印象，进而影响双方沟通交流。但如果能够客气、有礼貌地询问：“对不起，刚才没有听清楚，请您再说一遍好吗？”对方定会耐心地重复一遍，使沟通顺利进行。

3. 遇到自己不知道的事情

有时会出现这样的情况，对方在电话中不停地讲接听电话者不知晓的事情，并且没有给他人打断的机会。职员遇到这种情况，常常会不知如何处理，往往会迷失在对方喋喋不休的陈述中，很长时间才能弄清对方拨打电话的目的或者要找的人，此时方能回复对方：“很抱歉，对于这个事情我不是很清楚，请稍等，我找相关人来为您解释。”碰到这种情况，应尽快理清头绪，了解对方真实意图，避免被动。

四、移动电话的礼仪

手机的普遍使用为我们的生活带来很多便利，这同时也给了我们很多用手机接听电话、收发短信和微信的机会，因此，使用手机的礼仪越来越受到人们的关注。

1. 公共场所使用手机

(1) 不能旁若无人地大声讲电话

如在办公室、公交车、商场、医院等，应尽量侧身或背身接听电话，或找一处僻静的地方通话，切勿当众大声讲电话。

(2) 主动关机或调成振动

如在会场、教室、图书馆、展览馆、影剧院等，需要将手机关机或静音，表示对这种特定安静场合的尊重。

(3) 严禁开机和接听电话

如在飞机飞行中或驾驶车辆时，以及在加油站，都不能使用手机，避免安全隐患的产生。

(4) 不能大呼小叫

主要是在手机信号不好时，可改换通话位置或改用其他通信方式，而不能大呼小叫，影响他人。

2. 铃声与短信的使用

(1) 铃声选择注意场合

目前，一些个性化手机铃声发展迅速，为生活增添了许多色彩，很多人都希望给自己的手机设计一个有个性的彩铃，但要注意过于个性化铃声的使用场合以及与个人的身份匹配。过于个性化的铃声一定不要在严肃的场合使用。

(2) 短信和微信的使用要有礼

短信和微信的使用给我们带来很多便利，节日祝福可以短信、微信；通话不便可以短信、微信。但使用短信、微信也要注意礼仪。

① 发送信息应注意时间。要考虑到是否是对方的休息时间或者最忙碌的时间。

② 信息内容要健康。不要随意转发一些不文明的信息，给对方造成干扰，甚至引起对方不必要的误会。

③ 接发信息要注意场合。需要安静的场所，或与人交谈时，将信息的提示音调至振动或静音，同时，与人谈话时查看或编发信息都是不礼貌的，如果的确有急事，要征得对方的谅解再操作。

④ 接发信息要规范。发送信息一定要在信息的末端署名，表明自己的身份，同时，收到信息者要及时回复“收到”。

实践操作

1．案例分析

某经理有事外出，不在办公室，由秘书张小姐代接电话。恰好有人打电话来找经理，张小姐正坐在办公桌旁吃瓜子，电话铃声响过十多声后她拿起听筒先问一声：“请问您是哪一位？”对方回答后，再说一句：“我们经理不在。”说完便挂断了电话。随后，电话铃声又响起，张小姐拿起听筒，听到的依然是刚才打电话的声音，对方要求秘书将几件事情转达经理，张小姐边吃瓜子边听电话，客人说完后，张小姐说了一声，“再见”，立即把电话重重地放下。两天后经理返回，向秘书张小姐要这两天的电话记录，张小姐没有，只向经理做了不完整的口头汇报，经理当即将秘书张小姐辞退。这究竟是为什么？

思考并回答：

① 按照接听电话的礼仪，应铃响几次接听电话？

② 拿起话筒后应首先怎么做才符合电话接听的礼仪？

③ 当打电话的客人要求代为转达有关事项时，秘书应该怎么做？

④ 接听电话过程中有什么礼仪要求？

⑤ 按电话礼仪惯例，挂电话时应遵循那些礼仪规范？

2．情境演练

（1）操作要求

① 由教师预设 10 个不同的案例，写在纸条上，由学生抽取，按情景进行交流。

② 学生互换角色进行情景演示，针对设定的场景进行实训，教师对学生的表现进行考核。

③ 每 5 个人一组，每组发放一个案例，针对各组对案例的掌握及处理情况进行考核。

④ 对学生实训的评价应从关系协调、应急问题处理时的服务素质和服务细节上的礼仪表现来把握。

（2）评测表（见表 3-1）

表 3-1 评 测 表

组别：________ 分数：________

评价项目与内容	分 值	得 分	评 价
接听电话的时间和速度	10		
接听电话的语音语调	15		
接听电话的问候语	10		
使用称呼是否妥当	10		
接打电话的礼仪礼貌	15		
是否认真记录并准确转达	15		
特殊电话的处理是否妥当	15		
结束通话时的礼仪礼貌	10		

子任务 4　礼貌参与谈判活动

任务情境

情境一：

小王：赵总，你好，我是大发公司的销售人员小王，这是我们产品的资料，你看你们是否感兴趣？

赵总：放这里吧！我有时间了再看，如果感兴趣的话给你打电话。

小王：你看看，我们的设备质量好，而且价格也便宜……

赵总：对不起，我一会还有个会要开，我会和你联系的，好吧？

……

（小王刚走，赵总顺手将小王的资料扔进了垃圾桶）

情境二

小李：赵总，您好，我是大发公司的销售人员李明，这是我们产品的资料，您看看是否感兴趣？

赵总：放这里吧！我有时间了再看，如果感兴趣的话给你打电话。

小李：如果用我们的设备，会比贵公司现在用的 X 型号的设备效率提高 30%，而且可以节能 10%……

赵总：效率提高 30%？还节能，你是哪家公司？赵总停下工作，随即翻阅了小李带来的资料。

学生讨论

① 为何小王会碰钉子？接下来小王的谈判结果会如何？

② 同样一家公司的销售人员，推荐同款产品，为何赵总会对小李的推荐感兴趣？

布置任务

通过任务情境案例，分析洽谈中应运用哪些语言技巧？

知识链接

职场工作人员因为工作的需要，经常代表自己所在的单位、部门，与其他部门、其他单位、其他行业的人员进行接洽商谈，以便维护各自一方的利益，并就某些问题达成一致。比较正规的工作性洽商，即可称之为谈判。

所谓谈判，又叫作会谈，它指的是有关各方为了各自的利益，进行有组织、有准备的正式协商及讨论，以便互让互谅，求同存异，以求最终达成某种协议的整个过程。从实践上看，谈判并非人与人之间的一般性交谈，而是有备而至，方针既定，目标明确，志在必得，技巧性与策略性极强。虽然谈判讲究的是理智、利益、技巧和策略，但这并不意味着它绝对排斥人的思想、情感从中所起的作用。

在任何谈判中，礼仪一向都颇受重视。其根本原因在于，在谈判中以礼待人，不仅体现着自身的教养与素质，而且还会对谈判对手的思想、情感产生一定程度的影响。

一、谈判前的准备

由于谈判的特殊性，需要前期进行一系列的准备工作。

1．成立谈判小组

依据谈判需求及谈判人员的知识结构、谈判经验、个人性格、应变能力等因素，组成最理想的谈判小组。一般包括：主谈人、助手、专家和其他谈判人员。

2．信息的准备

（1）对方资料

为做好谈判接待工作，主方人员应充分了解客方谈判代表的具体情况。

① 对方的基本情况。法人资格、资信状况、法定地位、经营范围等，对于这些基本情况应予以审查或取得旁证。同时，还要了解该公司的历史沿革、主导产品、产品性能、市场占有率、竞争现状、公司规模和管理水平等。

② 对方谈判代表的权限。对方谈判代表权限越高，表明对方对谈判越重视，谈判权限大，谈判达成的可能性就大；如果对方委派一个没有多大权限的人谈判，谈判达成的可能性就会很小，这样的谈判不仅浪费时间，更重要的是往往会错过最佳的交易时机。

③ 尽可能地了解对方的谈判作风和个人情况。谈判作风即了解对方在诸多谈判中所表现出来的谈判风格；个人情况是指年龄、学历、资历、爱好、社会文化背景等。

④ 了解对方的需求。就是要尽可能地掌握对方此次谈判的设定目标，了解他们的真正需求。做到“知己知彼”，才有可能“百战百胜”，围绕对方需求进行谈判，交易就容易取得成功。

⑤ 对方谈判所持立场、态度及最后期限。通过了解对方，来确定自己的目标以及在谈判时应持有的态度和立场。通过了解对方最后的期限，以便有针对性地控制谈判进程。

（2）市场资料

市场情况瞬息万变，构成复杂，竞争激烈。市场情况对企业的谈判活动会产生重大的影响，所以，谈判需要充分关注市场动向并选择有利时机。

（3）其他相关资料

包括政治状况、法律制度、商业习惯、社会文化及财政金融等相关资料。

3．确定谈判目标

谈判目标是谈判的核心和灵魂。目标的确定正确与否，直接关系到谈判的成败，是反复推敲而定的。谈判目标可分为基本目标和争取目标。

4．制订谈判计划

根据谈判目标设定谈判计划，包括各个阶段的谈判内容和实施步骤。具体有：各阶段的谈判主题、基本原则、议程和进度估计等。

二、会场的布置

商务谈判，特别是涉外商务谈判必须依照国际惯例布置谈判会场。布置会场的基本准则是礼宾次序，位次排列遵循：以前为尊，居中为尊，以近为尊，以右为尊。会场内一般摆放长桌。长桌的摆放有对门横放和对门竖放两种形式，如图 3-1 所示。

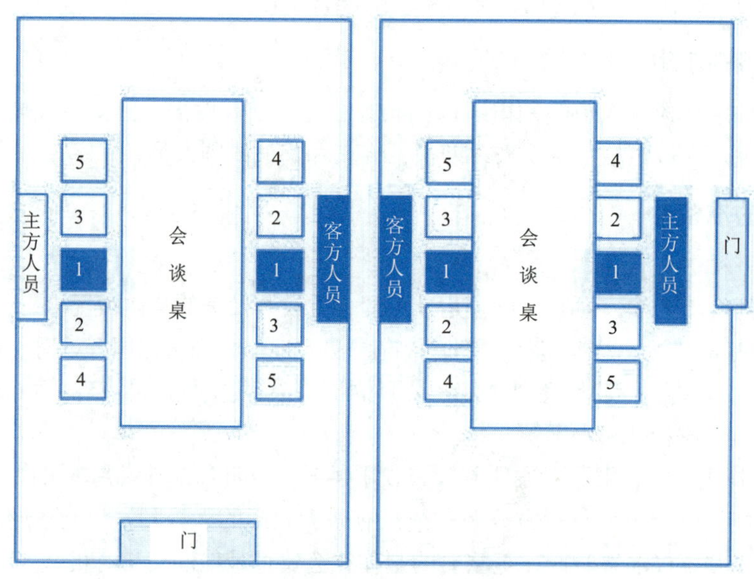

图 3-1 会场座次安排

三、谈判中的礼仪

1．仪表要求

参加谈判时，一定要讲究自己的穿着打扮，因为得体的穿着打扮不仅是自身素养的体现，也是为了表示自己对谈判的高度重视。谈判参与者要认真修饰自己的仪容仪表，女士要化好淡妆。要穿着简洁、高雅、规范的正式礼仪服装。

男士：应穿着深色西装套装，白衬衫，打素色或条纹式领带，搭配深色袜子和黑色系带皮鞋；站立与起身要注意西装上衣纽扣的系好与打开的配合。

女士：穿着深色职业套裙，白色衬衫，配肉色或黑色长筒丝袜和黑色高跟或半高跟皮鞋，以显示庄重干练。

2．准时到达

守时是谈判双方最基本的礼仪要求。作为主方代表还应提前到达现场，做好充分的接待准备。当客方代表到达时，主方代表应有序地在会场门口迎接客方的到来。

3．保持风度

在整个谈判进行期间，每一位谈判者都应当自觉地保持风度。具体来说，在谈判桌上保持风度，应当主要兼顾以下两个方面：

（1）心平气和

在谈判桌上，每一位成功的谈判者均应做到心平气和，处变不惊，不急不躁，冷静处事。

既不成心惹谈判对手生气，也不自己找气来生。在谈判中始终保持心平气和，是任何高明的谈判者所应保持的风度。

（2）争取双赢

谈判往往是一种利益之争，因此谈判各方无不希望在谈判中最大限度地维护或者争取自身的利益。然而从本质上来讲，真正成功的谈判，应当以妥协，即有关各方的相互让步为其结局。这也就是说，谈判不应当以“你死我活”为目标，而是应当使有关各方互利互惠，互有所得，实现双赢。在谈判中，只注意争利而不懂得适当地让利于人；只顾己方目标的实现，而不考虑对方立场的做法，既没有风度，也不会真正赢得谈判的胜利。

4. 礼待对手

在谈判期间，一定要礼待自己的谈判对手。具体来讲，主要需要注意以下两点：

（1）人事分开

在谈判中，必须明白对手之间的关系是“两国交兵，各为其主”的。指望谈判对手对自己手下留情，甚至“里通外国”，不是自欺欺人，便是白日做梦。因此，要正确地处理己方人员与谈判对手之间的关系，就要做到人与事分别而论。也就是说，公事和私事不可混为一谈。

（2）讲究礼貌

在谈判过程中，不论身处顺境还是逆境，都不可做出意气用事、举止粗鲁、表情冷漠、语言放肆等不懂得尊重谈判对手的行为。在任何情况下，谈判者都应该待人谦和，彬彬有礼，对谈判对手友善相待。即使与对方存在严重的利益之争，也切莫对其做出人身攻击、恶语相加、讽刺挖苦等不尊重对方人格的行为。

四、谈判中的技巧

1. 讲究气氛的营造

谈判的气氛，直接影响着整个谈判的进程和结局，因此，要尽力创造轻松、诚挚、友好、合作的氛围。双方谈判代表落座后，可以不必立刻开始谈判，不妨先谈一些非业务性的话题，以营造和谐的气氛，然后再轻松地把话题引到正题上来。

2. 讲究谈判的语言艺术

（1）客观性

谈判语言具有客观性，就能使双方自然而然地产生“以诚相待”的印象，从而促使双方立场、观点相互接近，为下一步取得谈判成功奠定基础。

（2）针对性

谈判语言的针对性是指语言要始终围绕主题，有的放矢。具体地说，谈判语言的针对性包括：针对某类谈判、谈判的具体内容、某个具体对手、同一个对手的不同要求等。

（3）规范性

谈判语言的规范性是指谈判过程中的语言表达要文明、清晰、严谨、精确。

第一，谈判语言必须坚持文明礼貌的原则，必须符合商务特点和职业道德要求。

第二，谈判所用语言必须清晰易懂。

第三，谈判语言应当注意抑扬顿挫，轻重缓急，避免吐舌挤眼，语不搭句，嗓音微弱，大吼大叫或感情用事等。

第四，谈判语言应当准确、严谨，特别是在讨价还价等关键时刻，更要注意一言一语的准确性。

（4）逻辑性

谈判语言的逻辑性是指谈判者的语言要符合思维的规律，表达概念要明确，判断要准确，推理要严密，要充分体现其客观性、具体性和历史性，论证要有说服力。

3．恰当发问

（1）选好时机

发问应该等到对方发言完毕后再进行，或在对方发言的间歇之时进行，如思考、找材料、用茶的时刻，不要在谈话过程中随意打断对方。

（2）讲究方式

提问有多种不同的方式，在谈判中要注意提问方式的选择。发问时措辞要谦逊、委婉。提问时应多用选择性问句，避免用盘问、审问式的语句。

4．巧妙回答

（1）尽量避免正面回答

回答问题时多使用模糊的词语，避免太过明确的答案，尽量不正面回答问题。如，对方问："你们报价多少？"这时不能直接回答具体是多少，而可以回答："跟市场上同类产品价格相差不大，但是我们的产品比市场上同类产品的性价比要高很多。"

（2）善于把问题"踢"给对方

把问题"踢"给对方就是把压力转移给对方。如，对方问："你方价格是怎么考虑的？"可以选择这样回答"这需要看你方订多少货了，价格都和数量有关嘛"。

【小贴士】 谈判中的"四不要"

- 不要轻视对方而抢话、急于反驳而放弃倾听。
- 不要使自己陷入争论。
- 不要回避难以应付的话题。
- 不要不懂装懂。

实践操作

远大公司营销部经理携销售部成员一行 5 人准备到星光公司进行业务谈判。请同学作为客方：①设计谈判时每个人的仪容仪表；②从南北方性情差异的角度，设计话题来营造谈判前的氛围。

要求：小组汇总并选择代表做 PPT 讲解。

模拟谈判

甲方背景资料：广东龙的集团有限公司创立于1999年，位于珠江三角洲腹地——广东省中山市，是以精品家电为核心，业务跨电子科技、照明、贸易、进出口、医疗器材等行业的大型企业集团公司。龙的集团属下有16家子公司，员工近4 000人，资产近8个亿，年销售额达20多个亿。在经营发展中，龙的集团始终以市场为导向，以质量求生存，以求实创新为信条，视产品为企业生命，严把质量关，严把销售关，严把售后服务关。迄今，龙的集团有遍布全国的3 000多家销售终端网点，100多家售后服务网点，产品赢得了广泛的社会认可。同时，龙的产品畅销海内外，尤其在北美、欧洲、日本、中东等国家和地区久享盛誉。面向未来，龙的将秉承以人为本的一贯作风，在"国产精品小家电第一品牌"的目标统领下，精益求精，制造领先的精品家电产品，为消费者创造精致生活境界，实现"轻松生活，轻松享受"的理想本质。同时，在实现国内近景的前提下，通过产业多元化、发展规模化、运作专业化的经营，进一步完善管理模式，建设先进企业文化，形成自我核心竞争力，在不同的领域保持稳健、高速的增长，把龙的集团创建成为世界级的中国企业。

乙方背景资料：广百电器公司是广百股份有限公司的子公司，以电器专业连锁为发展模式，通过家电零售终端的集中采购、统一配送，建立一个集品牌代理、连锁零售、安装维修服务于一体的大型电器零售企业，是广州市最有实力的电器公司之一，具有16年大型电器商场的综合营销经验，电器经营品种达1万多种，拥有300多个国内外知名品牌的客户资源，是中外电器客商在广州地区必争的合作伙伴，在消费者当中有着良好的口碑。在市内乃至国内都享有良好的信誉和知名度。广百遵循中高档、时尚化和紧贴时代进步潮流的定位，以家庭为消费对象，实施"一站式"配套经营，实现市场的差异化经营，打造"最有价值的销售平台"。

谈判说明：

为了进入广百百货，广东龙的集团公司已经与广百进行了几次磋商，并且就龙的集团公司产品摆放的区域、送货方式（货直接由龙的送往广百各个卖场仓库）达成了初步协议。这次广东龙的集团公司与广百电器公司将谈到最核心的入场费、场地租金和支付方式等重要问题，其他更细的问题并不在此次谈判的范畴之内。

谈判内容：

① 入场费（参考价：30万元～60万元）。

② 场地租金（参考价：每月350～550元）。

③ 支付方式（参考值：30～60天回款一次）。

谈判目的：双方取得合作，达到双赢。

将学生分组，8~10人一组，分别组成谈判双方，模拟谈判，由教师指导评审（见表3-2）。

表 3-2　项目评价表

组别：____　　　　姓名：________________

评价项目与内容		分值	得分	评价
谈判安排	对谈判的议程和内容及谈判时间、地点、方式、目的进行周密的安排	10		
准备	在谈判前将谈判所需的资料准备齐全、妥当	10		
会场布置	按礼宾顺序安排座次及位次	10		
仪容	谈判前应当做好仪容仪表的准备工作，做到仪表整洁、仪容端庄	10		
仪态	举止文雅大方，防止不经意的动作使对方产生误解	10		
问候	热情、友好，相互招呼、寒暄，融洽彼此之间的关系，创造良好的谈判气氛	10		
谈话	双方代表见面，寒暄的话题最好选择中性话题。交谈时间不能过长	10		
谈判	谈判过程中，双方应遵循平等互惠、友好合作、诚实守信的原则	10		
应急	相关问题的处理	10		
结束	无论是否达到预期的结果都应保持良好的修养和风度，主动伸手与对方握手言欢	10		
合计得分				

任务 2　职场求职面试礼仪

能力目标

- 能够撰写求职信与简历。
- 能够做好面试前的准备。
- 能够得体自如地应对面试。

林峰要去一家公司面试，他穿着便装和运动鞋就出发了。由于手机没电了，又没有戴手表，结果等他赶到时，面试已经开始了。还好没有轮到他，他随便地坐在门口的凳子上，稍作休息。终于轮到林峰开始面试，一位面试官对他说“请坐”，林峰便毫不客气地在几位考官还未坐下前就坐下了。他风风火火地做了自我介绍，介绍了大学时自己的学习成绩和组织活动的经验，当考官问他英文水平如何时，他自信满满地说：“这是我的强项，绝对没问题的。”

请同学们思考：预测林峰此次面试的结果将会如何？你认为林峰在求职面试中存在哪些问题？如果你是林峰将如何去准备面试？

求职过程是自我推销的过程。在这个人才济济的时代，推销自己是一种才华，也是一种艺术。应聘面试，是学生正式走向社会的第一步，也是求职者如愿走上心仪工作岗位的必经关卡。在面试中，面试官对求职者的了解，语言交流只占了30%的比例，眼神交流和面试者的气质、形象、身体语言占了绝大部分。

求职者在面试中表现出的礼仪水平，不仅反映出求职者的人品和修养，而且直接影响面试官的最终决定。

子任务1　规范写求职信、求职简历

任务情境

赵铭大学毕业后在一家出版社工作，目前已满一年，决定向一家北京的公司投求职信应聘旅游图书编辑职位。由于本身没有任何旅游图书方面的专业经验，于是专门做了几天的前期行业调查。当时赵铭这样写自己的求职信，主要内容有：① 对旅游图书市场整体走势的粗略分析；② 以《藏地牛皮书》为个案，分析了它能引起热销的因素及市场运作得失借鉴；③ 如果明天做旅游图书，会做一系列书的策划草案。

赵铭用这封求职信证明了自己的文字能力、策划能力以及自主学习能力。这都是一个编辑能力要求的核心，在求职信上没有用任何“我特别有能力”这样的字眼，更多的是用案例表现出来的，而不是空话连篇地自我标榜。

学生讨论

① 赵铭的求职信最终能否获得该图书公司面试官的青睐?

② 如果赵铭的求职信长篇大论一番结果又会是怎样?

布置任务

在撰写求职信时需要注意的问题有哪些？每人做一份求职信。要求：拟定固定的求职意向，再根据意向做一份规范的求职信。

知识链接

职场人步入职场的第一步是求职，求职过程的顺利与否，往往先看求职信的优劣。撰写求职信是每位新老职场人必备的技能。一封好的求职信，不仅可以展示出求职者的优点，给对方留下深刻的印象；而且也可以在字里行间透露出求职者的性格优缺点与求职的真诚度。一般来说，一份求职简历的内容排列顺序是：简历封面、求职信、个人简历、附件（包括各种证书、证明资料等）。

一、设计好简历封面

封面就像是一个人的脸面，它折射出一个人的喜好和素养。在各色各样的封面中，设计出色的简历封面，会格外引起人们注目。优秀的简历封面会带给求职者很大的自信心。这点是绝对物超所值的，试想一下，当衣着得体的一位应聘者拿着一份寒酸的简历，那是多么的不和谐；同时，如果应聘者看到别人举着设计、制作精心别致的简历一起面试，无形中对自己也会造成很大的压力。好的封面设计应做到简洁、美观、独具个人特色。

1. 封面内容

① 封面可以是简洁大方的“个人简历”四个字，配以表达个人情愫的背景。

② 封面也可以标出：毕业院校、专业、学历、姓名、性别、联系方式等。招聘者可以通过简历封面直接掌握一个人基本情况。

2. 制作要求

① 好的简历封面设计要有自己的特色，不能太大众化。

② 简历制作封面尽量内容简单明了，重要信息突出。比如如果自己的学校非常著名，那就可以在简历封面显要的位置写上自己学校的校名，或者放上学校的校标。

③ 参考他人的设计。对于大多数人而言，自己设计有创意的简历封面图是非常困难的，所以，要借鉴他人的封面范例或借助于网络设计，然后适当加以改造，突出自己的特点，这就会是一份好的个人简历封面了。

④ 封面文字长短相宜。许多人的简历封面只是简单地予以标识。而一份正规的简历封面应包括 3 ～ 4 节，每节文字应不超过 6 行。最长的一个句子应放在页面中央，必要时排成两行。总结性的短句应放在页面最下方。简历封面的功能类似于报纸的导读，可以把最重要的经历，如曾工作过的一两个大公司，标注在封面上。这样，可以使简历简明扼要并易于阅读，同时也展示了你认真、专业的态度。

⑤ 英文拼写要正确。不要过分相信某些软件的拼写检查功能，因为它可能因笔误而用上一个风马牛不相及的词。如果方便，可以请人帮忙审核封面文字。

⑥ 不使用生僻词汇。深奥、专业化，但却并不被人熟悉的词汇出现在封面，非但不会招来参阅者的好感，倒有可能带给自己不必要的麻烦，结果反倒对自己不利。即使人力资源主管明白你的意思，他也可能因你的自命不凡而将你的简历弃置一边。

二、写好求职信

翻开简历封面，第一眼看到的就是求职者的求职信。求职信是个人写给企业的希望得到某一份工作的自荐推荐信。求职信书写的好坏可能会决定求职者是否能顺利得到这份工作。因此，要注意写求职信的礼仪。

1. 求职信的格式

（1）开头

开头主要包括称呼和问候，同时表达求职的愿望。求职信的开头很关键，要写得有吸引力，力争在几秒内吸引对方的注意力。

（2）正文

正文部分是求职信的核心。自我介绍要简单，有针对性地概述自己的履历，要着重说明胜任某项工作的条件，与工作职位专业对口，对求职岗位有兴趣并一直关注单位的发展，对自己的能力要做出客观公允的评价，谦逊大方，从而达到吸引、打动对方的目的。

一般来说，求职信的正文部分应包括以下内容。

① 个人的基本情况。包括姓名、性别、年龄、毕业学校及专业。

② 申请的工作职位及胜任工作的条件。首先应明确自身申请的工作职位，其次表达自己愿意到该单位工作的原因，阐述能胜任此职位的相关工作经历和资格，包括求职者的业务知识、从业经验、技能水平，特别是与工作相符合的特长。如果是初次求职者，因没有工作经历和经验，可以多介绍自己在校期间从事的社会实践活动，曾担任过的职务，自信能够胜任的工作项目等，介绍情况要做到言简意赅，重点突出。

③ 表达自己对谋求该职位的心愿及设想，并期待尽快可以面谈。在求职信中还可以简单描述被录用后的设想，借以表达自己的工作态度和对阅读求职信者的感谢，并提供联系方式。

（3）结尾

结尾部分包括结束语、祝颂语、签名与日期。

2．求职信的表达技巧

（1）求职信要量身打造

既然要写求职信，那么是不是对于不同的企业只用同一篇便可以了呢？答案是否定的。就像节日里的祝福短信，群发和定向发送的短信，接收短信的人的感受是不一样的，群发短信会让人觉得敷衍了事，而定向发送则会让人心存温暖。因此，求职信也需要量身打造。这就需要求职者对企业的性质和职位的要求有所了解。所以求职者一定要仔细阅读招聘信息，并要搜集用人单位的相关资料，这对日后的面试也会有所帮助。

（2）求职信要有自己的风格

这一定是一封关于“你自己”的信件，但绝不是无限的张扬个性，而是要根据职位要求体现你更加能够胜任这一岗位的个人特色。总之，调动 HR 的期望，要尽最大可能地让其觉得他们必须得和你见上一面。

（3）求职信不可太长

求职信不宜超过一页，设想如果 HR 收到一份四、五页的求职信，第一反应一定会是要不要看完这长篇大论的叙述，然后紧接着否定这一想法。你不仅白白浪费时间书写，还会让对方觉得你缺乏决断取舍的能力。当然，错字和病句就更不可出现了。满是错误用字和错误语法的求职信，很难说服用人单位对求职者委以重任。

（4）求职信要实事求是

华而不实的语句大多时候不适合在职场中出现，恰如其分的描述自身情况就好，以避免在日后面试的时候给招聘者带来过多的希望落差。

（5）求职信的格式要标准

求职信的写作还应注意要运用标准的格式。格式是否标准体现了求职者对于工作岗位的重视程度、其自身礼仪的规范程度及其文化水平。而这些往往又会影响用人企业对于求职者的评价，甚至决定是否给予面试的机会。

3．求职信的礼仪要求

（1）称谓要得体

称谓要在第一行顶格位置书写，单独成行，以示尊重。一般是用单位的名称或单位负责人的姓名、职务，如“尊敬的某某公司经理”。称对方单位和部门时则要加上“贵”字，如“贵单位”或“贵公司”等。

（2）问候要热情，祝愿要诚恳

开头之后的承启语起到开场白的作用。信的开头应有问候语，如“您好”等，信的结尾要有祝愿，一般分两行书写，上一行空两格，下行顶格写，如“此致”“敬礼”“祝您安好”等。

（3）书写工整、干净，勿涂改

如果是打印稿，一定要选择正规的字体，尽量选择宋体、黑体、楷体等字体，避免选择过于生僻的字体。字体大小要适中，便于他人阅读。

（4）亲笔签名

如果是打印稿，应有求职者的亲笔签名，以示尊重和负责。

三、填写简历表

简历表也称履历表，其作用主要是针对应聘的工作职务，将相关的经验、业绩、能力、态度等简要地列举出来，以达到推荐自己的目的。

1．简历表的内容

（1）个人资料

个人资料主要包括姓名、性别、出生年月日、籍贯、身高、体重、健康状况、政治面貌、兴趣爱好、社会工作、联系方式、详细通信地址等。

（2）受教育培训经历

应按履历表的次序填写毕业学校、专业、学习年限及获得何种奖励及相关证书，比如英语四六级，计算机国家等级证书，参加过哪些技能竞赛及其名次等。

（3）工作经历或社会实践

用人单位都很重视求职者的工作经历，需要写清晰曾就职的单位、担任的职务，于该单位工作的年限及业绩。对于即将毕业的大学生，可介绍勤工助学、社会实践和课外活动的经历。即使这些经历与应聘岗位无直接关系，也能显示你的社会经验，并给人留下积极、勤奋、吃苦的第一印象。目前很多企业不仅重视能力素质与岗位的匹配度，同时，更在意应聘者的心理成熟度，他们认为心理成熟度高的人，可以担当管理重任。

（4）特长、兴趣爱好

特长能够体现你拥有的技能。兴趣爱好需要围绕求职意向展开，同时要能体现于工作，爱好越具体越好，最好写上一两项体育爱好，切记不要无中生有。

2．简历表的编写技巧

（1）站在对方的立场考虑问题

求职者为什么要撰写简历？目的只有一个，就是让招聘单位了解你，进而聘用你。因此，在简历中，应使招聘单位能够更加充分地了解你的能力与潜能。

(2) 抓住重点，突出主题

要根据用人单位的招聘条件，重点突出与招聘岗位相关的经验与技能。对学生来说，由于工作经验少，简历表的重点应放在学业成绩，以及参与过的课外实践活动、实践实习经历上，突出与应聘工作相关的所学课程、专业技能以及个人的适应能力与能胜任该项工作的相关经验。

(3) 提供自己的照片

无论招聘单位是否有明确要求，都要主动提供自己的照片，这不仅体现了你的诚意，也使招聘单位更有可能对你的应聘资料产生兴趣，进而有耐心浏览应聘资料上的内容。尽量选择近一年内的照片。

(4) 附上相关证件

每份简历后面都要附上身份证、毕业证等相关证件的复印件，所有这些资料都要统一使用白色 A4 复印纸，突出你的职场特征。一定要避免把不同纸型、不同纸质、不同颜色的纸张混杂在一起。否则，会让人感觉杂乱无章。

提示：对于网上投递简历表，要标明主题，收件箱页面要有问候语。

实践操作

某大型保险公司本周末要来学校参加招聘会，招聘对象是应届毕业生，招聘岗位是客服专员。职位描述：①岗位职责：负责投诉的处理，及时联系顾客，安抚顾客情绪，协调解决方案；负责客户需求，挖掘及终端服务质量监管。②任职要求：普通话标准，沟通能力较好，具备良好的客户服务意识。

要求：请每小组分别选出三名同学，根据以上情境写一份求职信，并设计简历封面。

子任务 2　做好面试准备

任务情境

凯撒集团正在招聘职员，小张前来应聘，对此她信心百倍，因为她专业对口，而且其他条件也非常符合招聘要求。面试当天，小张为了给面试官留下好印象，决定好好打扮一番。在寝室忙了半天，最终她选中一条大花的连衣裙，穿上高跟凉鞋，带上项链、耳环、手链，还化了现在最流行的闪亮妆，她想这样一定能在外形上取得优势。

面试当天，小张与其他应聘者一起在办公室外等候，小张扫了一眼，看其他应聘者无论样貌打扮都不如她，她更是觉得胜券在握，仿佛胜利已经向她招手，于是她松松垮垮地站在门口准备上场，回头看见有一排沙发，便坐在沙发上，深深地靠着沙发背，翘起二郎腿，悠闲地拿出化妆包开始补妆。从沙发旁经过的人纷纷用异样的眼光打量这位打扮入时而与这个场合不相符合的女孩。面试时，面试官问了一些有关本集团的情况，小张由于面试前对该公司没多做了解，似乎有点陌生，忍不住挠头抓痒，在座位上扭来扭去，紧张得汗水直流，回答得也是结结巴巴。

学生讨论

① 小张的面试结果如何？

② 小张的面试存在哪些问题？

布置任务

面试前需要做好哪些准备？学生分组进行角色扮演。要求：关注整个过程细节并记录，小组代表进行陈述：你们认为作为面试者应该做哪些准备？

知识链接

面试前的准备是决定面试成败的关键。面试之前需要做好充分的准备：了解应试的单位和职位；设计应试形象；掌握考官所要面试的问题类型；调试应达到的心理等。

一、了解和掌握应聘单位和职位

面试之前，需要充分调查、研究所招聘单位情况及职位要求，了解企业成长史，了解领导风格，掌握计划应聘的职位需求。只有做到“知己知彼”，才有可能达到“战无不胜”。

① 了解应聘单位的性质、主要功能、组织结构和规模。

② 了解人员结构，如年龄结构、专业结构，以及人际关系状况等。

③ 了解主要领导。

④ 了解面试官的情况。

⑤ 了解部门的历史沿革及正在从事的工作重点。

⑥ 了解面试职位，如工作性质、岗位描述、任职的专业要求等。

二、面试材料准备

求职者在面试时，大多与用人单位是初次接触，彼此了解少，这就需要通过具体的材料推荐自己，并向用人单位展示自己在校内、校外各阶段的学习情况和实践情况。因此，在面试前，要全面整理好自荐资料。

① 个人简历（含简历封面）、求职信、推荐书等。这些材料，在一定程度上直接表现了求职者的基本素质。

② 学习成绩材料。包括学习成绩单、英语和计算机等级证书、职业等级证书等。

③ 荣誉证书。比如，优秀班干部、优秀实习生、优秀毕业生等，以及各种社会实践活动证书、各种竞赛活动证书等。

④ 成果证明材料。比如，获得的专利证书和正在申请的专利材料，发表的论文、论著，以及在学校报刊发表的文章等。

⑤ 证明自己具备某方面能力的资质材料。比如，汽车驾照、导游证、会计证等。

三、面试形象准备

1. 塑造良好的职业形象

在面试时，着装方面应注意：

① 男士最好以西装为主要服饰，避免穿着过于休闲的服装，以免给人不稳重的印象；女士则应以职业套装为主，避免穿过于花哨或奇异的服装，以免给人以轻佻的印象。

② 男士鞋的选择应以皮鞋为主，又以黑色系带皮鞋为佳，避免穿运动鞋；女士应穿中跟正装皮鞋，尽量不要穿过高的高跟鞋，夏天不要穿凉拖鞋。

③ 男士、女士都应穿着庄重或素雅的服饰，男士更应强调前者，色泽以黑色或藏青色为主，女士则应强调后者。应聘场合，无论男女都应遵循着装的“三色原则”。

④ 无论天气情况如何，男士都要避免穿短裤、背心、拖鞋；女士则不能穿背心、超短裙或短裤。面试中不能戴帽子、手套或耳套，在室内佩戴这些都是对人不尊重的表现。

2. 习惯自己的新形象

对于应聘者在正式面试时展现给面试官的良好形象，最好在数天前就开始习惯它，直到能以平常心来看待自己的新形象，它才能更好地为自己所用。

3. 注意不要过犹不及

形象在面试中确实很重要，但形象并不是全部。特别刻意地打扮自己，一定要使自己显得与众不同，这样的做法有时不仅不能帮自己达到目的，还会适得其反。

四、面试的语言要求

① 要讲普通话，力求标准，不可讲错字或念错音，不要使用方言。发音清晰，语调得体，声音自然，音量适中，语速适宜，恰当使用语气词、口头语。

② 准确地选用专业词语，表达清晰。

③ 恰当地运用语句，注意阐述过程的逻辑。

④ 语言练习，包括站立不语练习（练心)、随便说话练习（练口)、命题演讲练习（练表达)、即兴演讲练习（全面练习)。

五、面试问题准备和心理准备

1. 问题准备

(1) 应试者个人信息

主要是有关应试者自身的基本情况，回答要根据自身实际，但应注意以下几点：

① 要与个人简历上的信息一致，如果前后矛盾，就会使面试官怀疑你的诚信。

② 尽量避免谈及与面试工作无关的个人情况，即使是你的特长和优点。

③ 在充分表现自身能够胜任工作的同时，也要注意态度谦和，不要表现出野心勃勃，唯我独尊的行为或举止，以免令面试官反感。

(2) 教育和培训情况

在面试时，面试官一般会对简历中所介绍的个人情况的真实性进行进一步验证。无论应聘者所受的教育和培训是否有利于完成相应岗位的工作，都要如实回答。切不可虚报瞒报或夸大其词。无论何种情况都要谦虚答复，不可旁若无人，信口开河。

(3) 求职动机

弄清面试者的求职动机，是面试官的基本任务之一。有经验的面试官，都不会放过考查、验证应试者求职动机的任何机会。对于名利、金钱绝不可表现出崇拜、贪婪的心态，使面试官对于你的人品和动机产生怀疑。但也不可显得过于清高，对物质报酬显得无关紧要，也容易使人误解应聘者虚伪或不通人情而影响第一印象。

(4) 工作经验

用人单位一般会坚持这样的原则，即应聘者在素质能力相当的情况下，有工作经验者优先。在这部分问题中，面试官想知道的是应聘者过去的经验与其应聘的工作之间的匹配性和建设性。所以，应聘者必须将对应聘的工作岗位有帮助的经验重点说清，而不要过多谈论其他无关紧要的情况。

(5) 未来计划和目标

用人单位总是很关心新进人员的个人职业规划，从而判断他们能否全身心地投入到工作中。应聘者在回答此类问题时，需认真考虑，全面分析，最好结合自身及用人单位的实际情况来谈自己的打算，尽可能提出具有可行性的未来一年、三年，甚至未来五年的个人规划和方案，这样就会在面试中给面试官留下非常好的印象。

2. 心理准备

① 切忌苛求完美。

② 修炼平常心。

③ 时刻保有自信心。

要想在面试中有充分的自信，不要把面试官和其他应试者都想象成自己的敌人，而要把面试官想象成自己的领导，把其他应试者想象成自己的同事。这样就会获得一种轻松的心理预期，在积极和富有建设性的场景中，应试者也就能够更好地把握自己的自信心，充分展示自己。

六、面试预演

应试者可以在自己的大脑里，想象自己精神饱满地离开住所，顺利地乘上交通工具，来到面试地点（应试者应提前进行实际路线的考查，以获得更加真实的感觉效果），自己很有礼貌、很有风度地与遇到的每个人愉快地打招呼，好像自己不是来应聘的，而是每天例行的上班一样。

想象自己以一个稳健干练的形象出现在面试官面前，很快自己就和面试官之间建立起了一种信任、合作的关系，然后你们像进行日常的工作沟通一样开始面试，自己放松而又全神贯注地思考和回答面试官的一个个问题，不管面试官的表情如何，自己似乎都看到其内心对自己的微笑，当问题回答完毕，自己很有修养地离开。

这种脑中预演越逼真、越清晰，就越有助于你在实际面试时有最好的表现和发挥。努力在思想中描绘自己的成功形象。

实践操作

鱼酷餐饮管理公司招聘了一批新毕业的大学生作为企业餐厅经理储备干部，表 3-3 是该企业的入职单，请每个小组以一名同学为代表，进行规范填写并小组互评。

表 3-3　鱼酷——区域人员入职单

提示：

1. 标★为必填项目，请用正楷填写！

2. 请填写好入职单，并携带相片、身份证、学历证、工资卡、健康证及相关复印件，办理入职手续。

★姓名		★性别		★出生日期		★相片 1 寸免冠近照
★员工编号		★民族		★婚否		
★手机号码		★文化程度		专业		
★部门 / 餐厅		★岗位		★籍贯		
★身份证号	□□□□□□□□□□□□□□□□□□			★入职日期		
★工资卡开户行及账号			★现家庭住址			
★是否曾在鱼酷工作	是□　否□	餐厅名称：________		★紧急联系人姓名及电话		
★是否有亲属或朋友在鱼酷工作		是□　否□　姓名及关系：____________________				

主要工作经历

起止时间	单位名称	部门	所在职务	薪资	离职原因

教育培训经历

起止时间	学校名称		专业名称		是否毕业
福利保险情况	是否缴纳过社保	是□　否□	社保缴纳在何城市		
	是否缴纳过公积金	是□　否□	公积金缴纳在何城市		

★填表人申明：	1. 本人郑重承诺以上内容属实并同意公司对以上情况进行调查，如有任何虚假，本人愿无条件接受解聘处理。 2. 保证遵守公司各种规章制度。 3. 本人信息若有变动，及时通知区域人资。 4. 确认本人已与前用人单位解除劳动关系。 申明人签字：

★用人单位填写

意见及暂定基本工资：

面试人员姓名：　　　　日期：

子任务3 掌握面试礼仪与技巧

任务情境

一家公司准备聘用一名公关部部长，经笔试筛选后，只剩8名应试者等待面试。面试限定他们每人在两分钟内对主考官的提问作出回答。当每位应试者进入考场时，主考官说的是同一句话："请您把大衣放好，在我面前坐下。"然而，在进行面试的房间中，除了主考官使用的一张桌子和一把椅子外，什么东西也没有。有两名应试者听到主考官的话以后，不知所措，另有两名急得直掉眼泪；还有一名听到提问后，脱下自己的大衣，搁在主考官的桌子上，然后说了句："还有什么问题？" 结果，这五名应试者全部被淘汰了。

剩下的三名应试者，一名听到主考官发问后，先是一愣，旋即脱下大衣，往右手上一搭，躬身致礼，轻轻地说道："这里没有椅子，我可以站着回答您的问话吗？"另一名应试者听到问题后，马上回答道："既然没有椅子，就不用坐了。谢谢您的关心，我愿听候下一个问题。"最后一名考生的反应是，听到主考官的发问后，他眼睛一眨，随即出门去，把候考时坐过的椅子搬进来，放在离主考官侧前约一米处，然后脱下自己的大衣，折好后放在椅子背后，自己坐在椅子上。当主考官宣布面试结束，他马上站起来，欠身一礼，说了声"谢谢"，便退出考试房间，把门轻轻地关上。

学生讨论

① 为何那五名考生会被直接淘汰？

② 剩下三名考生中谁最有可能被录用为公关部部长？

布置任务

在面试中如何获得面试官的青睐？学生分组将如上案例进行角色扮演并展开面试过程。要求：尽自己所能设计场景细节，并做好小组自评和互评记录，小组代表进行分享。

知识链接

书写求职信和填写求职简历，可以视为求职过程中的笔试。如果通过，下一步就是正式面谈。现代社会对每位求职者提出种种挑战的同时，也提供了各种各样难得的机遇，如何在竞争激烈的人才市场中力挫群雄，一举应聘成功，除了需要具备良好的专业素质，还要掌握必要的面试礼貌、礼节，它往往起着举足轻重的作用。

在面试之前，需要整理思路，并用心包装自己，从衣着装饰到举手投足，乃至第一声问候，都要悉心准备，力求给面试官留下良好的第一印象。面试中的第一印象，往往会决定面试的成败。

一、争取良好的第一印象

1. 外在形象整体协调、落落大方

求职面试时，要设计好自己的形象。求职者的形象给面试官的印象好坏，常常关系到求

职的成败。第一次见面，面试官往往以自己的经验和阅历，凭着求职者的外在形象来判断求职者的学识和个性，并形成一种特殊的心理定式，这种心理定式和情绪定式就称为“第一印象”。它往往比一个人的简历、求职信、文凭等的作用更直接，更能产生直接的效果。据哈佛大学有关专家研究表明，与陌生人交往一般在 7 ~ 30 秒就会将外表不合格的人淘汰掉了。

求职面试应当穿着正式的服装。另外，面试时服装的选择应该与职位要求相匹配，仪表修饰最重要的是干净整洁，不要太标榜个性。对于学生，应注意不要带不合身份的高档手表、戒指、手镯等。

2．准时抵达

守时是职业道德的一个基本要求，提前 10~15 分钟到达面试地点效果最佳，可熟悉一下环境，稳定一下心神，提前半小时以上到达会被视为没有时间观念，而在面试时迟到或匆匆忙忙赶到是致命的错误。如果你面试迟到，那么不管你有什么理由，都会被视为缺乏自我管理和约束能力，即缺乏职业能力，会给面试官留下非常不好的印象。如有特殊情况，应事先电话告知，以免对方久等。

但是面试官是可以迟到的，这一点身为面试者一定要清楚。面试官迟到千万不要太介意，也不要太介意面试官的礼仪和素养。如果他们有不妥之处，你应尽量表现得大度一些，这样往往能使他们的坏事变成你的好事，如果面试官一有不妥，你的不满情绪就流于言表，面露不悦，面试官对你的第一印象就会大打折扣，甚至导致满盘皆输。

3．举止得体

良好的第一印象，不仅得力于外表修饰，还有其内在方面的体现。高雅的气质、谦和的态度和文明的举止，这些是一个人内在修养的自然流露。

① 在大厅、走廊、休息室、楼梯上所遇的人，都应以礼相待，或许这些人中就会有面试官。

② 敲门的声音及次数要文雅、问候要恰当，鞠躬致意要大方，要保持微笑谦逊，个人物品放置脚边，将地上的物品拾起时注意蹲姿等方面的表现，要时时处处留意礼貌礼节。

4．表情真诚、专注

目光要亲切、有神，与对方交流要和谐、专注；微笑应真诚、友好，恰到好处。对人微笑时要体现出你的热情、修养和魅力，通过表情传递信任与尊重。

5．自我介绍简洁有礼

当主考官要求你做自我介绍时，不要像背书似的长篇大论，否则会让主考官觉得冗长无趣，所以做自我介绍时一定要简洁，尽可能节省时间，以两三分钟即可。注意稳住情绪，正确把握自己的特长和优势。进行自我介绍时自然友善，落落大方、彬彬有礼，语速要正常，语音要清晰，内容一定要实事求是。

视频

面试自我介绍

二、面试中的礼仪

1．行为举止要得体

得体是要求应试者的举止动作要符合身份，适合场合，并能恰如其分地借以传达出个人要表达的意思。有的专家认为，在人际交往中，约有 80% 的信息是借助于举止这种无声的“第二语言”来传达的。在面试时，举止要自然、大方、文明、优雅。站要直，坐要正，走的姿势要端庄文雅。

举止同样是修养的表现，人们的举手投足都在不知不觉中传递着信息。优雅的举止对于个人的形象塑造和事业的成功是至关重要的。

面试时的坐，是细节的关键问题。正确的坐姿从入座开始，入座的动作要轻而缓，不要随意拖拉椅子，发出很大的声音。身体不要前后左右晃动，背部要与椅背平行，沉着安静地坐下。落座后，上身要保持直立状态，既不前倾，也不后仰。双手自然下垂，肩部放松，五指并拢。男女的坐姿还有一定的区别：男士可以微分双脚，这样给人以自信、豁达的感觉，双手可以随意放置；女士一般要并拢双膝，或者小腿交叉端坐，端庄、矜持。

2. 做认真的倾听者

认真倾听，表示对讲话者的尊重，对倾听者自己也是有好处的。面试官提问和介绍时，面试者应注视对方，以示专注。可以通过目光的交流、赞许和认同的点头，表示在认真倾听，从而赢得面试官的好感。如果巧妙地插入一两句“是的”“您说得对”等，效果会更好。注意，一定不要在面试官讲话时打断他的话，这是非常失礼并令人厌恶的。

3. 应答有礼

求职面试的核心内容就是应答，求职者必须对自己的谈吐加以认真的把握。在应答过程中，要注意相应的原则和礼节规范，务必要使自己的谈吐表现得文明礼貌、言辞标准、语言连贯、内容简洁。

应答时恰当的眼神能体现出智慧、自信以及对公司的向往和热情。因此，应当礼貌地正视对方，但避免长时间凝视对方，否则易给人咄咄逼人之感。目光可每隔三秒移动一下，注视的部位最好是考官的鼻眼三角区，目光平和而有神，专注而不呆板，眼神不要因紧张而飘忽不定。

三、告别礼仪

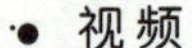

面试礼仪

面试时，要特别注意对方结束面谈的暗示，适时礼貌告辞，可与面试官握手并致谢，轻声起立并将座椅轻推至原位置。如果有用过的纸杯，出门时一定不要忘记带走，并轻轻地关上门。除了面试官，主动地向单位的其他工作人员告别，他们没准就是未来的同事，因此要给他们留下个好的印象。

若面试官当场表态可以接受你，即面试成功，当然要向对方表示感谢，并表示今后将好好工作。若面试官当场没有进行表态，说明对方还要进一步考查，不要急于逼对方表态；面试不成功，也不要做出过激行为。

四、面试后续礼仪

完成一次面试，成败难料，调整好心态准备其他的面试是非常必要的。在一般情况下，面试官在面试结束后，要进行讨论和投票，然后送人事部门汇总，最后确定录用人选，这个过程可能要等三天左右的时间。求职者在这段时间内一定要耐心等待消息，不要过早打听面试结果，以避免让招聘者产生不良印象。

在结束面试后的一至两天时间里，求职者可以用电话或邮件的方式向面试官表示感谢，以加深面试官对自己的印象。

【小贴士】面试礼仪细节

- 不嚼口香糖、不抽烟，尤其现在提倡禁烟，更不要在面试现场抽烟。
- 与人谈话时，口中吃东西、叼着烟都会给人不庄重的感觉，也显得不尊重对方。
- 别弯腰垂头。保持正确的姿势，腰杆挺直，双手放置适当位置（千万别撑着下巴），双眼直视对方双目并面带微笑。
- 不可要求茶点，除非是咳嗽或需要一杯水来镇定自己。
- 不要随便乱动办公室内的东西。

实践操作

在班级中分成若干小组，每一个小组中的其中几名同学组成一家公司中的主考官、考官、经理等职务。其他同学作为应聘者来公司进行应聘。每个小组轮流上台试演，全班讨论确定最佳表现小组，同学互评。

拓展实践

全班分成若干小组、每组3~5人，分别扮演不同角色，模拟面试场景，将面试前准备、面试过程和面试后的内容浓缩到一起。演示结束后各小组分派代表表述本组模拟面试岗位在面试前、中、后需要注意的细节。小组间互评，教师指导并进行评价（见表3-4）。

表3-4　小组互评表

面试岗位	仪容仪表	面试前准备	面试过程	面试后
经理助理				
公关部部长				
中学教师				
酒店大堂经理				
公司职员				
超市收银员				
秘书文员				
杂志编辑				
……				

任务3　办公室礼仪

能力目标

- 能够塑造良好的办公室形象。

- 能够掌握与同事的交往之道。
- 能够做好办公室接待工作。
- 能够做到礼貌乘坐交通工具。

文文是一位办公室文员，从第一天上班起，就认为自己的工作就是打字、接电话，复印文件，做报表而已。其他的就不是她的分内事了。一天，有一中年男子急匆匆地走进来，问："请问经理在不在？"文文正在打一份文件，很不高兴被他打断了工作，冷冷地抬了抬眼皮，看到此人站在那里，外表有点土气，于是不耐烦地说："你找哪个经理？这有很多经理。"中年男子说："负责业务的。"文文用手一指："那边，大厅。"三分钟左右的工夫，客人气急败坏地回来："这叫什么公司啊？"估计是在大厅里再次遭到冷遇。这下，文文可不高兴了，心想：我招你惹你了吗？你冲我发脾气。漠然地白他一眼，一边打文件一边说："关我什么事？"客人没想到文文不但没有安抚他，反而冷嘲热讽地抢白，一时气愤地摔门而去。

谁知，那位其貌不扬的中年男子竟是一家贸易公司的总经理，无论文文公司的总经理如何赔礼道歉，他仍坚持终止与其公司的销售代理合作。理由是：公司管理太差，员工没有起码的服务意识。

就这样，公司几十万美元的订单泡汤了。文文也"另谋高就"了。

请同学们思考：文文错在哪里？文文应当如何做好办公室接待工作？

现代社会，办公室是职场人士从事公务活动的主要场所，办公室作为一个公司对内对外的"窗口"，既是工作场所，也是社交场所。作为职场人，大部分时间都在办公室度过，不仅要在这里完成工作，还需在这里与许多的同事、同行进行交往，每个人都希望自己成为同事中受欢迎的人，希望能够工作顺利，而这一切都离不开礼仪的运用。

子任务 1　塑造良好的办公室形象

任务情境

嘉禾商贸公司开业十周年之际，新的办公大楼落成，届时将邀请多年的合作伙伴参加公司庆典活动，王总亲自给每个部门布置了工作任务，并强调指出办公室的各项接待工作一定要做好、做细，展现出公司的良好精神风貌……

学生讨论

① 公司的良好精神风貌应如何展现？

② 如何布置好办公室环境？

③ 如果你是嘉禾公司的办公室主任，你将如何调动办公室员工来准备这项庆典活动？

布置任务

办公环境维护和管理是办公室人员上班伊始的第一件事情，营造一个良好的工作环境，既有利于塑造单位的对外形象，也有利于提高工作效率。

① 请分小组设计如何通过良好的办公环境给来访者留下良好的第一印象。

② 请给办公室人员进行礼仪训练，分配具体接待安排。

知识链接

办公室是企业的门面，办公室形象是来访者对企业的第一印象。办公室是工作和接待来访的地方，干净、整洁、温馨的办公室环境有助于提高工作效率、快乐地投入工作。

一个企业的员工形象也代表了这个公司的企业管理体制和文化。舒适、和谐的工作环境是办公室工作顺利运转的重要保障。更重要的是，每一间办公室的形象都会从侧面反映整个公司的管理和实力。

一、办公室环境

办公室环境应保持清新、宁静的氛围，尤为重要的是保持整洁，要使办公室形象与个人形象相和谐。研究表明，混乱的办公室会抑制大脑的反应时间，使人难以集中精力进而引发疲劳。解决之道就是保持办公室环境的整洁、有序。

1. 办公室的整洁

① 办公室要经常开窗通风，每天至少做一次保洁。

② 定期整理文件，清除旧物品。

③ 文件柜资料、物品要归纳、编号、摆放合理，并使之整齐、美观。

④ 餐具、玩具、装饰品等不要摆放在桌面上。

⑤ 办公室不适宜摆放盛开的鲜花，绿色植物最适合，同时要定期浇灌、整理。

⑥ 离开办公室（办公楼内），座位原位摆放；离开办公室短时间外出，座位半推进；超过四小时或休息，座位完全推进。

⑦ 办公室的门不要关闭过紧，以免来访者误以为没有人，也不能用布帘遮挡。

⑧ 在办公室内不要毫无顾忌地抽烟，既污染办公室空气，对同事也是一种不尊重的表现。目前，国内实行公共场所禁烟制度，有许多企业单位也都出台了相关规定，办公室是许多工作人员共同使用的公共场所，应避免在此吸烟。

2. 整理办公环境

①将不常用的东西转移到其他的地方（文件柜）。

②及时清理过期的文件和旧的阅读材料（销毁或卖掉）。

③无论是办公桌椅还是抽屉，不要放置与办公无关的东西。

④ 将物品放在固定地方，常用公共物品用后放回原位。

⑤坚持每天下班前整理个人办公桌。

二、办公室人员行为规范

一个人举止行为能够体现其人生的经历，能判断出其气质类型。在职场中，具备优雅的言行举止可以提高职场声誉，打造职场个人品牌。

1. 体态要端正

（1）站姿

① 正式场合站立时，不可双手插在裤袋里，这样显得过于随意。

② 不可双手交叉抱在胸前，这种姿势容易给人傲慢的印象。

③ 不可歪倚斜靠，给人站不直、十分慵懒的感觉。

④ 男性不可双脚分开过大，两脚之间的距离小于本人的肩宽为宜。

⑤ 女性不可双脚分开。

⑥ 不可有下意识的小动作，会给人一种拘谨、缺乏自信而又失礼的感觉。

（2）坐姿

① 男士双腿不可分开过大。不论大腿还是小腿分开过大，都非常不雅。

② 女士双膝不能分开。对于女士来讲任何坐姿都不能分开双膝，特别是身穿裙装的女士更不要忽略了这一点。

③ 双腿直伸出去。这样既不雅，也让人觉得这个人有满不在乎的态度。

④ 不能抖腿。坐在别人面前，反反复复地抖动或摇晃自己的腿部，不仅会让人心烦意乱，而且也给人以极不稳重的印象。

⑤ 双脚不得纠缠座位下方部位。这样容易让人觉得是由不自信引起的局促不安。

⑥ 脚尖不要指向他人。不管具体采用哪一种坐姿，都不要以本人的脚尖指向别人，因为这一做法是非常失礼的。

（3）行姿

① 忌身体乱摇。乱摆、晃肩、扭臀。

② 忌“外八字”或“内八字”迈步。

③ 步子不要太快或太慢；办公场合非特殊情况禁止跑动。

④ 多人行走时，不得勾肩搭背，大呼小叫。

⑤ 忌讳弓腰驼背地行走。

⑥ 忌讳脚蹭地皮行走。

2. 言谈要文雅

① 语言文明，时刻注意运用“五声十一字”；办公室内讲话声音要温和，音量不要太大，不可大声喧哗。

② 拒绝消极语言，办公场所不要抱怨、发牢骚、炫耀及讨论他人是非。

3. 公私要分明

① 办公用品不能私用及无节制浪费使用，如电话、传真机、打印机、公函信封、信纸等。

② 不得在工作时间接待私人朋友或擅自带外来人员进入办公区，会谈和接待安排在洽谈区域。

③ 不要将自己私人生活中的情绪带到办公室，尤其是坏情绪。

4．用餐要文明

① 用餐时间不要太长。

② 食物不要有强烈气味。

③ 口中含有食物时，不要讲话，他人口中含有食物时，最好等他咽完再与其讲话。

④ 饮水时，如不是接待来宾，应使用个人的水杯，减少一次性水杯的浪费。

⑤ 办公室内用餐后，应立即清新空气，避免餐食的气味弥漫整个空间，一旦有客人来访，会影响公司的形象。

实践操作

以小组为单位，调查走访实习单位或教师办公室，其中请你注意观察其办公室是否符合办公室环境礼仪要求。请具体指出哪里不符合要求，并为他们制订一个完美的优化措施。

场　　景	存在问题	优化措施	备　　注

子任务 2　掌握与同事的交往之道

任务情境

刘娇娇刚刚大学毕业，应聘多次终于成功受聘于一家贸易公司，同事每天的工作节奏很快，都很忙碌，很少会闲下来在一起聊天，再加上娇娇又是新人，就更少会有人注意到她、理会她，娇娇一时很苦恼……

学生讨论

① 应该如何面对比自己经验多、资历丰富的同事呢？

② 同事相处复杂，怎么做才能够摆脱不好的局面？

布置任务

① 分小组进行角色扮演，娇娇作为职场新人应该如何与同事打交道？

② 扮演一位高傲的办公室女同事，让娇娇去帮她复印几十份的资料，可是娇娇连复印机在哪都还不清楚，更不要说怎么复印了，如果你是娇娇你要怎么做？

知识链接

“礼者敬人也”，礼仪是人们对他人表示尊重，同时用来维护自尊的一种规范形式。

同事关系的特殊性决定了同事关系不同于朋友关系和家人亲友关系；与同事相处的时间有时可能比家人还多；我们应该珍惜同事之缘，融洽的同事关系是“干活不累”的前提，开心上班，开心下班，开心生活。

一、与上司交往的礼仪

上司，有可能成为你职业生涯的指明灯，也有可能成为你职业起点的噩梦。上司直接掌握着你在公司的“生命”。那么，怎么做才能得到上司的关注和器重呢？学习与上司的交往礼仪，为自己未来晋升铺平道路。

1．了解上司的领导风格

不同的上司做事风格和领导风格不尽相同，有的知人善用，有的雷厉风行，有的天马行空，有的独断专行，和上司相处是一门很讲究的艺术。和上司相处的好坏直接影响到个人的职业前途，所以，要求我们要了解上司的领导风格，以便采用不同的应对方法。

（1）宽宏大度的上司

这样的上司，真正把自己的下属当兄弟，肝胆相照、荣辱与共。所以，作为下属，有意见尽管提。

（2）精明强干的上司

这是胸怀大志、积极进取，事业心极强又能干的上司，但往往生性多疑，处事毫不留情，令人望而生畏，这类上司在当今职场大有人在。那么，作为下属必须要做到兢兢业业，工作踏实，让对方感受到你存在的价值，同时，与之相处要讲究技巧。

（3）优柔寡断的上司

这种上司通常多谋少断，已经决定的决策，一旦有人提一点修改建议，就可能会改变初衷。那么，下属就要重新再做。作为下属，要做到在不失其身份的前提下，大胆与他商讨一些决策，帮他痛下决心，再设法让他坚持下去，这样自己就会轻松多了。

（4）霸道的上司

这类上司通常认为，对下属要不断地威胁，下属才会服服帖帖的工作。作为下属，要时刻让上司感受到自己在工作，在其恶语相向时，必须要事先想好回敬措辞，一定不要被吓到。

（5）知识型的上司

上司学历高，见识广，爱学习。作为下属，可适当向上司讨教问题，但不要过于高深，同时，在工作中要表现得谦虚有礼，这样容易得到上司的赏识。

（6）软弱无能的上司

缺乏主见，怯懦胆小，胸无大志，为这样的上司工作，对自身要求不高，能过且过就可以了。但是，如果自己怀有成就事业的豪情，还是良禽择木而栖吧。

2．服从上司的领导

下属服从上司是起码的组织原则。一般情况下，上司的决策、计划不可能是错误的，即使有时上司从全局考虑出发，与下属利益发生了矛盾，也应服从大局需要，不应抗拒和排斥。

如果下属与上司产生矛盾，最好能找上司进行沟通，即使上司的工作有失误，也不要抓住上司的缺点不放，及时地进行沟通，会增加心理相容，采取谅解、支持和友谊的态度。

3．敢于给上司提建议

在工作中给上司提建议时，一定要考虑场合，注意维护上司的威信。提建议一般应注意两个问题：

① 不要急于否定原来的想法，而应先肯定上司的大部分想法，然后有理有据地阐述自己的见解。

② 要根据上司的个性特点确定具体的方法。如对严肃的上司可用正面建议法，对开朗的上司可用幽默建议法，对年轻的上司可用直言建议法，对年长的上司可用委婉建议法。

4．站在上司的立场为其分忧

上司要关心、帮助、支持下属，这是不言而喻的。但是在人际交往中，特别是在和上司交往中，下属经常会发生非情感转移心理障碍，即不设身处地考虑上司在实际工作中遇到的情况，脱离现实主客观条件对上司提出要求，如果达不到，则进行“发难”。

身在职场，下属所面对的直接工作就是上司安排的工作，上司的“忧”也许就会成为接下来下属的工作内容，比如遇到客户的问题，抛给下属解决；某个推销方案，抛给下属策划；某项门店管理，抛给下属执行……职场中人不要成为上司眼中无关紧要的人，不要成为上司工作中的绊脚石，为上司排忧解难是职责所在。

下属要试着换位思考，站在上司的角度考虑问题，这样下属才会有作为上司的气度、思维和风范。在职场中，上司在某种程度上左右着下属在企业的职业线，下属无法选择“好上司”还是“坏上司”，但下属有权选择做一个优秀的自己。如何为上司分忧，主要注意以下几点：

① 做好本职工作是分忧的基础。

② 积极主动、自动、自发是分忧的条件。

③ 正确理解，分忧不是趋炎附势。

④ 为上司分忧，为自己开拓机会。

⑤ 处理好与同事的关系。

阿雅是一家广告公司的职员，她有一个打心底里佩服的领导：她的顶头上司吴主任。吴主任虽然年近50岁，却是一个非常有活力的人，经常和年轻属下打成一片。

阿雅佩服吴主任的原因是，公司领导层在广告方面的“主旋律”趋向于保守，而吴主任却一直顶着压力坚持锐意进取。前不久，公司开始新的一轮广告战，广告的载体以公共汽车车身为主，图案是某歌星的照片。可是，当部分广告样印上公共汽车车身后，歌星的头部刚好在车窗位置。当车窗开启后，歌星的人和身子就被分隔了，远远看去非常难看。公司董事长对这次广告非常不满意，当着广告部员工的面儿狠狠地批评了吴主任。

在同事们都在一边旁观时，阿雅挺身而出，主动承认广告策划是吴主任的意思，但是图案的大小和排列是自己的疏忽。当她承诺会在最短的时间内交出新的广告案时，董事长便没有继续斥责吴主任。刚才还灰头土脸的吴主任挽回了一点颜面，对阿雅也是一脸感激。

后来，吴主任获得了升迁的机会，坐上了公司部门经理的位置。由于对阿雅工作的认同和感激之前她的挺身而出，主任升迁后直接将阿雅提升为广告部主任的位置。

5．与上司相处的其他礼仪细节

① 日常遇到上司时主动打招呼问好，正式场合用正式称呼，使用职务称呼，切忌用简称。

② 进出办公室注意敲门与关门，上司找上门应微笑起座，待上司坐好后再坐下，上司离去主动开门相送。

③ 与上司握手时，等上司伸手后再热情伸手迎合，用力适度，不要迅速将手抽回，可双手与上司握手表示热情，但异性之间最好不要这样。

【小贴士】让上级欣赏你的艺术

做事主动，服从上级安排；领会上级的真正用意，不懂就问，态度谦恭；外出时注意走在上级的后面，让上级坐上座，主动斟茶倒水，有服务意识；可积极、主动汇报自己的想法和建议，提供良言；与上级共进晚餐，对菜谱不优柔寡断，参加宴会尽可能坐在上级的旁边，让上级发现你的自信，培养广泛的兴趣爱好，提高自身素养。

二、与下属交往的礼仪

日本东芝公司曾一度陷入困境，后由士光敏夫出任董事长。士光敏夫上任后，一个人前往各工厂听取工作的意见，跟工人聊天。身为大公司的董事长，只身到工厂已非同寻常，更难能可贵的是他常常提着酒瓶去慰劳职工，与他们共饮。对此，员工开始都很吃惊，不知所措。士光敏夫这种不摆架子、慈祥关怀的姿态，赢得公司上下的好感。

员工反映，“士光董事长和蔼可亲，有人情味，善待我们，我们更应该努力，竭力效忠。”因此，他上任后不久，收支情况大为改善，两年内便把一个亏损严重、日暮途穷的公司重新支撑起来，使“东芝”摆脱了困境，成为日本最优秀的公司之一。

领导力的最终体现是对人的领导和管理。管理者通过管理他人去实现本人想要的工作结果，所以，管人是管理者最重要的工作，而下属是管理者最主要的管理对象，因此从某个角度说，能否成为一个好的管理者，关键就在于能否管理好下属。中国的传统文化告诉我们，驭下须有术，懂得如何“驭人”，一切才能尽在掌握之中。

1．尊重下属的人格

下属具有独立的人格，领导不能因为在工作中与其具有领导与服从的关系而损害下属的人格，这是领导最基本的修养和对下属最基本的礼仪。

2．善于听取下属的意见和建议

领导者应当采取公开的、私下的、集体的、个别的等多种方式听取下属的意见，了解下属的愿望，这样既可提高领导的威信，又可防止干群关系的紧张。

3．宽待下属

领导应心胸开阔，对下属的失礼、失误应用宽容的胸怀对待，而不是一味打击、处罚、更不能记恨在心，挟私报复。

4．培养人格魅力

作为领导，除权力外，还应有自己的人格魅力，如良好的形象、丰富的知识、优秀的口才、平易近人的作风等，这些都是与领导的权力没有必然联系的自然影响力。

5. 尊崇有才干的下属

领导不可能在各方面都表现得出类拔萃，而下属在某些方面也必然会有某些过人之处。作为领导，对下属的长处应及时地给予肯定和赞扬。

例如：接待客人时，将本单位的业务骨干介绍给客人；在一些集体活动中，有意地突出某位有才能的下属的地位；节日期间到为单位做出重大贡献的下属家里走访慰问等，都是尊重下属的表现。

这样做，可以进一步激发下属的工作积极性，更好地发挥他们的才干。相反，如果领导嫉贤妒能，压制人才，就会造成领导和下属的关系紧张，不利于工作的顺利开展。

三、同事之间的礼仪

同事是与自己一起工作的人，与同事相处得如何，直接关系到自己的工作、事业的进步与发展。如果同事之间关系融洽、和谐，人们就会感到心情愉快，有利于工作的顺利进行，从而促进事业的发展，反之，同事关系紧张，相互拆台，经常发生摩擦，就会影响正常的工作和生活，阻碍事业的正常发展。

李平是一家大公司的高级职员，平时工作积极主动，表现很好，待人也热情大方，跟同事关系也不错。可是，一个小小的动作却使她的形象在同事心中一落千丈。

有一天，公司召开一场员工大会，在大家等待总经理到来之前，其中有一位同事觉得地板有些脏，便主动拖起地来。而李平并不关注，一直站在阳台旁边。突然，李平走过来，坚持拿过同事的拖把替他拖地。本来地已差不多拖完了，根本不需要她的帮忙。可李平却执意要求，那位同事只好把拖把给了她。刚接过拖把不一会儿，总经理推门而入。总经理见李平在勤勤恳恳地拖地，微笑地表示赞扬。

李平这种虚假的面孔被同事看透了，在公司的人际关系越来越差了。

在办公室里，本来同事之间就处在一种隐性的竞争关系之下，如果一味刻意表现，不仅得不到同事的好感，反而会引起大家的排斥和敌意。真正善于表现的人常常既表现了自己，又未露声色，真正的展示教养与才华的自我表现绝对无可厚非，刻意表现才是最愚蠢的，小心得不偿失。处理好同事关系，在礼仪方面要注意以下几个方面：

1. 尊重对方

相互尊重是处理好任何一种人际关系的基础，同事关系也不例外，同事关系不同于亲友关系，它是不以亲情为纽带的社会关系，亲友之间一时的失礼，可以用亲情来弥补，而同事之间的关系是以工作为纽带的，一旦失礼，创伤难以愈合。所以，处理好同事之间的关系，最重要的是尊重对方。

2. 真诚合作

同事之间属于互帮互助的关系，俗话说一个好汉三个帮，只有真诚合作才能共同进步。

3．相互关照

同事的困难，通常首先会选择亲朋帮助，但作为同事，应主动问讯。对力所能及的事应尽力帮忙，这样，会增进双方之间的感情，使关系更加融洽。

4．公平竞争

同事之间竞争是正常的，有助于同事成长，但是切记要公平竞争，不能在背后耍心眼，做损人不利己的事情。

5．宽以待人

同事之间经常相处，一时的失误在所难免。如果出现失误，应主动向对方道歉，征得对方的谅解；对双方的误会应主动向对方说明，不可小肚鸡肠，耿耿于怀。

6．分清财物

同事之间可能有相互借钱、借物或馈赠礼品等物质上的往来，但切忌马虎，每一项都应记得清楚明白。即使是小的款项，也应记在备忘录上，以提醒自己及时归还，以免遗忘，引起误会。

冰冰这个月跟朋友应酬花了不少钱，而且又赶上月底得交房租。这个月所剩无几的冰冰，只好向同事莉莉求助。第一次开口跟自己借钱，莉莉不好拒绝，很痛快地帮她解了燃眉之急。可是 3 000 块钱也不是一时就能还清的，冰冰只得跟人家说需要一段时间才能还。莉莉回答冰冰说不着急，前几天是急用钱来着，不过已经想办法解决了。冰冰没心没肺地连声道谢，过后就被“好事者”指出其实人家是在暗示你还钱呢。冰冰第二天马上找到同学借钱，才算暂把这一层羞给遮住，至于日后是否留下不良口碑，冰冰却是想也不敢想了。

向同事借钱、借物，应主动给对方打借条，以增进同事对自己的信任。有时，出借者也可以主动要求借方打借条，这也并不过分，借方应予以理解，如果所借钱物不能及时归还，应每隔一段时间向对方说明一下情况。

在物质利益方面无论是有意或者无意地占对方的便宜，都会在对方的心理上引起不快，从而降低自己在对方心目中的人格。

7．不谈隐私

每个人都有“隐私”，隐私与个人的名誉密切相关，背后议论他人的隐私，会损害他人的名誉，引起双方关系的紧张甚至恶化，因而是一种不光彩的、有害的行为。

【小测试】

社交中，你是什么样的人？假如有人对你两面三刀，你会：

A．表面上与对方笑脸相迎，实际上对对方心存戒备

B．对对方以诚相待，相信自己能够感动对方

C．开门见山，一语道破，不给对方留面子

D．与对方保持距离，态度不冷不热

测试结果：

A．你是一个善于心理战的人。面对这种颇有心机的人，你这种对应方式，表现了你是个有谋略、理性的人。其实，你不仅对这个人如此，你对其他的人也很可能会以这种很有心机的心态来处理，只是你不自知罢了。所以，你要小心处理你的人际关系，免得让别人觉得你是有心机的人，从而留下不好的印象。

B．你的敌我意识非但不强烈，反而是完全不设防。由此可见，你是一个有心经营人际关系的人。你对人以诚相待，相信也有人会以诚相报，只是你必须要有心理准备，因为不是每个人都会有这种良心。你在人们心目中，应该是个有良好形象的人。不过，还是要小心，千万不要完全不设防，以免被敌人所陷害，搞得一辈子不能翻身。

C．你的性格是属于直率型的，最受不了人家的冷嘲热讽和迂回战术。因此，一旦你遇到喜欢用计谋的人，即使没有明确的证据，你也会很冲动地揭开对方的面具。你这种性格，通常会引来同样不喜欢用心机的人，因此，你的人际关系将会很明显地分成两派。一派就是和你意气相投的朋友，一派就是喜欢用计的敌人。

D．你以不变应万变的方法，除了可以推论出你是一个拙于跟对方比赛心机的人之外，也可看出你是个不善于主动去掌握人际关系、主动去解决问题的人。你唯一的利器就是沉得住气，不管对方如何攻讦，你深信只要不回应，对方就无法纠缠下去。因此，你的人际关系比较封闭，这是因为你不喜欢复杂的人际关系，所以你的敌人应该不多。

实践操作

办公室里总有几位同事经常聚在一起窃窃私语，面对这样的同事关系，以小组为单位谈论，你该怎么对待？并整理填表 3-5。

表 3-5　同事关系表

角　度	行　动	理　由	小组互评意见
普通员工			
上司			

子任务 3　规范进行办公室接待工作

任务情境

王经理去某公司办理业务，刚走进这家公司办公室的门，只见一位工作人员翘着二郎腿身体斜靠在椅子上在玩手机，王经理便主动上前询问：“你好，我想找你们业务部的张经理。”这位员工头也不抬地说到：“张经理现在在开会。”“请问会议大概多长时间能结束呢？”这位员工眼睛依然没有离开手机，不耐烦地说：“我怎么可能知道什么时候会议结束。有事你就等着吧。”王经理虽然不高兴但依然客气地对这位员工说：“好的，打扰了，再见。”这位员工除了“嗯”了一声便没有其它任何回复，王经理摇了摇头转身离开了这家公司。

学生讨论

王经理为什么摇了摇头？摇头的动作说明了什么？

布置任务

① 请你指出这家公司接待工作的不妥之处。

② 小组分角色扮演：如果你是公司的接待人员，你们怎样做好来访客户的接待工作。

知识链接

接待是办公室接待工作中一项频繁而重要的工作，“接待无小事”“接待显形象”。做好接待工作，不仅令客户满意，同时也可以塑造自己的良好形象，更能提升组织的知名度和美誉度。因此，职场人士掌握必备的办公室接待礼仪尤为重要。

一、办公室接待规格

接待规格是指接待的隆重程度和迎接人员的身份安排。确定接待规格主要是依据来客的身份和来访目的，同时还要考虑双方关系。规格直接体现接待工作的档次，以及对来宾的重视程度。所以，接待规格需要适中，不能过高，也不能过低，过高可能会影响单位的正常运转和领导的工作，过低则有怠慢客人之嫌，一般应与来访者身份对等为宜。接待规格主要有以下三种：

1. 高格接待

高格接待是指主要接待人员和陪同人员比来宾职位要高的接待形式。

上级领导派人向下级单位进行指示、调研；兄弟单位或协作单位的领导派人到本单位商量重要事宜；下级人员上访，有重要的事情向上级领导汇报等，单位主要领导可以适时出面陪同。

2. 低格接待

低格接待是指主要接待人员和陪同人员比来宾职务低而采取的接待形式。

上级领导或主管部门领导来本地基层视察，了解情况或做一些调查研究；外地参观学习团和旅游团的接待工作等，这种接待需要特别注意热情、周到。

3. 对等接待

对等接待是主要接待人员和陪同人员与来宾职务、级别大体相当而采取的一种接待形式。这是最常用的接待形式，一般来宾是什么身份级别，本单位就应安排什么身份级别的人负责接待作陪。

总之，接待工作的规格问题，对负责接待工作的人员来说，是一个很值得研究的问题。对来访的客人，以哪种规格接待，应认真地加以考虑，切不可草率行事，否则将会造成严重的后果。

二、接待准备

1．仪容仪表准备

接待人员要注意修饰仪容仪表。头发梳理整齐，男士要剃须，女士化好淡妆。着装合礼、合规，符合场合要求，鞋要干净。尤其是比较隆重的接待，整洁的仪容，得体的着装直接体现对来访者的尊重、对接待活动的重视。

2．环境准备

为表示对来宾的尊重，来宾到来之前，办公室室内、室外环境卫生进行清理；来宾必经的道路、楼梯、楼梯扶手等都应清洁干净；办公室桌椅摆放有序，办公用品、资料收拾整齐规范。接待室或会议室做好沙发、桌椅的清洁，提前打开窗户，并适当摆放绿植，让空气淡雅清新，使来宾赏心悦目、心情舒畅。

3．物品准备

来宾来访之前，要准备好招待客人的必备物品，如水、茶叶、茶杯等；根据情况有可能准备水果、点心等。如需记录，还需要准备笔、纸；如接待贵宾，还需要准备欢迎标语，以示对来宾来访的热情欢迎。

4．了解来宾

① 来宾的姓名、性别、身份、人员数量。

② 来访的目的、来访要求、第一联系人和紧急联系人。

③ 抵离的时间、乘何种交通工具等。

5．确定规格

接待亲友，不存在规格问题，如果是举行会议、典礼等礼仪形式或单位间交往，则应考虑接待的规格。选择高格、低格或是对等。

如果是有上下级的来宾，则主要以来访者的目地确定：如前来处理重大问题、参加重大会议等，接待则隆重些；如途经本地、参加一般会议、处理日常事务等，接待时派代表或由办公室人员迎接即可。

6．制订具体接待方案

① 接待活动的名称。

② 接待活动的时间、地点。

③ 对方参加人员的名单及职务。

④ 本单位出席的领导、陪同人员、接待人员。

⑤ 活动日程安排及相关责任人。

⑥ 活动项目具体时间安排及相关责任人。

⑦ 场地布置、物品准备及相关责任人。

⑧ 住宿、餐饮安排及相关责任人。

⑨ 交通车辆安排及相关责任人。

⑩ 安全保卫安排及相关责任人。

⑪ 宣传、报道安排。

⑫ 纪念品的准备。

⑬ 经费预算。

7. 细节安排

(1) 接站安排

提前至少 10 分钟抵达接站地点，并准备好接客牌，接客牌可标明来宾姓名或访问团名称、活动名称等，方便来宾辨认。

(2) 住宿安排

要根据来宾的职位、性别、人数进行安排，并准备出预留房间，以防特殊情况的发生。

(3) 用餐安排

了解来宾的饮食禁忌，餐标适中。菜品安排尽量突出地方特色，也要量力而行，杜绝铺张浪费。

(4) 车辆安排

根据接待活动安排，提前计划并预订好所需车辆，如来宾自带车辆，应提前做好停车场安排并准备好当地交通图。

(5) 会场座次安排

提前印制好来宾座位牌，根据来宾身份级别规范放置。切记，在印制前再次确认好宾客姓名及人员数量，姓名书写严禁出现任何差错。

(6) 返程安排

及早与来宾沟通，按来宾要求预订机票、车票、船票，并做好送行人员及车辆的安排。

特别提示

- 每项安排必须责任到人，并在提前印制好的日程安排中标注责任人的姓名及其联系方式，做到每位来访者人手一份，也可以直接放置到来宾房间并附上问候语。
- 在接待中临时出现的小意外及纰漏，不能敷衍了事，要尽可能地加以补救并表示歉意，以化解来宾的不满情绪。

三、接待服务

1. 热情迎接

根据来宾的身份，主人可依据需要，亲自或派人到楼下或办公室门外加以迎候。对于重要来宾需要驱车前往机场或车站、码头、下榻酒店等进行迎接，以示对来宾的重视。

接待来访嘉宾，主动热情握手、问候并送上欢迎语。如同事、家人或有其他客人在场，主人也应予以相互介绍，对于初次见面者，还需递上名片。

2. 正确引领

(1) 引领手势

引领过程至少会运用到两种规范手势：表示“请”“请进”的横摆式；指示“请入座”的

斜摆式。

（2）引领方式

① 大厅或走廊引领。接待人员走在宾客二三步远的左前方，并不时回头用点头或微笑向客人示意。

② 步行楼梯引领。当引领宾客上楼时，应该让宾客走在前面，接待人员走在后面，若是下楼时，应该由接待人员走在前面，宾客在后面，上下楼梯时，接待人员应该注意宾客的安全。如果宾客是女士，上楼时，接待人员视线的位置要错开女士臀部区域，以免女宾客有不自在的感觉产生。上下楼梯时，接待人员要注意走在楼梯的外侧位置。

③ 电梯引领。引领宾客乘坐电梯时，接待人员首先按住电梯按钮，请宾客先行进入电梯，然后自己进入，并靠近电梯控制台；到达时，接待人员按住电梯钮，让客人先出，出梯后再继续为宾客做引导。

④ 客厅引领。当宾客走入客厅，接待人员用手指示，请宾客入座，待客人坐好后，再行点头礼离开。

（3）引领礼仪

① 站位原则。以右为尊，以里侧为尊；以宾客方便为宜。

② 引领要求。不允许背对宾客，一般应侧身向着客人，在行进中，如遇到有里、外侧状况时，要礼让宾客在里侧，时刻考虑到宾客的安全和舒适。进入房门时，要主动为宾客开、关门，礼让宾客先行通过。引领手势如图 3-2 所示。

图 3-2　引领手势

③ 引见宾客给领导时，有礼有规。在进入领导办公室之前，要先轻轻（一轻二重）叩门，得到允许后方可进入，切不可贸然闯入，叩门时应用手指关节轻叩，不可用力拍打。进入房间后，应先向领导点头问候，再把宾客介绍给领导，介绍时要注意措词，用手示意时切不可用手指指向对方。介绍完毕，先后退两三步再离开，走出房间要自然、大方，保持较好的走姿，回身轻轻把门带上。

视频

引领礼仪

3．以礼相待

（1）主动热情，问候有礼

打招呼时，应轻轻点头并面带微笑。如果是已经认识的客人，称呼要显得亲切。陌生客人光临时，务必问清其姓名及公司或单位名称。通常可问：请问贵姓？请问您是哪家公司？问明来意后再进行登记、引领等工作。

（2）宾客来访，立即招呼

要认识到每位来访宾客都是重要的，要表示出热情友好和愿意提供服务的态度。宾客进门，要起身相迎并安排就座，客人落座后，主动倒水招待。如果你正在工作应立即停止，即使是在打电话也要对来客点头示意。

（3）交谈举止，大方得体

保持坐姿端正，应正视对方，注意倾听。谈话间如遇有急事需要马上处理时，应礼貌地示意客人稍候，并表示歉意。切不可交谈时玩弄手机或频繁看表、打哈欠，让对方误解和反感。

（4）礼貌送别，有始有终

宾客提出告辞，一般都应加以挽留，更不能一听宾客要走，接待方马上起身相送，很明显有逐客之意。

送别宾客，客人先伸手，接待方方可伸手与之相握并欢迎客人下次再来。日常接待，需要将客人送至楼梯口或电梯口，尊贵的客人需要送到大门口甚至送客人至机场、车站、码头或高速路口。步行送别，则需要在宾客离开接待方视线时，方能离开。如果是安排了饯行宴会，要注意做到同接待一样进行对等送别。

【小贴士】待客应注意的问题

① 宾客到来时，我方负责人由于种种原因不能马上接见，要向客人说明等待理由与等待时间，若客人愿意等待，应该向客人提供水、杂志，如果可能，应该时常为客人蓄水。

② 未预约的宾客来访时，不要直接回答要找的人在或不在。而要告诉对方："让我看看他是否在。"同时婉转地询问对方来意："请问您找他有什么事？"如果对方没有通报姓名则必须问明，尽量从客人的回答中，充分判断能否让他与同事见面。如果客人要找的人是公司的领导，就更应该谨慎处理。

实践操作

以小组为单位，安排不同小组分别设计办公室接待场景，做接待访问模拟演示（见表 3-6）。

表 3-6　接待访问模拟

演示项目	实践要求	评　价
场景 1：引领进门	手势规范；方式正确；敲门合礼；热情有礼	
场景 2：接待来访	问候有礼；热情招待；交谈有态；举止得体	
场景 3：送别客人	挽留有道；握手适时；送别到位；安排有方	

子任务 4　礼貌乘坐交通工具

任务情境

上海恒信科技有限公司召开了一次全国客户联络会，公司的江总经理带着秘书陈小姐亲自驾车到浦东机场迎接来自香港斯诺集团的周总经理。为了表示对周总的尊敬，江总请周总坐在轿车的后排，并让陈小姐在后排作陪。

周总到宾馆入住后，对陈小姐说，明天上午八点的会，我会自己打车到现场，就不麻烦你们江总亲自来接啦。

学生讨论

① 周总为什么会这样说？

② 请你谈谈对往来迎送中乘车礼仪的看法。

布置任务

① 以小组分角色扮演江总、秘书陈小姐和周总，江总在座位安排上有什么不妥？

② 如果你是秘书小陈，你应该如何做好乘车安排？

知识链接

现代社会，人们的生活节奏越来越快，要求的效率也越来越高，人们几乎每天都要与各种各样的交通工具打交道。利用交通工具，使人们在很短的时间内到达工作岗位、谈判地点、旅游胜地、异国他乡。作为职场人士，学习乘坐各种交通工具的礼仪非常重要。

一、乘坐飞机的礼仪

现在，飞机已经成为国人普遍的交通工具。在所有正规的交通工具之中，飞机最为舒适，其档次也最高。乘坐飞机时，必须认真遵守以下礼仪：

1. 礼貌登机、入座

① 登机时应当认真配合例行的安全检查。在进行安全检查时，每位乘客都要通过安全门，而其随身携带的行李则需要通过安检仪。对乘客或行李使用探测仪进行检查或手工检查时，乘客应当全力配合，不要无端指责安检人员。

② 按时登机，对号入座，进入机舱后保持安静。

③ 在飞机上放置自己随身携带的行李时，与其他乘客要互谅互让。当自己休息时，不要使身体触及他人，不要把腿、脚乱伸放或是将座椅调得过低，以免妨碍到后面的人。

④ 入座后，坐卧的姿势以不妨碍他人为好。如果感到闷热可以打开座位上方的通风阀，也可以脱下外衣，切忌打赤膊，更衣需去洗手间。

2. 文明乘机

① 上下飞机时，对空中乘务员的迎送问候有所回应。

② 尽快就座，不要在通道内停留，以免影响其他乘客通行。

③ 当“系好安全带”的信号灯亮时，要迅速系好安全带。

④ 认真听取关于氧气面罩、救生衣和紧急出口等例行公事的说明。

⑤ 坐好后，可以和邻座乘客打招呼，做简单的自我介绍，切忌喋喋不休，以免影响他人休息。

⑥ 在飞机上，洗手间不分男女，尽量减少占用，使用完毕应自行清洁整理。

⑦ 在飞机上进餐时，主动将座椅椅背调至正常位置，以免影响后排乘客进餐。享用免费食品也要量力而行，不要抱着不吃白不吃的心理，开怀大吃，不醉不休。

⑧ 不乱动飞机上的安全用品及设施。

⑨ 保持舱内整洁卫生，因晕机呕吐时，应使用机上专用的呕吐袋；飞行过程中尽量不要脱下鞋子以免异味影响他人；如果是长途飞行，脱下鞋后应在外面再罩上护袜；与他人交谈时，说笑声切勿过高；机上读物阅读后整齐放入面前插袋；需要找乘务员时，可以按呼唤铃，

不宜大声喊叫，接受乘务员服务应致谢。

⑩ 飞机未停稳时不要抢先打开行李舱取行李，以免行李摔落伤人。

⑪ 按次序从前排开始依次走出机舱。

⑫ 乘机时不得违规携带有碍飞行安全的物品。通常规定：任何乘客均不得携带枪支、弹药、刀具以及其他武器，不得携带一切易燃、易爆、剧毒、放射性物质等危险物品。

【小贴士】

为乘机人送行时，可说“一路平安”等祝语，不宜说“一路顺风”（飞机需逆风起飞）。飞机上救生衣是飞机遇险，在海上迫降时供乘客逃生使用的，切勿随意打开或带下飞机。

二、乘坐轿车的礼仪

轿车是商务活动中最为常见的交通工具。有关乘坐轿车的礼仪，主要包括上下车的顺序与乘坐时的座次安排两个方面的内容。而轿车的类型不同，乘车时座次的排列也大为不同。

1．上、下车的顺序

一般情况下，上下轿车时，应该让尊者、长者、女士先行上车；下车时，地位最低者先下。如陪同客人同乘一辆车时，客人先上车、后下车。

2．女士上下车的姿态

女士上下车的姿态要得体。

① 女士上车：先轻轻坐在座位上，然后再将双腿一同收进车内。

② 女士下车：要双脚同时着地，切不可一先一后。

3．乘坐轿车的座次原则

① 专职司机驾车时：右为上，左为下，后为上，前为下，如图 3-3 所示。

② 主人驾车时：前为上，后为下，右为尊，左为卑，如图 3-4 所示。

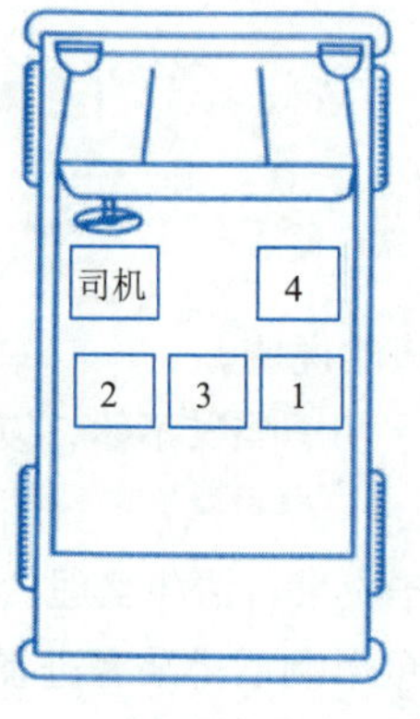

图 3-3　专职司机驾车座次安排

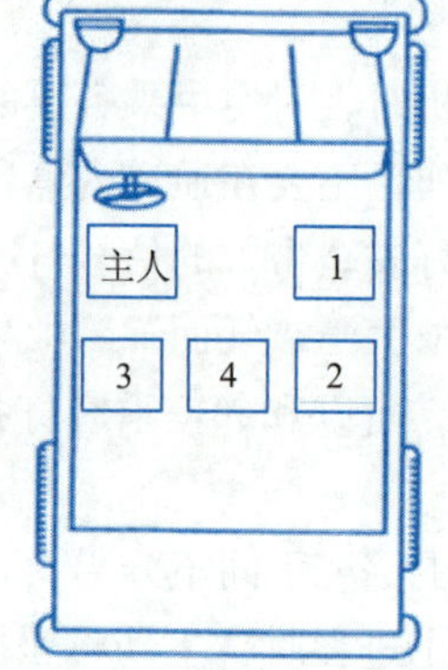

图 3-4　主人驾车座次安排

【小贴士】关于副驾驶入座需知

根据常识，轿车的前排，特别是副驾驶座，是车上最不安全的座位。因此，按惯例，在社交场合，该座位不适宜女性或儿童就座。在公务活动中，副驾驶座，特别是双排五座轿车上的副驾驶座被称为“随员座”，循例专供秘书、翻译、警卫、陪同等随从人员就座。

三、乘坐火车的礼仪

1. 持票上车

万一来不及买票，上车后应尽快补票。如果需要进站接送亲友，需要购买站台票。

2. 提前候车

因火车停靠时间短，因此乘火车要提前到火车站候车。在候车室等候时，要爱护候车室内的公共设施，不要大声喧哗，携带的物品要放在座位下方或前方，不抢占座位或多占座位，不要躺在座位上使别人无法休息。保持候车室内的卫生，不要随地吐痰，不要乱扔果皮纸屑。

3. 排队上车

进入站台后，要站在安全线后面等候。等火车停稳后，方可在指定车厢排队上车。上车时，不要拥挤、插队，不应从车窗上车。乘火车一定要乘坐车票上所指定的车次，为了避免乘错车，在上车时要核对自己所乘车次。

4. 对号入座

有次序地进入车厢，对号入座。行李应放在行李架上，不要放在过道上或小桌上。

5. 文明乘车

在座位上休息时，不要东倒西歪，不要躺卧在座席上、茶几上或过道上。不要靠在他人身上，不要脱掉鞋子甚至将脚放到对面的座位上。不要在车厢内吸烟，不随地吐痰，不乱扔果皮纸屑。注意洗手间的清洁。

【小贴士】乘坐出租车的礼仪

乘坐出租车时，应站在所去方向的道路右侧，在司机容易看到的地方扬手招车，切忌在前进方向的左侧、十字路口、车辆进出口且人流密集的道路以及交通法规规定禁止停车的地方招车。出租车靠边停稳后，应及时从右边前后车门上车，关好车门并告知司机目的地。若携带的行李较多，则应请出租车司机打开后盖，将行李放好。

实践操作

小李受上司委托在浦东机场迎接一位公司的重要客人。“欢迎、欢迎”，小李嘴里说着，并不主动伸手，等客人伸手了，小李才与之相握。小李一把拿过客人的行李，放入汽车的行李箱，接着引导客人到副驾驶座位上，说：“坐在这里视野好。”而后，自己坐到副驾驶后面的座位上。一路上，小李非常关心地询问了客人所在公司的情况，并饶有兴致地打听客人的收入、福利和家庭情况，这位客人明显对这翻言谈非常不满，话越来越少。小李有点摸不着头脑，心想我这么殷勤地对待他，他怎么……

你认为小李的举止是否合乎礼仪？为什么？小李应该怎么做才是正确的？请同学以小组的形式，进行讨论并总结陈述。

拓展实践

秦皇岛职业技术学院旅游系将于两个月后，举办酒店管理专业关于课程体系建设实践专家研讨会，将有来自秦皇岛四星及四星级以上酒店、全国连锁餐饮企业的行业专家十人到场。请同学们结合所学为秦皇岛职业技术学院旅游系办公室进行接待设计。

要求：

① 小组为单位，撰写接待方案并做成 PPT 演示。

② 考核要求：小组分工明确；方案完整全面，有可操作性；讲解语言流畅，仪容仪表规范，仪态大方。

职场商务交际礼仪

项目情境

小李来到这家公司公关部工作有三个多月的时间了，感觉这份工作做起来还是蛮得心应手的，还没有遇到什么难完成的问题。因此，经理决定给小李安排一个艰巨的任务：由小李来负责公司近期的一次与其他公司的商务洽谈会。小李从来没有负责过此类型的活动，实在不知道从何入手，从朋友那里学习了经验后，才发现自己有许多事需要了解：如何接待对方公司，双方见面时如何介绍，会场如何选择，座位如何安排，如何提供会场服务，餐饮安排应该注意什么，等等，各方面的事情都需要小李来一一了解和实施落实，突然觉得应该找本书来学学这些了。

作为现代职场人士，将如何应对职场商务活动？无论是主角还是配角，都需要学习和掌握职场商务交际礼仪，以便更好地在职场环境充分发挥自己的特长，做到如鱼得水。

通过本项目的学习，学生能够自如地进行商务会面、正确地进行介绍、递接名片和行握手礼；能够规范地邀约商务往来对象和应邀，并做到礼貌拜访客户；能够合礼安排宴会和出席宴会活动；能够周道地完成会议筹备、安排服务工作及礼貌地出席会议。通过本项目的学习和训练，提升自己商务交往能力，为未来尽快融入职场奠定坚实的基础。

任务 1 商务会面礼仪

能力目标

- 能够恰当地称呼他人及礼貌地打招呼。
- 能够正确地介绍自己和别人。
- 能够规范自如地握手和递接名片。

王伟作为A公司李总的秘书，负责接待B公司张总一行。这是两公司关于洽谈合作事宜的一次会面。张总进门后，王伟主动迎上前去，说道：“张经理，欢迎您来到我们公司，李总正在等您。”并引领其到会议室与李总会面。

见面后，王伟向张总介绍：“李总，这是B公司的张经理。”然后又将李总介绍给了张总。

双方问好后，气氛似乎有些尴尬，前来拜访的张总便主动伸手欲与李总握手，但刚巧李总未能注意，张总只好把手又放下，并从西装内口袋里拿出名片夹，将名片双手递送了过去，李总一边用左手接过名片，一边用右手从西裤口袋里拿出名片递给了张总，张总双手接过，把名片摆正后细心地观察名片上的内容，轻声朗读，并表示以后常联系。

双方交谈结束后，张总表示要回去考虑后再做回复。第二天，B 公司打来电话，表示暂时不会与 A 公司进行进一步合作。

请同学们思考：为什么 B 公司最终会选择不与 A 公司合作？ A 公司的李总和他的秘书王伟在这次会面过程中出现了哪些问题令 B 公司的张总不满意？

有人说“在人与人交往中，礼仪越周到，运气越好！因为谦恭有礼，人人欢迎”。商务礼仪在现代社会已经成为职场必不可少的交流工具。

子任务 1　恰当称呼交际对象

任务情境

朱师傅年近 60 岁，工作经验丰富，在同事中的口碑也不错，但职位却一直没有晋升的迹象。单位里的胡师傅比朱师傅晚入职五年，年纪也比他小，还曾经是他的学徒，但目前已经晋升为部门经理。两个人每次碰面都有些不自在，朱师傅有时候在称呼上加上“胡总”这样的尊称时，更让人感觉他是在说反话，话里带着刺。再后来朱师傅认为自己年纪也不算小了，再过两年也即将退休，索性就直接以“小胡”称呼胡经理。

学生讨论

朱师傅做法合礼吗？谈谈理由。

布置任务

如果你是朱师傅，你会如何称呼胡经理呢？

知识链接

称呼，是指人们在交往过程中对彼此的称谓语，是交际语言中的先行官，是沟通人际关系的桥梁。一声得体且充满感情的称呼，不仅能体现出称呼者的文化素养和礼仪修养，更能使对方感到愉快、亲切，致使双方沟通融洽，因此称呼可以说是交谈前的“敲门砖”。

一、商务场合中称呼的类别

1. 泛尊称

男性统称“先生”；但有特殊情况，对学问高深的知名女士，我们也可以尊称对方为“先生”，如“冰心先生”。

女性分别称“女士”（对女性婚否不清楚）、“小姐”（未婚或不了解其婚否者）、“夫人”（特指有一定政治地位、身份较高的已婚女性，如“撒切尔夫人”）或“太太”。

对于泛尊称前可以加入姓名、职衔、军衔等一同使用。例如，“威廉先生”“凯特小姐”“詹姆斯太太”“撒切尔女士”“总统先生”“大校先生”，等等。

2．职务性称呼

在商务场合中，以对方所任职务相称，表示对其身份的尊重和敬意，是最常使用的一种称呼方式。例如，称呼对方为“经理”“董事长”“主管”等。

此类称呼前可加入姓氏或姓名来使用，例如，“李经理”“王总”“赵宏董事长”等。

3．职称性称呼

在商务场合中，如果交往对象无地位较高的职务，但拥有高级的专业技术职称者，可以对方职称相称，同样有表示对其身份的尊重和敬意。例如，“教授”“副教授”“工程师”等。

此类称呼前也可加入姓氏或姓名来使用，例如，“王教授”“李雪工程师”等。

4．学术性称呼

在商务场合中，以对方所取得的学位或在学术领域取得的称号来称呼，可以显示被称呼者的权威性。例如，“博士”“院士”等。

此类称呼前仍可加入姓氏或姓名来使用，例如，“郑博士”“袁隆平院士”等。

此外还可以将其具体化，前面加入所属学科或机构，后面加入姓名，此种称呼最为正式。例如，“医学博士李佳”“中国工程院院士袁隆平”等。

5．职业性称呼

在商务场合中，有时也可以被称呼者所从事的具体职业来称呼。例如，“老师”“医生”等。

此类称呼前也可加入姓氏或姓名来使用。例如，“董老师”“李贤医生”等。

6．姓名类称呼

在商务场合中，此类称呼不常用，仅用于与相熟的、地位相同的合作伙伴、同事之间以及上司称呼下属。共有三种称呼方式：

① 直呼姓名。一般适用于同学、同事、朋友之间。

② 只称呼其姓，不称呼其名。通常会在前面加入“老”“大”“小”等。例如，“小李”“老张”等。

③ 只称呼其名，不称呼其姓。适用于关系特别好的朋友和同学，也适用于长辈对晚辈。

7．“老”的称呼

对于年纪大的知名人士、学问高深的老人，我们可以尊称对方为“老”。例如，“李老”“方老”等。

此类称呼前直接加姓氏，表示对长者、学者、长辈的敬重之情。

此外，在称呼中还要注意国别性差异。

英语国家：名前姓后，女子婚后姓夫姓。“马格丽特•撒切尔”撒切尔为夫姓。姓名前加小字表明起名沿用了父或父辈之名。与美英人士交往一般在其姓氏前加先生、小姐、女士，熟悉的也可以直呼其名。

俄罗斯的人名由本名、父名、姓三部分组成，女子婚后也随夫姓。如“米哈伊尔•谢尔盖伊维奇•戈尔巴乔夫”。在俄罗斯，口头称呼中一般只称呼姓氏或本名。

日本的人名与中国人名顺序一样，但日本的人名较长，称呼时需要分清姓和名。

二、商务场合中称呼的禁忌

1. 使用错误的称呼

前面案例中，王伟就将B公司李总经理的职务错误地称呼成“李经理”，造成了不必要的麻烦。所以准确称呼他人，在商务会面场合中十分重要。

常见错误称呼情况：

（1）误读

在商务场合中，表现为将被称呼者的姓名读错。例如，将姓氏中的仇（qiú）读成（chóu），将查（zhā）读成（cha）等。如果想要避免这种情况，就一定要提前做好准备，对交往对象提前了解，必要时应该主动询问对方，切不可不懂装懂。

（2）误会

主要是指对被称呼者的年龄、辈分、婚否以及与其他人的具体关系作出了错误判断。例如，称未婚女士为夫人。

2. 不恰当的行业称呼

一些行业性的称呼可以体现对于被称呼者的尊敬，例如，“老师”“警官”等。也有些行业称呼会让被称呼者产生被贬低的感觉，称之为不恰当的行业称呼，则应该在商务场合中避免。

3. 世俗的称呼

在商务场合中，一些世俗的称呼应避免出现。例如，“美女”“帅哥”，以及逢人便称呼“老板”等。

4. 不通行的称呼

由于在商务场合中，经常会与不同地区、不同国家的人员进行交流与往来，因而一些并非国际通行的称呼应避免使用。例如，中国人习惯称呼丈夫或妻子为“爱人”，但西方人则认为“爱人”的含义为“第三者”；东北人习惯称“伙计”，南方人会误认为打工的。

实践操作

情景一：参照任务情境，王伟迎接B公司的张总时，“张经理，欢迎您来到我们公司，李总正在等您。”

情景二：一位西装革履的男士进入一写字楼，问前台秘书小姐：“这是四方公司吗？”秘书小姐不理。这时，有两个客户走进来，秘书小姐说：“李总、王总，我们经理正等您呢”……

思考并回答：以上两个情境，王伟与这位秘书小姐在迎客称呼上有什么不同？秘书小姐为什么不理睬西装革履的男士？

要求：以小组为单位分别担任各角色，上台试演你们纠正后的情境一，同时，请小组同学将情景二续演并进行更正。

子任务 2　得体打招呼

任务情境

小李是一名刚刚步入工作岗位的职场新人，由于性格内向，他在公司里负责一些文案工作。小李的文字能力和整理能力都很出众，文案工作也做得有声有色，但每次见到经理或者是其他中高层的领导，小李总是能躲则躲，从没主动与其打过招呼。如果实在躲不过了，小李也始终张不开口打招呼，每次都是领导先与其打招呼，他尴尬地涨红了脸点头。可小张就不一样了，每次见到领导或其他员工都主动微笑打招呼，很快就与公司上下变得熟悉了。

同一批进入公司的员工工作满一年了，公司刚好最近有晋升的机会，上层也有意从新进员工中提拔几名工作能力较强的进入管理岗位。经过综合考虑后，晋升岗位名单下来了。小李发现，与其在同一岗位的小张得到了晋升。小张平时工作并没有小李做得出色，甚至还有几次在整理文案的时候出了小的差错。小李很是苦恼，自己到底什么地方比小张欠缺？为什么没能得到晋升的机会呢？

视频

行进间问候礼仪

学生讨论

小李为什么没能得到晋升的机会？

布置任务

为情境中的小李总结与领导及客户打招呼一般有哪些方式。

知识链接

打招呼是人们见面时最常见的礼节，它发生在瞬间却影响久远。一句简单的“早上好”，一个微笑的点头致意，都能表达出对他人的尊重。

一、语言致意

在环境允许的情况下，使用语言向交际对象致意是最为常用的方式。其中，“您好”是最常用的问候语，适用于任何场合、任何时间，但也应根据具体时间和地点，选择合适的问候语。

例如，在职场中，作为接待员可对初次见面的客人说：“您好，欢迎光临”；在商务场合里，也可选用“您好，见到您很高兴”；如果是已经认识的老客户，则应该称呼：“王女士（王先生）我一直在此恭候您的到来。”一天中，不同时间的问候要运用不同的问候语，如“早上好”“您早”“中午好”“晚上好”等。

二、点头致意

在商务场合，遇到熟人，但人多不便于与对方交谈（如会议室内或他人正与其他人交谈时）可采用点头致意的方式与其交流。还有，如果同一场合再次（或多次）见面，可以向对方行点头礼。

行礼时，面带微笑，头部向下轻轻一点。点头时，速度不宜过快，幅度不宜过大，也不要反复点头。

三、举手致意

举手致意也是在公共场合广泛采用的一种打招呼的礼节，它更适用于向距离较远的熟人打招呼。例如，观看演出时，如果遇到交际对象在相隔较远的位置，则可在会场内行举手礼。

行礼时，举起右手臂，掌心面向对方，五指并拢，目光注视对方，轻轻向左右晃动一两下，摆动幅度不宜过大，也不可来回反复摆动。

四、鞠躬致意

鞠躬礼源自中国，目前在日常的见面礼节中已不多见。国内主要用于公共场合表示欢迎和感谢，或用于颁奖、演出、婚礼和悼念等活动。这种礼节在日本、韩国十分盛行。

行礼时，必须脱帽，双腿立正，以腰为轴，上体向前倾。男士双手侧放于身体外侧；女士双手置于腹前。鞠躬幅度越大，表示的敬重程度就越高。

一般的问候、打招呼鞠躬幅度为15°左右；迎客、送客表示诚恳之意时，鞠躬幅度为30°或45°；90°的大幅度鞠躬常用于道歉、悔过、特别感谢等特殊情况。

视频

鞠躬礼仪

图4-1　鞠躬

五、欠身致意

在商务场合中，有时也需要采用欠身致意的方式。例如，在召开会议时，如果你作为与会人员，当主持人对你进行介绍时，则应采用欠身致意的方式向与会其他人员点头或举手致意。

行礼时，上身微微向前鞠躬，不必完全站起来。

六、拥抱致意

拥抱礼是西方传统的礼节形式。人们在见面、告别，表示祝贺、慰问和欣喜时，常采用拥抱礼。

行礼时，两人正面相对站立，各自举起右臂，将右手搭在对方的左肩后面；左肩下垂，左手扶住对方右腰后侧。首先是各自对方的左侧拥抱，然后右侧，最后再次左侧，拥抱三次礼毕。

在一般场合行此礼，不必如此讲究，次数也不必如此严格。

实践操作

要求：根据所学，每小组从以下职业岗位选择至少三种（见表 4-1），自拟场景进行致意礼的运用，并小组自评互评，提供建议。

表 4-1

职业岗位	场景描述	自评阐述	互评建议
商务人员			
政务人员			
银行职员			
商场职员			
教师			
酒店服务员			
导游人员			
航空服务员			
护理人员			
文秘			
…			

子任务 3　正确地自我介绍和介绍他人

任务情境

美琳是一名大二的学生，一天，她与妈妈一起逛商场。正当她和妈妈选购一条裙子的时候，美琳发现她的辅导员张老师也在同一柜台选衣服。张老师三十出头的年纪，在学校时一直对美琳照顾有加，特别是刚入学的时候，美琳还记得有好多次遇到困难都是张老师给她提供帮助并渡过难关。于是她赶忙迎过去，和张老师打招呼。妈妈看到后也走过来，想看看是怎么一回事。美琳意识到应该为双方做个介绍，但是她却犯难了，妈妈是她最亲的长辈，张老师是她尊敬的师长，她应该如何做介绍呢？

学生讨论

美琳应该先将谁介绍给谁？为什么？

布置任务

在进行他人介绍时，介绍的顺序是如何确定的？请演示美琳如何正确地介绍妈妈和老师认识。

知识链接

在交际礼仪中，介绍是非常重要的环节。通过自己主动沟通或者通过第三者从中沟通，从而使交往双方互相认识，建立联系。如果能正确地利用介绍给对方留下良好的第一印象，不仅能扩大自己的交际范围，而且有助于自我展示、自我宣传。

一、自我介绍

1. 内容

根据场合的不同，自我介绍包含的内容、形式也不同，在商务场合中经常会使用到的自我介绍方式有以下几种：

（1）应酬式

用于一般交际场合。例如，出席宴会时遇到同行业内已互相有所了解的人员，可简单介绍自己，“您好！我是刘易阳。”

（2）公务式

商务场合较为常用的自我介绍的形式。一般包括本人姓名、任职单位以及所在部门、职务或从事的具体工作等。例如，“您好！我是王国庆，现任金陵集团的总经理。”“您好，我叫陈颖，现在在庆阳有限公司负责销售工作。”

（3）礼仪式

适用于庆典、仪式等一些较为隆重的场合，内容不仅包括姓名、单位、职务等，还包括一些谦辞、敬语，以表示对交往对象的敬意和友善。例如，“女士们、先生们，大家晚上好！我叫肖琨，是奔腾公司公关部经理。在此我谨代表本公司热烈欢迎各位来宾能够光临我们的十周年庆典活动，感谢大家一直以来对本公司的大力支持！”

（4）社交式

适用于面试等场合。除了上述介绍内容中包括的姓名外，还可介绍以往的工作经历、个人能力、兴趣爱好等有助于对方了解其个人情况的内容。同时可以采用幽默的方式或谐音来解释姓名，使介绍生动有趣，便于记忆。

2. 时间

自我介绍的内容力求精练，即便是完整式的介绍也应控制在一分钟以内。

3. 态度

（1）自信

在进行自我介绍的过程中，应敢于正视对方的眼睛，语气自然、友善、平和，以体现出个人的自信，加强他人对其的信任程度。

（2）真诚

在自我介绍中表述的内容一定要真实可信。不必过分谦虚，也切忌过分夸大，以免给他人留下不自信或自大、不诚实的印象。

二、他人介绍

又称第三人介绍。在正式的会见场合，一般都是由第三人介绍。任务1情境中，王伟作为第三者为A公司的李总和B公司的张总进行的就是他人介绍。

1. 介绍者

在商务场合中，通常具有以下身份者可以充当介绍者：

① 商务交往中的专职人员，例如，任务情境中的文秘人员，还包括公关人员、礼宾人员等。

② 商务交往中的东道主，例如，作为宴请其他两家公司的东道主，应承担起介绍者的义务。

③ 熟悉被介绍双方的人，例如，作为人力资源部门的工作人员，当新员工与部门主管见面时，由于其熟悉双方人员，自然充当介绍者。

2. 介绍的顺序

为他人介绍时，应遵循：受尊敬的一方有优先了解对方的权利。也就是先称呼谁，谁就是尊者，后称呼者就是被先介绍的人。在商务场合中，具体情况如下：

① 先把身份、地位或职务低者介绍给身份、地位或职务高者。

② 先把年轻者介绍给年长者。

③ 先把男士介绍给女士。

④ 先把晚到者介绍给早到者。

⑤ 先把家人介绍给同事或朋友。

在社交场合，无论男女老少一般以社会地位与职位高低作为社会礼仪的衡量标准。所以，优先考虑被介绍者的身份地位，以此来选择介绍顺序。当被介绍者都是同性别的，而又无法判断其年龄、身份和地位时，可按一定的顺序依次进行。

3. 介绍时的要求

首先，介绍者先用目光注视尊者并热情称呼尊者。

第二，介绍者右手五指并拢，掌心向斜上方，指向被介绍者，介绍另一方与对方认识。

第三，被介绍双方要欠身致意或起身站立，微笑注视对方。

第四，介绍完毕，被介绍双方依照合乎礼仪的顺序握手，并彼此问候对方。

他人介绍如图4-2所示。

图4-2　他人介绍

视频

介绍礼仪

三、集体介绍

集体介绍为他人介绍的一种特殊形式，是指介绍者在为他人介绍时，被介绍的任何一方或双方不止一人的情况。在商务场合中，我们也经常会遇到这样的情况。而此时，介绍顺序的选择就与被介绍双方都为一人的他人介绍有所不同，具体情况如下：

1．少数人礼让多数人

在商务场合中，当被介绍者的双方身份、地位大致相似或者难以确定的情况下，则人数较少的一方应礼让人数较多的一方，因而先介绍人数较少的一方，后介绍人数较多的一方。

2．受尊敬的一方有优先了解对方的权利

在商务场合中，如果被介绍的双方身份、地位相差悬殊，则无论双方人数多少，甚至位尊的一方仅为一人，都应按照他人介绍的一般原则，先介绍地位、身份较低的一方，后介绍地位、身份较高的一方。

3．人数较多的多方介绍

在商务场合中，经常遇到被介绍者不只是双方，而是多方。在这样的情况下，与双方他人介绍相反，应采取由尊到卑的介绍顺序，在介绍各方具体成员时也应是此顺序。

实践操作

按要求进行介绍礼仪演示（见表 4-2）。

表 4-2　介绍礼仪演示

序号	演示项目		实践要求	评　价
1	自我介绍	场景 1：朋友聚会	站姿端正；手势得体；目光有神；面带微笑；语音亲切；语言流畅	
		场景 2：面试应聘		
		场景 3：入职报到		
2	他人介绍	场景 1：同龄朋友聚会，有男有女，互相做他人介绍	确定好介绍者；注意介绍的先后顺序；姿态端正；手势规范；目光有神；面带微笑；语音亲切；语言流畅	
		场景 2：客户来公司拜见总经理，做相互介绍		
		场景 3：同事到家中做客，家有长辈，做相互介绍		

子任务 4　规范地行握手礼

任务情境

李总最近正为接待晨星公司的陈总忙碌着，陈总这次是以私人身份来秦皇岛市游玩的。虽然说是来游玩，但李总的公司与晨星公司计划数千万元的合作项目还没有敲定，因而李总对这次接待很是重视，提前为其安排了完整的旅行计划，并提供了最完善的接待服务。

陈总一家三口终于抵达了秦皇岛市，李总和家人一起前往高速路口迎接。刚一见面，李

总为显热情，主动上前与陈总一家握手并互道问候。可李总觉得，这是私人会面的场合，应该表现得越随意越亲切越好，因此左手插兜，只伸出右手与陈总握手。陈总见状没有说什么，只是也伸出手回礼握手，但脸上却有些不自然。

旅行结束，临走时，李总继续为陈总一家送行，并主动伸手与之握手表示希望能够与其合作，并预祝回程顺利。

一周后，对方公司来电话，说陈总还没有考虑好双方合作的项目，项目被无限期推后。

学生讨论

① 陈总为什么会要求再考虑一下合作事宜？

② 李总接待过程中有哪些失误？

布置任务

任务情境中李总与陈总握手时，应注意哪些细节？

知识链接

握手礼是在商务交往中最为常用的礼节，是沟通思想、交流情感、增进友谊的重要方式。握手多用于见面致意和鼓励、问候，也是久别重逢或多日未见的友人相见或辞别的礼节。文雅而得体的握手，令人愉悦、信任和愿意接受，握手礼的使用是否正确会直接影响这些情感的表达。

一、握手时伸手的顺序

和他人介绍一样，握手礼也很讲究伸手的顺序。原则：受尊敬的一方有权决定是否握手，也就是说应由位尊一方先伸出手来表示愿与他人握手，另一方则应予以响应，这体现了对位尊者的尊重。具体情况如下：

① 男女之间，女方先伸手。

② 长幼之间，长者先伸手。

③ 上下级之间，上级先伸手。

④ 已婚者与未婚者之间，已婚者先伸手。

⑤ 宾主之间，客人到达，主人先伸手，以示欢迎；客人告辞，客人先伸手，以示感谢。

在商务场合中，应优先考虑职位、身份的高低来决定谁先伸手。

握手时伸手的先后顺序，总原则：先考虑地位，然后年龄、性别、婚否。

在商务场合中，也有一种特殊情况，比如双方职位、身份相似，但其中一方是以主人身份接待另一方时，或者企业公关人员接待来访者时，则会变得比较特殊。

二、握手礼节要求

1．握手的姿态

握手时，双方应相距一米左右，握手双方双腿并拢，上身略向前鞠躬约 15°，自然伸出右手，手心向内，如图 4-3 所示。

2．手的姿态

图 4-3　握手

握手时，右手四指并拢、拇指伸开，手掌与地面垂直，手高度与对方腰部持平，然后与对方的手相握。

3．握手力度

一般情况下，以不握疼对方的手为限度，手指应微微用力，以便让对方感受到你的诚意。若想表示热情友好或感谢、嘱托，可稍加用力，但不可力度过大握疼对方。

4．握手时长

一般来说，握手的时间应控制在 3 秒左右，特别是对于初次见面的人或者异性，切不可时间过长，使人产生厌烦，也不应过短，使人感觉不热情。

【小贴示】握手的禁忌

- 不要用左手与他人握手。在交往中，用左手待人接物有失礼貌和尊重。
- 不要在握手时争先恐后。在使用握手礼时，应按照握手顺序决定谁先伸手。切不可争先恐后，造成交叉握手。
- 不要戴着手套握手。在握手时，如果佩戴手套，则应摘下手套后再与人握手，以表示对人的尊重。但是女士在出席重要场合时，随礼服搭配的薄纱手套不用摘下。
- 不要戴墨镜与他人握手。
- 不要在握手时一只手插在衣袋里。这样与他人握手，会让对方觉得你漫不经心，不尊重对方。
- 不要在握手时面无表情。
- 不要在握手时手掌不洁或患有传染性疾病。
- 不要与他人握手后立即擦拭自己的手。
- 不要拒绝与他人握手。

实践操作

按要求进行握手礼演示（见表 4-3）。

表 4-3　握手礼演示

演示项目		实践要求	评　价
握手礼	场景 1：同龄朋友聚会，有男有女，先做介绍后行握手礼	注意伸手的先后顺序；姿态端正；手势规范；握手力度；握手时间；目光有神；面带微笑；语音亲切；语言流畅	
	场景 2：客户来公司拜见总经理，做介绍后行握手礼		
	场景 3：自拟与长辈见面时的握手礼场景		

子任务 5　规范地递接名片

任务情境

某公司新建的办公大楼需要添置一系列的办公家具，价值数百万元。公司王经理已经做了决定，向 A 公司购买这批办公家具。

这天,A 公司的销售部负责人打电话来,第二天要上门拜访王经理。王经理自然同意见面，并计划等对方销售部负责人一来，便在订单上签字，定下这笔生意。

第二天，这位 A 公司的销售部负责人居然比预定的时间提前了 2 个小时到访，原来对方听说这家公司的员工宿舍也要在近期内落成，希望员工宿舍需要的家具也能向 A 公司购买。为了谈这件事，销售负责人还带来了一大堆的资料，摆满了台面。王经理没料到对方会提前来访，刚好手边又有事，便请秘书让对方等一会。这位销售员等了不到半小时，就开始不耐烦了，一边收拾起资料一边说 :“我还是改天再来拜访吧。”

这时，王经理发现对方在收拾资料准备离去时，将自己刚才递上的名片不小心掉在了地上，显然也没有发觉，最令王经理不堪的是，这位销售部负责人走时还从名片上踩了过去。

看起来，似乎只是对方一个不小心的失误，但是，这令王经理非常不满，于是马上决定改变初衷。A 公司不仅没有机会与对方商谈员工宿舍的设备购买，连几乎到手的数百万元办公家具的生意也告吹了。A 公司这位销售部负责人怎么也不会想到，居然是一个小小的名片“惹的祸”。

学生讨论

对方公司的总经理为何会取消合作?

布置任务

在使用名片时，应注意哪些礼仪？总结并分享。

知识链接

在商务交往中，名片是一个人身份的象征，当前已经成为人们社交活动的重要工具。商务场合中，我们总会和陌生的合作伙伴打交道，准备好名片及时送出是最基本的礼节。在名片的使用过程中，其递送、接收、存放都有规范的礼仪要求，处处体现互相尊重，因而要格外注意其使用过程中的礼仪。

一、名片递接时机

在递接名片时，首先要把握好名片递接的时机，一般在以下情况下可以相互交换名片 :

① 初次相识，双方介绍握手后，可以递上名片。

② 双方交谈融洽，表示愿意建立联系时，主动出示名片。

③ 双方告辞时，可顺手取出名片递给对方，以示愿意结识对方并希望能再次相见，这样可以加深对方对你的印象。

④ 对方主动索要名片时。

⑤ 个人信息有变更时。

二、名片的准备

参加各种正式活动，应当随身准备好名片。

1. 放入专门的名片夹内

准备名片时，不能将自己的名片和收到的名片混装在一起，以致在递接名片的过程中，反复翻找，这样对方会感觉没有诚意，有损自己的交际形象。

2. 放在容易取出的位置

名片夹要放置在容易随时取出的位置，可以放身上或手包中。如果放在身上，注意不能放在胸线以下的位置，更不能从屁股后面的口袋掏出来，这样是极为无礼的。

三、名片的递送顺序

在交换名片时，要注意递送的顺序，一般情况下，地位较低的一方应主动先将名片递送给地位较高的一方，男性先向女性递送名片，拜访者先向受访者递送名片。当对方不止一人时，应先将名片递给职务较高或年龄较大者；或由近及远递送，切不可跳跃式地越过一人或多人递送，以免对方误以为有厚此薄彼之感。

四、递送名片时的礼节要求

① 姿态大方、得体，态度诚恳，双眼注视对方，面带微笑，表情谦恭有礼。

② 递送名片时，与对方正面相对，间距一米左右，立正站好，身体微微前倾。

③ 用双手拇指和食指分别持握名片上端的两角，名片正面面向对方，恭敬递上，如图 4-4 所示。

④ 也可以右手拇指和食指持握名片上部中间位置递送，需要明确，只限于左手不方便的情况，要求尽量使用双手递送，切忌左手递送。

⑤ 递送高度应以有利于对方阅读位置为准。

⑥ 递送过程中伴以谦恭语，例如，“这是我的名片，请多指教”“今后常联系”等。

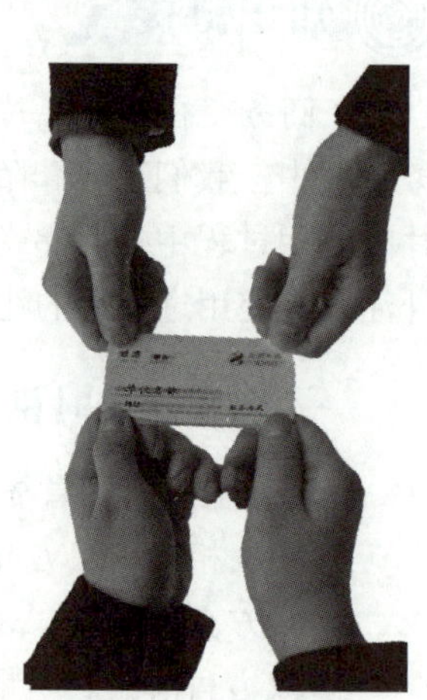

图 4-4 递接名片

五、接受名片时的礼节要求

① 姿态大方、得体，态度恭敬，双眼友好注视对方，面带微笑，表情诚恳有礼。

② 接受名片时，也应与对方正面相对，间距一米左右，若是坐着，应当尽快起立或欠身接受，身体微前倾。

③ 用双手拇指和食指分别持握名片下方两角，态度毕恭毕敬，让对方感受到你对名片的兴趣，如图 4-4 所示。

④ 也可以右手拇指和食指持握名片下端中间位置接收，需要

明确，只限于左手不方便的情况，要求尽量使用双手接受，切忌使用左手。

⑤ 接到名片时，要致谢，同时一定要认真看一下，以示对对方的尊重。

⑥ 接到名片可以微笑默读，也可将对方姓名、职务等念出声来，同时看看对方的脸，使对方产生一种受人尊重的满足感。

⑦ 若需要当场交换名片，最好在收好对方名片后再将自己的名片递过去，切不可左右开弓，一来一往同时进行。

六、名片的存放

① 无论是自己的名片还是接过的他人名片，都不可随意存放，而应放入名片夹内，并将名片夹放置在西服左胸内侧口袋或公文包内。

② 切忌将名片放在裤袋内、钱包内或其他地方。

③ 接到对方名片一定要回，以表示自己很愿意与对方相识，如果确实没带或没有名片，要委婉道歉。

④ 在当面交流之后，应对接收的名片按照姓名、职业或地区等加以整理收藏，以便以后利用。

实践操作

以小组为单位进行名片递接练习并相互评价（见表 4-4）。

表 4-4　名片递接练习

演示项目		实践要求	评价
名片礼	场景 1：自拟角色，同桌之间相互交换名片	递送和接收的礼仪要求	
	场景 2：拜见某公司业务经理，相互交换名片	加入取出与存放名片的礼仪要求	
	场景 3：在会客厅与多人交换名片	根据自拟角色选择由尊至卑还是由近及远交换名片；其他要求同上	
	场景 4：在餐桌上与多人交换名片	按顺时针顺序交换名片；其他要求同上（注意灵活）	

拓展实践

以小组为单位，以下列地点为场景，自设情境，进行完整的商务交际活动演示。

地点：酒店咖啡厅或公司会议室。

要求：有问候、打招呼、介绍、握手、名片递接所有环节，情境设计完整，符合礼仪规范。

任务 2　商务往来礼仪

能力目标

- 能够正确邀约商务往来对象并礼貌接受邀请。

- 能够规范接、发电子邮件。
- 能够做到礼貌拜访客户。
- 能够正确地选择和赠送礼物。

世纪集团的总经理刘峰先生十天前接到来自万维集团胡总的请柬，邀请他于 11 月 5 日于本市华贸喜来登酒店出席该集团成立 15 周年的庆祝酒会，收到邀约后，刘总经理由于工作原因一直未能予以答复。一周后，刘总秘书接到来自万维集团的电话，询问刘总是否能够出席酒会，而恰逢刘总出差在外，秘书答应其回来后予以答复。刘总返回公司后，秘书小李因为事情繁忙忘记将接到询问电话一事转达刘总，刘总也忘记了邀约一事。几个月后，刘总在生意上遇到问题，需要万维集团的帮助，可每次电话打过去之后，都被秘书告之胡总不在公司或正在开会。

请同学们思考：胡总为何不理刘总？当接到邀请时应如何应对？世纪集团的刘总和他的秘书在哪些地方做错了？

现代职场中，商务往来是司空见惯的事情，我们该如何正确、规范地参与商务交往活动，不至于产生误解而自如应对呢？

商务活动的内容极其丰富，涉及的范围也十分宽广，那么，商务活动中的礼仪知识也就非常的多而庞杂，每一个人都应该了解和学习一些商务往来中的礼仪知识，提升自己的职场交际能力。

子任务 1　礼貌邀约客人和应邀

任务情境

某机关定于 10 月 10 日在单位礼堂召开总结表彰大会，发了请柬邀请有关部门的领导光临，在请柬上把开会的时间、地点写得一清二楚。接到请柬的几位部门领导很积极，提前来到礼堂。结果发现会场布置不像是要开表彰会的样子，于是便询问缘由。礼堂负责人告知，今天上午礼堂开报告会，某机关的总结表彰会改换地点了。几位领导感到莫名其妙，个个都很生气，改地点了为什么不重新通知呢？一气之下，都回家去了。

事后，会议主办机关的领导解释说，因秘书工作粗心，在发请柬之前还没有与礼堂负责人取得联系，一厢情愿地认为不会有问题，便把会议地点写在请柬上，等开会的前一天下午去联系，才得知礼堂早已租给别的单位用了，只好临时改换会议地点。但由于邀请单位和人员较多，来不及一一通知，结果造成了上述失误。尽管领导之后也道了歉，但造成的不良影响一时也难以消除。

学生讨论

发生这样失误的原因是什么？

布置任务

在发送请柬时应注意哪些问题?

知识链接

在商务交往中，出于各种各样的实际需要，商务人员需要对一定的交往对象发出邀请，邀请对方出席某项活动，或是前来我方做客。这类性质的活动，被商务礼仪称之为邀约。在民间，邀约有时还被称为邀请或邀集，站在交际的角度上，它实质上是一种双向的约定行为。无论是邀请者，还是被邀请者，都必须把邀约当作一种正规的商务约会来看待，绝对不可掉以轻心。

邀约有正式与非正式之分，正式的邀约，既讲究礼仪，又要设法使邀请者备忘，故此多采用书面的形式。非正式的邀约，通常是以口头形式来表现的。相对而言，它会显得随便一些。

一、邀约的方式

1. 请柬邀约

请柬邀约，在邀约方式中是最正式、档次最高，也是最为常用的一种方式。一般情况下，凡是精心安排组织的大型活动或仪式，如酒会、庆典、舞会、大型宴会、发布会等，都会采用此种方式邀请宾客，以显示活动的档次和重要性。

（1）请柬的样式

请柬又称请帖、简帖，是为了邀请客人参加某项活动而发的礼仪性书信。一般有两种样式：一种是单面式，即直接由标题、称谓、正文、敬语、落款构成；一种是双面式，一般为折叠式，一为封面，写“请柬”二字，一为封里，写称谓、正文、敬语、落款等。有些请柬还会在正文函外带有封套，表示其私密性。请柬封面及内侧多采用红色，也可采用其他颜色，但民间忌讳用黄色和黑色。

（2）请柬的书写

在职场交往中所采用的请柬，基本上都是横式请柬。它的行文，是自左向右，自上而下地横写的。除此以外，还有一种竖式请柬，它是中国传统文化的一种形式，多用于民间的传统性宴请，它的行文则是自上而下，自右向左地竖写。

对外交往中使用的请柬，应采用英文书写。在行文中，全部字母均应为大写，应不分段，不用标点符号，并采用第三人称。

在请柬上亲笔书写正文时，应采用毛笔或钢笔，并选用黑色、蓝色的墨汁或墨水。内容上应包括活动时间、地点、形式、要求、联络方式及邀请人等项内容。

下面是较为规范的请柬正文的范例，在请柬的左下方注有“备忘”二字，意在提醒被邀者届时勿忘。请柬范例如下：

尊敬的刘峰先生：

谨定于××××年××月××日晚××时××分于本市华贸喜来登酒店宴会大厅举

行万维集团成立15周年庆祝酒会，敬请届时光临。

联络电话：(010) 6666888

备　忘

万维集团胡平

××××年××月××日

2. 书信邀约

一般称作邀请函、邀请信，相较于请柬邀约更为随便一些，故此它多用于熟人之间。在商务交往中可用几种方式传递。书写邀请信（函）行文要热情、诚恳。可能的话，应该打印，并由邀请人亲笔签名。

邀请信（函）内容一般由三部分组成：

① 被邀人的姓名，姓名之后加写先生、小姐或女士。

② 邀请的细节。邀请对方参加什么活动，邀请的原因，活动的时间、地点等安排。必要时，可要求对方回复。

③ 邀请方的署名位于邀请信（函）的右下角，同时注明时间。

此类邀约方式经常用于一些大型研讨会、展销会。书信邀约范例如下：

尊敬的昊海公司董事长王敬宇先生：

中华全国慈善总会等国内多家公益民间机构与国际联合劝募协会、美中贸易全国委员会共同发起的“跨国公司与公益事业高级论坛”（以下简称论坛）将于××××年××月××—××日在北京国际展览中心隆重举行。

在此，我们诚挚地邀请贵公司参加此次论坛及展示会，并真诚地期望贵公司为中国公益这一崇高的事业做出新的贡献！

期待着您的积极参与！

中华全国慈善总会敬邀

××××年××月××日

3. 电子邮件邀约

电子邮件邀约是目前运用比较广泛的邀约方式，是指以电子邮件的方式，借助互联网所发出的邀约。它的关键要求：一是被邀请者电子邮件地址必须正确无误；二是发送后必须有接收确认。

电子邮件在具体格式、文字方面做法与书信邀约大同小异，但由于它利用了现代化的通信设备，因而传递更及时、迅速。

二、邀约时间选择

对于受邀企业或个人来说出席各类商务活动都需要提前确定工作时间、做活动准备、确定人员等一系列的工作，因而邀约的时间一定要考虑到受邀者是否能够有充分的时间进行准备，也要考虑活动时间，确定太早会发生各种变故，造成不必要的麻烦，因而邀约时间应尽量控制在一个月以内、一周以上，选择适宜的时间邀约，才能够使活动顺利圆满进行。

三、应邀礼仪

任何书面形式的邀约，都只有在邀请者经过慎重考虑，认为确有必要之后，才会发出。因此，不管接到来自任何单位、任何个人的书面邀约，都必须及时、准确地进行处理。无论能不能接受对方的邀约，均需按照礼仪的规范，对邀请者待之以礼，给予明确、合礼的回复：或者应邀，或者婉拒。置之不理，厚此薄彼，草率从事，都是不礼貌的表现。

要做到正确、礼貌的接受邀请，主要有以下几点需要注意：

1．及时正确地答复

无论是以何种形式收到邀请，都应该在接到邀请后尽快回复，如果是书面邀请则应在三日内予以回复。

2．尽可能地参加

当收到正式的邀请函时，若没有特殊重大事件或临时突发事故，应尽可能参加。

3．回复形式要规范

回复的形式应以邀约形式为准，如果对方以书面形式邀约，则应以书面回函予以回复。接受邀约的回函范例如下：

尊敬的胡平先生：

世纪集团公司总经理刘峰先生非常荣幸地接受万维集团总裁胡平先生的邀请，将于××××年××月××日晚××时××分准时到达华贸喜来登酒店，参加万维集团成立15周年庆祝酒会。

谨祝酒会圆满成功，并顺致敬意。

世纪集团刘峰敬上

××××年××月××日

4．拒绝邀约要委婉

如果因事不能参加，必须事先向主人做礼貌说明。拒绝理由要充分，同时，在婉拒邀约时，勿忘记向邀约者表示谢意，或预祝其组织的活动圆满成功。婉拒范例如下：

尊敬的胡平先生：

我身怀歉疚地通知您，由于本人当晚将飞往香港洽谈生意，故而无法接受您的邀请前往华贸喜来登酒店出席贵集团15周年庆祝酒会。恭请原谅，谨致谢忱。

此致

敬礼

世纪集团刘峰敬上

××××年××月××日

实践操作

世纪集团将于12月25日在海景假日酒店举办周年庆典活动，根据所学，请拟定一份面向同行的邀请函。每个小组安排一个代表展示一份邀请函并小组互评。

子任务 2　合礼地网络通联

任务情境

今天是周末，李芳和好朋友出来逛街，聊天时好朋友请她帮忙在微信群发个办理健身卡的小广告，李芳想健身活动同事应该都需要，而且朋友的活动确实也很优惠，当即就把这个办理健身卡的广告发到了工作群里。中午时候李芳打开微信看到公司负责业务的王总在微信群里发了一个新的工作计划，因为是一个重要的项目突然需要提前赶进度完成，所以王总只好在周末发出来后 @ 了微信群里所有人。看到消息，其他同事都回复好的，并简单说了自己的工作进度或想法。李芳这时发现手机快没电了，就急急忙忙点了个 OK 的卡通形象表示收到，想着省点电，随手也关闭了网络。回到家已经很晚了，李芳边充电边打开网络，看到主管下午发来一条信息："你到群里看看你的回复，感觉好像你才是老总一样。"李芳赶紧语音回复："知道了，主管。"想想还是解释下好，然后又给主管发了一条语音解释自己当时的情况。主管当即回复她一个"无语"的表情包，李芳一脸茫然……

学生讨论

找出李芳在使用微信沟通过程中存在哪些不合礼仪的地方。

布置任务

在工作中使用微信应该注意哪些礼仪？

知识链接

在现代职业场合中，网络沟通方式已经日益广泛且频繁，已成为各企业、单位间最方便、快捷、最常用的通联方式之一。在网络高速发展的今天，作为职场人士，学习如何合礼地进行网络通联也变得十分重要。在应用不同的网络通联方式时，务必遵循一定的规矩。

一、电子邮件通联方式

在许多的网络通联方式中，收发电子邮件作为最基础却又最正式的一种，是每位职场人士都应谨慎对待的。

1. 撰写与发送电子邮件

在撰写和发送邮件时，应注意以下几点：

① 在工作场所使用网络办公时，所撰写的邮件必须是公务邮件，切不可公私不分，不可以单位邮箱作为私人联系途径使用。

② 应在地址栏内准确无误地输入对方邮箱地址，并应将所发送邮件的内容进行精炼总结，为邮件冠以适合的主题，以使对方对所收到的信息先有所了解。

③ 应按照信件或公文的格式和规则，将信件内容撰写在消息栏内上。一般情况下，公务邮件内容不宜过长，应言简意赅，以便收件人阅读。

④ 应使用礼貌规范用语，以表示对他人的尊重。

⑤ 避免发送无聊无用的垃圾邮件。

⑥ 要注意保守国家机密，不可发送涉及机密内容的邮件，不得将本单位、企业的邮箱密码转告他人。

2. 接收与回复电子邮件

在接收和回复电子邮件时，应注意以下几点：

① 应定期查询收件箱，最好在上班日每天查看有无新邮件，以免遗漏或耽误重要邮件的阅读与回复。

② 应及时对邮件进行回复，以确保信息的及时传递，使工作可以顺利开展。

③ 如因特殊原因未能及时接收回复邮件时，应立即补办具体事宜，尽快回复，并应向对方致歉。

④ 不可未经他人同意擅自将私人邮件进行转发。

3. 保存与删除电子邮件

电子邮箱有一定的存储量，因而不能将所有邮件长时间保存在邮箱内，应当重视其保存与删除。

① 应定期整理邮箱，对不同邮件分别予以保存或删除，以免邮箱空间不足。

② 对于较为重要的邮件，可采用其他形式更为安全的进行保存，例如，存储在硬盘或其他存储设备中，也可打印成稿，以公文形式保存。

二、社交软件通联方式

如今，社交软件已经成为职场人士必备的办公及业务往来工具，如何使其成为工作中事半功倍的帮手，而不是产生误解的新隐患，学会合礼地应用它们就显得尤为重要。

1. 通联方式的选择

现代社交软件在使用时可以有多种通联方式选择，主要可分为：文字信息通联方式、语音信息通联方式、语音通联方式、视频通联方式等。

在职场中，如果无法确定通联对方此刻的状态，应首选文字信息通联方式，方便对方阅读，同时提高信息内容的准确性。但要注意，因文字沟通方式降低了情感传达，易产生误会，应适当配合表情，增进情感沟通。

切忌在不确定对方状态的情况下发送语音和视频邀请，如确有必要，也应和对方确认或约定后再发送。还应尽量避免大段的语音信息，应充分考虑通联对方的感受。

2. 互加社交账号时的注意事项

随着职场中社交软件应用的逐步广泛，常常会需要与客户或者新的工作伙伴互加微信，这时应注意以下几点：

（1）先后顺序

在添加社交软件时，常常会应用到扫描二维码的方式。这时，应当请相对受尊敬的一方出示二维码，另一方扫描申请加好友。

（2）申请用语

在申请成为对方好友时，应问候并注明单位名称、姓名、职务、电话等，以方便对方通过并备注。

3．其他注意事项

① 与对方进行文字通联时，应避免以“你在吗？”“在不在”开头，容易造成对方潜意识里的心理负担。正确的操作是，问好并直接将需要沟通的事项表达清晰。

② 通联时间的选择上，应尽量在工作时间内进行沟通，除极特殊情况外应避免在休息时间使用社交账号进行工作沟通。

③ 即便是网络沟通方式，也要注重基本的礼仪礼节，文明用语。

【小贴士】微信群礼仪

① 微信工作群要有清晰的群名称。公司项目群最好一个群一个主题。

② 工作群成员，进群后先修改自己在群中的名片，标注清楚自己的基本信息。

③ 邀人进群时，首先要征得群主的同意，不能随便邀约与工作无关的人进入本工作群；如果想邀请某人进群，也要争得对方同意。

④ 工作微信群不能随意发布与工作无关的内容。

⑤ 可私聊的不群聊，避免干扰其他同事对工作信息的接收。

⑥ 群聊切记不要连续表情包“轰炸”。

实践操作

以小组为单位，互相发送电子邮件：

① 主题为：《感谢有你——相约礼仪课堂》；文字为100字左右。

② 评价标准：小组成员全员参与，每人有发送有回复；礼貌、准确。

③ 以截图为准。

子任务3　礼貌拜访客户

任务情境

胡森是一位刚大学毕业分配到利华公司的新业务员，今天准备去拜访某公司的宋经理。由于事前没有宋经理的电话，所以胡森没有进行预约就直接去了宋经理的公司。胡森刚进利华公司还没有公司制服，所以他选择了休闲运动打扮。到达宋经理办公室时，刚好宋经理正在接电话，就示意让他在沙发上坐下等一下。胡森于是往沙发上一靠，并跷起二郎腿，一边吸烟一边悠闲地环视着宋经理的办公室。在等待的时间里不时地看表，不时地从沙发上站起来在办公室里走来走去，还不耐烦地随手翻了一下放在茶几上的一些资料。

……

学生讨论

① 这次拜访成功的概率高吗？为什么？

② 胡森是否有他失礼的地方？在哪里？

布置任务

如果你是胡森，你认为应该如何做？依据情境有针对性地加以更正。

知识链接

拜访客户，是商务活动中不可缺少的重要环节。作为商务人员，要在思想上高度重视客户拜访工作，拜访前多做准备，做一个有计划的拜访者。

一、先期约定

在拜访他人之前，一般均应提前有所约定，不应随意进行顺访，尤其是在商务场合，更应事先与对方约定后再进行拜访，以免打乱对方计划，引起不必要的麻烦。不得已必须要突然拜访，至少在拜访前 5 分钟与对方电话沟通。

双方约定的内容应包括以下方面：

1. 约定时间、地点

在约定拜访时，一定要在两厢情愿的前提下，协商议定到访的具体时间与停留的具体时间长短及相约地点。应优先考虑主人提出的具体时间、地点，由客人提出方案时，应充分考虑对方感受。

① 办公室拜访：要在工作日时间，但不宜选择周一和周五，还应避开上班后的半小时及下班前的半小时。

② 居室拜访：最好选择节假日的前夕，避开午休及用餐时间。

③ 医院探视病人：要事先了解医院的探视时间，安排在医院规定的探视时间探视病人，不可贸然前往。

2. 约定人员

在约定拜访时，双方应事先向对方通报届时到场的具体人数及其各自的身份。通常情况下，双方参与拜访的人员一经约定，便不应随意变动，尤其是主要成员，否则会令主方打乱计划和安排，影响拜访效果。

二、做好准备

拜访都有一定的目的性，因此要事先做好准备。

1. 着装准备

① 居室拜访：着装一般以整洁、朴素、大方为主，不必过于华丽时尚，根据拜访的目的、性质来选择服装的颜色和款式，同时注重一些细节修饰，如面容清洁、鞋袜清洁等。

② 办公室拜访：应着正装或拜访者所在单位的制服。

2．物品准备

① 居室拜访，需要准备适宜的礼品。

② 办公室拜访都是以工作为目的的，拜访前一定要把所需要的资料准备充分，具体如下：

- 了解客户情况，拟定谈话内容。
- 准备足够的名片。
- 准备好所需的文字资料和电子资料。
- 必要时准备适宜的礼品。
- 熟悉拜访所在地的交通路线，以免迟到。

三、如约守时

约定拜访时间后，应认真遵守，轻易不要更改。如有特殊原因需推迟或取消拜访，应尽早通知对方，表示歉意，切不可让对方空等，并应在下次见面时再次表达歉意，并说明具体原因。

拜访时，应准时到达，既不宜早到，使对方措手不及，也不宜晚到，让对方焦急等待，浪费对方时间。

四、上门有礼

1．居室拜访

（1）先行通报

拜访他人，无论是居室还是办公室，进门之前都要敲门或按门铃。敲门动作要轻，一般每次敲三下，一轻二重，有节奏，不要“啪啪”乱敲一气。

（2）主动问候

与对方相见时，应主动问好，并与其握手。若初次见面，则还应做简短的自我介绍。如有礼品，可适时奉上，不要道别时再说。

（3）做客有礼

① 进门后要主动脱下外套，摘下帽子、手套，同随身所带物品放在主人指定位置，如需换上拖鞋，要将自己的鞋子放置整齐。

② 入座时，不要自己找座位，而要根据主人的邀请，坐在主人指定的座位上。如果拜访的是长者或者身份高者，应待主人坐下后再入座，不要抢先坐下，同时坐姿要讲究。

③ 主人上茶水时，应欠身双手相接，并致谢。喝茶做到慢慢饮茶，不要一饮而尽，也不要发出声音，茶具要轻拿轻放。

④ 主人递烟时，也应欠身双手相接，并致谢。如不会抽烟，也要致谢，并婉言谢绝。

⑤ 主人招待水果、糖果、点心之类，要先敬尊者、年长者，等年长者动手之后再取食，果皮、果核不要乱扔、乱放。

（4）言谈得体

拜访过程中，态度诚恳、言谈得体。

① 尽快接触实质性问题，讨论主题，不要让客套话、开场白占去太多时间。

② 紧紧围绕拜访主题，争取达到满意的目的和效果。

③ 除了拜访者主动交谈外，要时刻注意主人的态度、情绪和反应，注意尊重主人，把握好交谈技巧。

2．办公室拜访

① 双手递交名片给前台接待人员，并清晰、有礼貌地自报姓名、所在单位、要拜访的对象，有无预约。然后要耐心等候前台人员的通报。

② 被带进接待室后，先在下座的位子坐好，注意坐姿。在等待的时间内，要保持安静姿态，不要在室内来回走动，更不能乱翻乱动室内物品，这都是非常失礼的行为。

③ 当被访对象进来时，要起身打招呼，并对对方抽出宝贵时间来接待表示感谢。初次见面应互换名片，如有同行者，要主动进行介绍。

④ 与被访对象进行交谈时，一定要保持正确的坐姿，不能懒散地坐在坐具上，也不能随意地抖动双腿。与人交谈要注意交谈与聆听的礼仪。

五、适时告退

交谈时，要紧紧围绕商定的主题，要有高度的时间观念，尊重他人的时间，适时告辞。无论是居室拜访还是办公室拜访，逗留的时间都不宜过长，如果双方事先有约定，客人应认真遵守。如果无具体约定，通常一次拜访应以一个小时为限。

告辞要干净、利落。提出告辞后就应该付诸行动，即使主人再三挽留也不应多留。主人送出门时，应劝主人留步，行至居室门口或办公室门口，应请主人就此留步，并主动伸手握别。告别后，一定要再回头看一看主人是否还在目送。如果主人还未返回，应挥手向主人示意，以示最后谢意。

实践操作

以小组为单位，安排不同小组分别设计居家拜访和办公室拜访两个场景，做拜访与接待访问模拟演示，要求见表 4-5。

表 4-5　拜访与接待讯问模拟

演示项目	实践要求	评　价
场景 1：居家拜访	着装得体；上门有礼；适时告辞；道具适宜；附加项：待客礼仪表现	
场景 2：办公室拜访		

子任务 4　礼貌馈赠礼品

任务情境

张丽和孙超在同一个公司工作，两人是好朋友。张丽邀请孙超参加自己的婚礼，为了表达心意，孙超考虑要送给张丽一份特别的礼物。思来想去，孙超觉得鲜花既时尚又浪漫，最合适，而且要送红玫瑰，以表示对新婚夫妇甜蜜爱情的祝福。这天，孙超捧了一大束红玫瑰参加婚礼，可当他将花束送给张丽时，张丽面部表情发生了急剧的变化，迟疑地不肯去接鲜花，张丽的新婚丈夫则脸色难看，令孙超十分尴尬。显然，这件礼物引起了张丽丈夫的误解，破坏了他们新婚甜蜜的气氛，之后，张丽做了多番解释，才消除了他们之间的误会。

学生讨论

分析张丽丈夫不悦的原因。

布置任务

如果你是孙超，你认为应该选择何种礼物馈赠比较合适，为什么？

知识链接

馈赠，是指人们为了向他人表达某种个人意愿，而将某种物品不求报偿、不计代价地送给对方，有物质的，也有精神的。17 世纪，西班牙著名礼仪家伊丽莎白说过："礼品是人际交往的通行证。"馈赠礼品，是人们用物质的形式来表达相互祝贺、敬意、感谢、友谊、爱情、慰问以至哀悼等内心情感的一种方式，是国际上通用的社交活动形式之一，是商务活动不可缺少的交往内容。成功的馈赠可以恰到好处地向受赠者表示友好、尊敬，能够加深友谊，促进交往。馈赠礼仪是指在礼品选择、赠送、接受的过程中必须遵循的规范。

一、礼品的选择

1. 明确目的

选择礼品是用于迎接客人，还是告别远行；是慰问看望，还是祝贺感谢；是节假良辰，还是婚丧嫁娶；是针对个人，还是面对企业，等等。目的不同，选择的礼品不同。

比如，传统节日，晚辈看望长辈，可以带些滋补品（物质的馈赠），以表达孝敬之心；朋友生日，可以赠送鲜花（精神的馈赠），祝福幸福快乐；企事业单位的各类庆典，一般可赠送花篮、贺匾、字画等以表祝贺之意。

在商务活动中，有些是为了达到商业活动的目的，这种馈赠，一般讲究"礼尚往来"，所以，所赠送的礼品不一定价格昂贵，重在送礼的方式和诚意。

2. 注重真情

常言道："礼轻情意重"，真正好的礼品不是用价格衡量的，在选择礼品时，更要看重礼品所代表的情感和心意。

3. 因人而异

（1）根据双方的关系现状

选择赠送礼品要考虑自己与受赠者之间的关系。是公务交往，还是私人应酬；是新朋还是老友；是同性还是异性；是中国人还是外国人；是商务往来还是文化交流；等等。例如，许多国家认为红玫瑰象征着爱情，是送给妻子或女朋友的最佳礼物，表示浓浓的爱意。但如果送给普通关系的异性朋友，就会引起不必要的误会。

（2）根据对方的爱好和需求

选择礼品要站在受赠者的角度来考虑，即“特别的爱给特别的你”，如果礼品合乎受赠者的爱好或需求，它的作用就会倍增，将大大增强对送礼者的好感和信任。

比如，给书法爱好者赠送“文房四宝”；给刚刚入学的大学生赠送笔记本计算机，等等。一般来说，选择礼品时：敬老人，以实用为主；赠恋人，以纪念为主；送朋友，以趣味为主；给小孩，以益智为主；探病人，以精神效应为主。

4．尊重禁忌

礼品选择不当是馈赠礼品的最大禁忌。禁忌产生的原因一般有两个方面：一是受赠对象纯粹的个人原因造成的；二是由风俗习惯、宗教信仰、文化背景、职业道德等原因所形成的。

（1）尊重个人禁忌

选择礼品时，要了解受礼对象的个人忌讳。比如，给没有小孩的夫妇送儿童用品；给有听力障碍的人送 MP3；给失去丈夫的女士送情侣表，等等。

（2）尊重对方的风俗习惯、民族差异和宗教信仰等禁忌

选择礼品不要凭自己的“想当然”，要有意识地避开对方的忌讳。比如，不能给年长多病的人送钟表；在阿拉伯国家，酒类不能作为礼品，也忌讳给当事人妻子送礼物；在英国，受礼人讨厌有送礼单位或公司标识的礼品；日本人不喜欢有狐狸图案的礼品，等等。

商务交际中，我们常常会接触到国外的商务伙伴，需要说明的是，在礼品价值方面，欧美等国较注重礼物的意义价值，而不是礼物的货币价值。在美国，一般的商业性礼物价值在 25 美元左右。因此，在为对方选择礼物时，货币价值不要过高，如果赠送昂贵的礼物，会引起对方的怀疑和戒备，也会使对方为难。而于亚洲、非洲、拉丁美洲和中东地区的客商，则较注重礼物的货币价值，那么，为其选择礼物时，可适当贵重些。

（3）遵守国家的有关规定

不能选择违法违规的物品作为礼物。比如，涉黄、涉毒的物品。再有，许多国家对公务员接受礼品做出了明确的规定，送的礼品价值过重有行贿之嫌。

二、赠送礼品时的礼仪

礼品是商务交往的“润滑剂”，它有助于加强双方的交往、增进双方的感情，利于巩固彼此的合作关系。在礼品赠送过程中，也需要注重何时送和怎么送，即赠送时要遵循礼仪规范。

1．馈赠时机

（1）道喜、祝贺之时

比如，对方结婚、生子、乔迁新居；企业开业庆典、周年庆贺等，赠送一些礼品以示祝贺。

（2）慰问、鼓励之时

比如，对方生病、遇到困难和不幸时，身处逆境，一份恰当的礼物会让对方永生不忘。

（3）佳节之时

交往的公司或企业客户及个人可以选择传统的节日作为馈赠礼品的黄金时间，礼尚往来，

联络感情。

另外，根据各国习惯的不同，要做好不同的送礼时间安排：有些国家有初交不送礼的习惯，如法国人喜欢下次重逢时馈赠礼品；英国人多喜欢在晚餐或看完戏后赠送礼品；而我国喜欢在离别前赠送礼品较为自然。

2. 馈赠途径

（1）当面赠送

送礼最好的形式是亲自送给对方，当面赠送能直接表达情谊，显示送礼者的真诚。

（2）他人转送

若不能亲自送达礼品，可以请第三人代为转送，但需要附上送礼人的名片或祝福卡。

（3）邮寄赠送

居住在异地的交往对象之间互赠礼物常常采用邮寄的形式。现在即使居住在同一个城市，有时也可以选择邮寄送礼的形式，邮寄礼物往往会给受礼者带来惊喜。

正如，天津鱼酷餐饮管理公司总裁陈世宏先生，在圣诞节和儿童节都会为每位员工的小孩邮寄丰盛的礼品并附有问候语，给孩子们和企业员工带来惊喜，增强企业员工的凝聚力。

3. 馈赠技巧

① 礼品一般不宜当众送。

② 象征着精神方面的礼品，要当面赠送。比如，锦旗、牌匾、花篮等。

③ 在正式场合赠送礼品要精心包装。良好的包装将使礼品显得更精致、典雅，在赠送外国友人时，尤其注意这一点。

④ 送礼品之前，要认真检查礼品质量，有瑕疵的礼品或过了保质期的食品是不能送出去的。

⑤ 赠送礼品时，神态要自然大方，可以伴以寒暄或祝福语："这是我精心为您挑选的，希望您喜欢""祝您生日快乐"，等等。

三、接受礼品时的礼仪

在社交场合，当他人赠送礼品时，作为受赠者无论是愿意接受亦或拒绝接受都应做到以礼相待，态度明确、大方得体。

1. 接收礼品

（1）仪态自然大方

接受礼品时，要落落大方。起身站立，目视对方，面含微笑，双手接过，然后伸出右手，与对方握手，向对方表达由衷的谢意。切不可扭捏作态、故作推辞或表情冷漠、不屑一顾，或者言行不一地跟对方过分客套。

（2）受礼有方

① 按国际惯例，如果条件允许，受礼者可当面打开礼品欣赏一番，并适当赞赏。

② 礼品启封要注意动作文雅有序，不要胡乱撕扯，也不要乱扔包装用品。

③ 如果没能当面打开礼品，在之后，也需要通过电话或再见面时再次表示感谢并表达对所赠礼物的喜欢。

④ 要做到“有来有往”，在接受他人礼物之后，要在适当的时机回赠相应的礼品，切莫“有来无往”。

2．拒收礼品

对于所赠送的礼品，并非来者不拒。违法、违禁、违规的物品；有悖于社会公德的物品；有碍于正常执行公务的物品等均可以拒绝接受。拒收对方礼品，要讲究方式方法，要依礼而行，给对方留有退路，不要使对方过于难堪。

（1）拒收礼品要当面

拒收礼品要当场进行，不要接受后再退还。拒收的同时也要表示感谢并坦率讲明拒收原因。

（2）拒收礼品要保证礼品完整

如果确实有一些原因很难当场退还，切勿打开包装，要保持礼品完整并在 24 小时内退还对方。

实践操作

以小组为单位，结合所学针对下面的情节进行思考并谈论，小组代表发言，大家互评。

蔡洪是吴刚的上司，两人私交甚好，蔡洪一直对茶道有所研究。吴刚非常仰慕蔡洪，希望通过赠送蔡洪一份礼物，进一步加深二人的友谊。

请思考并回答：

① 吴刚最好选择一份什么样的礼物送给蔡洪?

② 吴刚最好选择什么样的时机并用什么样的方式送给蔡洪，使得蔡洪愿意欣然接受而加深二人的友谊?

拓展实践

以小组为单位，自拟场景模拟商务往来中一次完整的交际过程。

① 用电子邮件的形式向受邀方发送请柬。

② 受邀方用电子邮件的形式给予回复。

③ 受邀方登门拜访并馈赠礼物。

④ 邀请方进行接待，并在送别时馈赠礼品。

任务 3 商务宴会礼仪

能力目标

- 能够规范安排中餐、西餐宴会和出席宴会活动。
- 能够合礼安排自助餐和礼貌用餐。

有一年戴安娜王妃到日本访问，就餐时品尝了日本传统菜肴——寿司，戴安娜照日本人的样子把寿司蘸了蘸拌了芥末的酱油汁送入嘴中。咀嚼两口后她脸色大变，原来她不习惯吃刺激性强的芥末，眼泪在她的眼眶中打转。但是她没有本能地吐出来，而是咽了下去。两三秒的时间定了定神，又露出了优雅、平静的笑容。

请同学们思考：你如何评论黛安娜王妃用餐的礼仪规范。

宴请在整个社交礼仪中占有非常重要的地位。在宴请活动中，无论主人还是客人，餐饮礼仪都是必须引起重视的问题。如果不注重在餐饮活动中的形象，在用餐过程中的言谈举止失当，从小的方面说是影响个人形象，从大的方面讲，代表的有可能是国家的形象。我们应当掌握餐饮礼仪的常识及礼仪规范，培养良好的用餐礼仪形象。

子任务1　合礼安排和出席中餐宴会

任务情境

一场大型的宴会中，邀请本市最著名的演员到场助兴，这位演员到达后，费了很多时间才找到了自己的座位。当他入座后发现与其同桌的许多客人都是接送领导和客人的司机，演员感到自尊心受到了伤害，没有同任何人打招呼就悄悄离开了饭店。当时宴会组织者并没有察觉到这一点，一直等到宴会进行中主持人邀请这位演员演唱时，才发现演员并不在现场。幸好主持人灵活，临时改换其他演员，才算没有出现冷场。

学生讨论

① 演员为什么不辞而别？

② 座次安排有何不妥？

③ 情况发生后该如何处理？

布置任务

进行中餐宴会席位排列时，应注意哪些礼节？

知识链接

中国的宴饮礼仪可谓源远流长，而中国又讲究“民以食为天”，因此，饮食礼仪自然就成为中华饮食文化的一个重要组成部分。理解掌握餐饮礼仪，将有利于我们在工作和生活中避免可能遭遇的尴尬。

一、中餐宴会的安排

1．时间的选择

按照惯例，中餐用餐时间的选择主要依据用餐习惯，分为早餐、午餐、晚餐三种。多数情况下，比较正式隆重的宴请活动一般安排在晚餐，而工作餐则一般安排在午餐。在具体时间的安排上，应主随客便，尽量考虑大多数参加宴会人员的具体情况来协商安排时间。

2．地点的选择

用餐地点的选择体现着企业的档次、品味及对客人的重视程度，因而应慎重选择。通常情况下，应尽量选择环境幽雅、卫生条件良好、设施较为完备的用餐地点，但也应避免过分奢华的地点。另外还应考虑参加宴会人员在交通上是否便利，以方便其出席宴会。

二、中餐宴会席位排列

在商务宴会中，席位的排列代表着参加宴会人员的身份、地位及受重视程度，因而特别需要细心谨慎安排。对于大型宴会而言，中餐席位的排列包括桌次排列和位次排列两个方面。

1．桌次排列

中餐宴会通常都是以圆桌合餐的用餐形式，在举办一桌以上的宴请时，就会遇到桌次排列的问题，通常会遇到以下两种基本情况：

（1）两桌组成的小型宴会。

又分为两桌横排和两桌竖排。

① 两桌横排原则：面门定位，以右为尊，如图 4-5 所示。

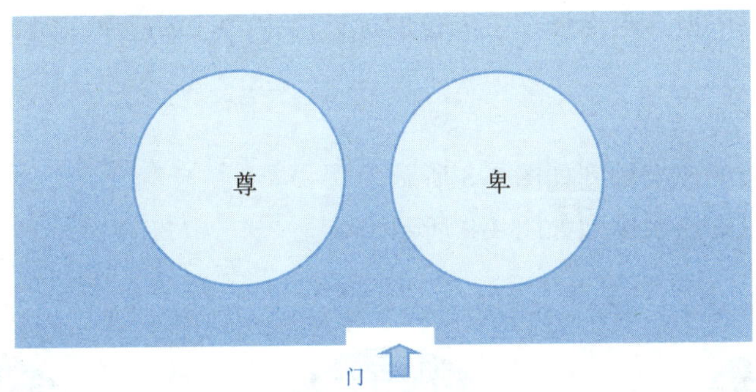

图 4-5　两桌小型宴会横排桌次排列

② 两桌竖排原则：面门定位，以远为尊，如图 4-6 所示。

（2）三桌或三桌以上组成的宴会

原则：面门定位，以右为尊，以远为上，主桌定位（距离主桌越近，桌次地位越高；距离主桌越远，桌次地位越低）

由于桌数及宴会厅大小的不同，桌次排列的具体位置也不尽相同，但都要基本遵循上述原则。图 4-7 所示为常见的多桌排列的例图。

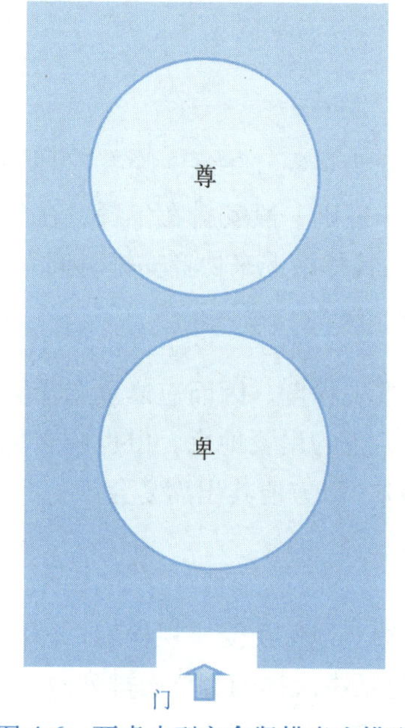

图 4-6　两桌小型宴会竖排桌次排列

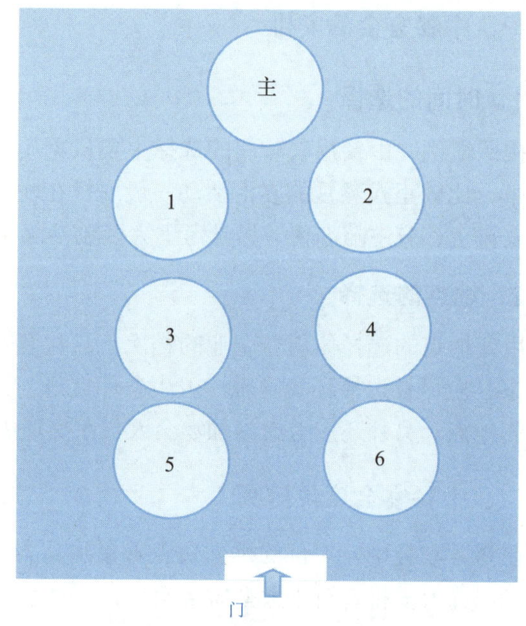

图 4-7　三桌以上宴会桌次排列

2. 位次排列

在进行宴请时，无论是单桌还是多桌，每张餐桌的具体位子都有主次、尊卑之分。主人坐在主桌上，面对正门就座；在主桌上位次的尊卑，应根据距离主人的远近而定，以近为上，以远位下，同等距离以右为尊，以左为卑。在举行多桌宴会时，各桌上均应有一位主桌主人的代表位，作为各桌的主人，其位置应与主桌主人同向就座（有时也可以面向主桌主人）。其他位次的尊卑也应依据其距离该桌主人位的远近决定，近尊远卑，同等距离以右为尊（主人右侧）。

（1）位次排列方法

① 每桌一个主位的座次排列如图 4-8 所示。

② 每桌两个主位的座次排列如图 4-9 所示。

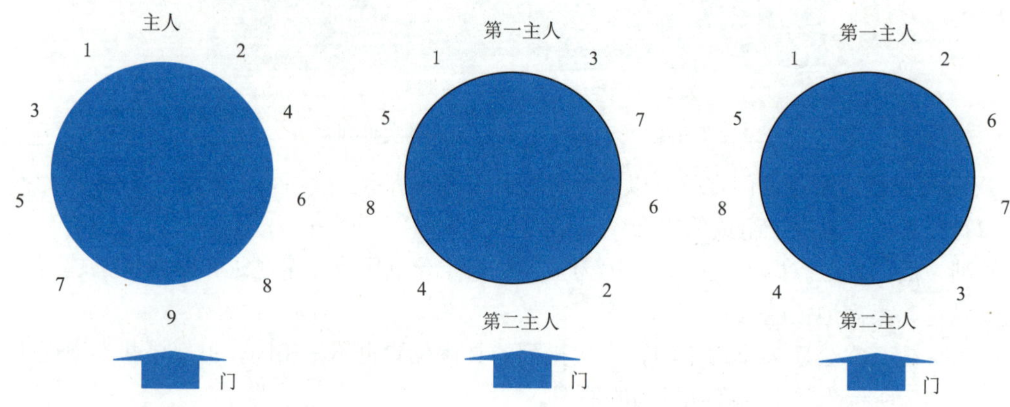

图 4-8　每桌一个主位的座次排列　　图 4-9　每桌两个主位的座次排列

③ 特殊情况如图 4-10 所示。当主宾的身份高于主人的情况，为了表示对主宾的尊重，可以让主宾坐在主人的位子上，而主人坐在主宾的位置。

第一主宾
第一主人　第二主人
2　3
4　5
6　7
9
门

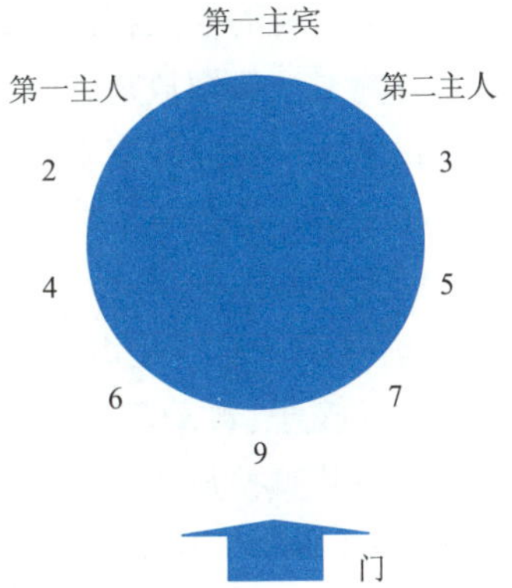

图 4-10　主宾身份高于主人座次排列

(2) 位次排列原则

目前，在位次排列方面基本遵循如下原则，可根据实际情况进行座次安排：

① 面门为上。按照礼仪习惯,以正对门中间的位置为上座。

② 距离定位，以近为尊。距离主人越近越尊贵。

③ 同等距离，以右为尊，以左为卑。

④ 中间为尊。三人一同就餐时，居于中间座位者在位次上高于两侧就座者。

⑤ 观赏为佳。高档餐厅里，室内外往往有优美的景致或高雅的演出，供用餐者欣赏。这时以观赏角度最佳之处为上座。

⑥ 临墙为好。为防止过往侍者或食客的干扰，通常以靠墙的位置为上座，以靠过道的座位为下座。

正式的宴请活动，为方便来宾准确无误的就座，除了由专人负责引领及设入座指示标外，还应在每位来宾座位面前事先放置座位卡，用醒目的文字书写来宾姓名。

三、餐具使用礼仪

(1) 餐具摆放（见图 4-11）

骨盘：一般摆放在距离餐桌边缘约 1~2 厘米的地方。

味碟：一般摆放在骨碟正前方约 2 厘米处。

筷架：一般与味碟对齐，横放在味碟右侧。

筷子：一般置于骨碟右侧的筷架上。

图 4-11　中餐餐具

汤匙：有的摆放在汤匙架上；有的正面朝上、匙柄朝左放在汤碗里。

汤碗：一般摆放在骨碟上方，味碟左侧。

餐巾：一般放置在骨碟上。

杯皿：一般会有水杯，放在筷子前端；葡萄酒杯摆在左前方；小酒杯在水杯右侧等。

(2) 餐具的使用

① 筷子。筷子是中餐中夹取食物的用具。在使用筷子时，不可将筷子长时间含在嘴里，不可插放筷子、舞动筷子；暂时不用筷子时，应将其放在筷架上，或搭放在自己的碗、盘边缘上，切不可将其直接放在餐桌上，或横放在碗、盘上。

② 匙。匙在中餐中是辅助提取食物的，诸如羹、汤或溜滑的食物。一般情况下，尽量不要单用汤匙去取菜；暂时不用时，可放回自己的碗、盘中，不可直接将其放在餐桌上；如果取用食物过烫，不可用匙在碗中折来折去，也不可用嘴吹汤匙中的食物。

③ 碗。碗在中餐中主要是盛放食物和羹汤的。使用碗来盛放食物时，不可端起碗来进食，不可不用任何餐具以嘴吸食碗中食物，不可将碗倒扣放在餐桌之上。

④ 骨碟。骨盘在中餐中是用来盛放食物的。使用时，不要一次取用过多的食物放在骨碟中，吃完一种再去取用其他菜肴。骨碟的前端也可以放置骨、刺类残渣，严禁将残渣吐在地上或桌上。

⑤ 杯子。杯子可以分为白酒杯、红酒杯、水杯、啤酒杯等，用餐时使用的酒杯应与酒水一致，杯子不可倒扣在餐桌上。

四、宴请礼仪

1. 宴请的程序

正式的宴请需要按一定的程序来进行：迎接宾客→引宾入席→致辞祝酒→愉快进餐→握手话别。

2. 赴宴礼仪要求

(1) 穿着打扮得体

根据宴会目的、规格、对象和要求考虑自己的着装，以表示对主人及参加宴会者的尊重。出席宴会应当精神饱满、容光焕发，男士要修整须发，女士应面容化妆。

(2) 守时守约

准时到达是出席宴请活动最基本的礼貌。迟到、早退或逗留时间过短，都会被认为是失礼的行为。一般来说，抵达的恰当时间，是书面邀请中注明的正点时间或早晚一二分钟。

(3) 问候致谢

进入餐厅前，应先整理服饰、补好妆、梳整头发，然后面带微笑，仪态从容地走进餐厅。到达宴会场所，应向门口迎候的主人致以问候，表示感谢。在餐厅，应根据认识与否自报家门，或由东道主引见介绍，听从主人安排。

(4) 点餐礼节

如果主人安排好了菜点，客人就不要再点菜了。如果需要点菜，不要选择太贵的菜，同时也不要选择太便宜的菜。作为客人，可以选择自己喜欢的菜品，当然一定不是昂贵的菜。

(5) 席间有礼

进餐过程中，举止姿态要文雅；要正确地使用餐具，比如，餐巾是用来擦嘴的，就不要擦脸，擦汗或者擦餐具；要主动与同桌人交谈，边吃边谈是宴会的重要形式，应主动与同桌人交谈，声音不要过大，也不可窃窃私语。

(6) 祝酒有礼

敬酒时应按身份地位由高到低，或者按座次顺序依次进行。身份地位低的人杯口要低于身份地位高者。主人致辞，或与他人交谈时要放下餐具，停止进食。

(7) 退席

正式宴会上主人把餐巾放在桌子上或者从餐桌旁站起来，就表明宴会结束。宴会结束离开餐桌时，不应将椅子拉开就走，而应将椅子挪回原处。客人在分手时，应向主人道谢，并与其他客人致意告别。

【小贴士】用餐时的禁忌

- 不为他人夹菜。由于是合餐制，出于卫生以及尊重个人喜好的考虑，用餐时不宜主动为他人夹菜，可以请客人多用些或品尝某些菜肴，即让菜不夹菜。
- 不在席间吸烟。在出席宴会时，应该自觉做到不在席间吸烟，以免有损他人健康。
- 不在席间整理妆容。在出席宴会时，无论男士还是女士都不应在席间更换衣帽、修补妆容。
- 不在席间把玩餐具。在席间，不可随意把玩餐具，甚至敲出声音。
- 不在宴请时一言不发。特别是在商务宴请中，宴请本身就是一种社交方式，不能始终保持沉默。
- 不在席间剔牙。
- 不在席间接打电话，不玩弄手机。

实践操作

① A 公司与 B 公司合作成功后要宴请 B 公司领导，出席人员包括 A、B 两公司的总经理、各一位副总经理以及 A 公司的部门经理共计 20 人。公关部的小王负责安排这次宴请。如果你是小王，如图 4-12 所示的包间内的两张中餐餐桌，应如何安排座位？

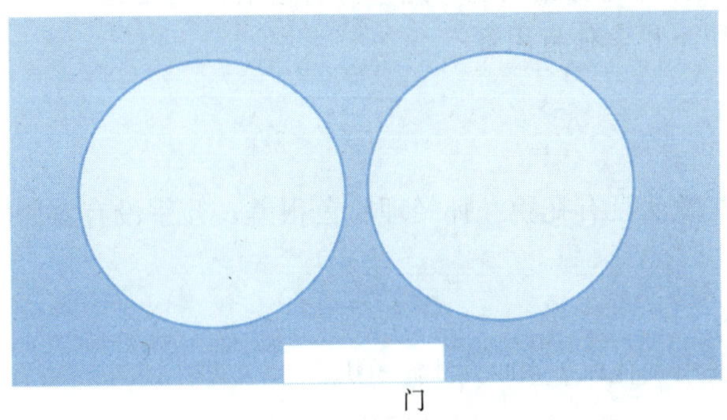

图 4-12　座位图

② 以小组为单位，结合所学中餐宴请礼仪，进行宴请情境设计并评价（见表 4-6）。

表 4-6 宴请情境设计与评价

项　目	细节要求	标　准	评　价
仪容仪表	着装	上下装搭配	
		鞋袜搭配	
		领带展示	
	发型	干净、有型	
		与服装搭配和谐	
	化淡妆	眉毛修饰	
		整体妆容评价	
问候	面带微笑	亲和	
	仪态谦恭	文雅	
席间有礼	介绍礼	大方从容	
	介绍次序	正确	
	点餐	有礼	
	微笑、目光有神	自然	
握手告别	拉椅离座	有礼	
	互相道别	得体	
	伸手顺序	正确	
	微笑、目光有神	自然	

子任务 2　合礼安排和出席西餐宴会

任务情境

业务员小李为了表示对合作单位新来的孙经理表示尊重，在周末特别邀请孙经理到当地一家非常有名的西餐厅去吃饭。小李觉得是一次私下聚餐，便穿着休闲 T 恤、短裤来到了西餐厅，小李坐下便大声叫喊服务员来点餐，俨然常来常往的样子。用餐的时候小李把餐巾掖到了脖子下面，一边嘴里吃着餐食，一边挥舞着着刀叉兴奋地高谈阔论，向孙经理展示自己的学识。整个用餐过程孙经理脸色很差，几乎没有言语，用餐还没结束，孙经理礼貌地表示有急事先行离开了，留下小李独自用餐。

学生讨论

你觉得小李的哪些做法没有礼貌？孙经理脸色很差，几乎没有言语的原因会是什么？

布置任务

你都了解哪些西餐用餐礼仪？和大家聊一聊。

知识链接

提起西餐，总是会让人想到具有情调的钢琴、烛光、红酒、牛排、沙拉、奶油蘑菇汤和各式各样的西式甜点……但对于习惯了使用筷子进食的中国人来说，对西餐复杂的餐具使用及摆放不清楚，这不仅使西式情调大打折扣，更是失礼的表现。

一、认识西餐

通常意义上的西餐是指西方国家餐饮的一种统称。实际上，这一称呼不仅包括我们熟知的西欧各国的饮食菜肴，同时还包括美洲、东欧、大洋洲、中亚、南亚以及非洲等地的饮食。

1．上菜顺序

（1）开胃菜

亦称头盘、餐前小食品，是为了让就餐者打开胃口，引起对主菜的食欲而制作的小吃。多数情况下，是用蔬菜、水果、海鲜等组成的拼盘或沙拉，包括各种小份额的冷开胃菜、热开胃菜。其特点是清淡爽口、色泽鲜艳、带有酸味或咸味，有开胃和刺激食欲的作用。

（2）面包

有鲜面包和硬面包两种。正餐中的面包以切片面包为主，可根据个人口味涂抹果酱、黄油、奶油或奶酪等。面包的食用，不可用刀叉，也不可直接咬食，而应用手撕下刚刚可以一口吃下的一块。

（3）汤

西餐中的汤也起到开胃的作用。需要注意的是，西餐用餐礼仪中，开始喝汤标志着西餐正餐的正式开始。西餐的汤分为白汤（浓汤）、清汤等种类。浓汤口味浓郁、口感顺滑、营养丰富。比较具有代表性的有奶油蘑菇汤、土豆汤等。清汤是指含有鲜味成分的各种基础汤，加入富含蛋白质的原料，通过烹制，清除汤中杂质而制成的汤品。其特点是营养极高。

（4）主菜

比较正规的正餐中，通常会有一个冷菜、两个热菜。两个热菜中，有一个是鱼类（或海鲜类），一个是肉类。其中肉类必不可少，一般以牛排、猪排、羊排为主，它代表着本次餐饮的档次与水平。

（5）餐后点心

一般是蛋糕、饼干等小点心，可吃可不吃。

（6）甜品

一般为布丁、冰激凌等。

（7）水果

在西餐用餐礼仪中，食用水果的方式各式各样，但都不可用手去拿水果。例如，食用苹果和梨时，应先用水果刀将其切成小块儿，再用水果叉送入口中；食用香蕉时，要先剥皮，再用刀切成小块，然后用水果叉送入口中。

（8）热饮

通常放在最后，用以帮助消化。最正规的热饮是红茶或黑咖啡。

2．西餐餐具

（1）餐具的摆放（见图 4-13）

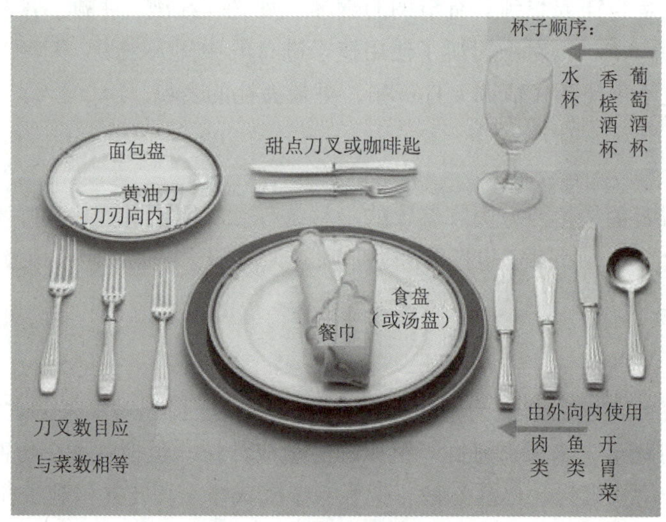

图 4-13　西餐餐具的摆放

西餐餐具根据菜肴的复杂程度有所不同，下面介绍的是最为通常的摆放方式：

食盘（或汤盘）：放置于桌边正中间，与餐桌边缘保持一指宽距离。

餐刀、叉：右手持刀、左手持叉，通常刀叉的数目与菜数相等，摆放在餐盘相距一厘米的左右两侧，距餐桌边缘 1~2 厘米，使用时按照上菜顺序由外向内使用。

汤匙：通常摆放在餐刀右侧。

面包盘、黄油刀：黄油刀通常刀刃向内放在面包盘中，面包盘则放在餐盘左上方，距餐叉 1~2 厘米处。

甜点刀叉或咖啡匙：通常放在餐盘上方正中央约 2 厘米处。叉柄朝左，叉齿朝右朝上；刀、匙柄朝右，刀刃朝内。

杯皿：一般放置在餐盘右前方，距离餐刀 1~2 厘米处。一般最内侧最大的是水杯，向右依次是香槟酒杯和葡萄酒杯（先是红酒杯，然后是白酒杯）

餐巾：餐巾通常摆放在餐盘中。

（2）餐具的使用

① 刀叉。用刀时，应将刀柄尾端置于手掌之中，以拇指抵住刀柄一侧，食指按在刀柄上，但不可触及刀背，其余三指则顺势弯曲，握住刀柄。持叉时应尽可能握住叉柄末端，叉柄倚在中指上，中间则以无名指和小指为支撑。刀叉的使用又分为英式和美式两种。

英式的刀叉使用要求在进餐时，始终右手持刀，左手持叉，一边切割，一边叉而食之。

美式的刀叉使用则先是右刀左叉，把餐盘里要吃的食物全部切好，然后把餐刀斜放在餐盘前方，将餐叉换到右手，叉而食之。

不论哪种方式，在使用西餐刀叉用餐时，不可发出声音；切割时切勿左右开弓，有失礼貌；切好后的食物应直接放入口中，不可咬食；将餐刀叉放下时，不可刀刃朝外，餐叉叉齿应朝下；将餐刀、叉左右分开，刀刃朝内、叉齿朝下，呈八字形摆放在餐盘上，表示未用完餐；切忌摆成十字形，西方人将其认为是一种不吉利的信号；将餐刀、叉并排纵放在餐盘里，刀刃朝内、叉齿朝上，表示用餐完毕。

刀叉应从外侧依次向内取用。如果不知如何使用刀叉，也可观察主人，跟随主人选择刀叉使用。

② 餐巾。餐巾应平铺于并拢的大腿上，如果是正方形的餐巾，应将它折成等腰三角形，直角朝向膝盖方向；如果是长方形餐巾，应将其对折，折口向外平铺在腿上。餐巾的打开、折放应在桌下悄然进行，不要影响他人。餐巾用以擦拭嘴部，掩口遮掩，不可用其擦汗、擦脸、擦手，切忌用其擦餐具；女主人铺开餐巾时，表示用餐开始，将餐巾放到餐桌上，表示用餐结束；将餐巾放在本人座椅椅面上表示暂时离席。

③ 酒杯。西餐中酒杯多种多样，共计 20 多种，但一般情况下，餐桌上餐刀上方会摆放 3 ~ 4 只酒水杯，其中香槟杯、白葡萄酒杯、红葡萄酒杯必不可少。如果无法区分，可根据每道菜式，按由外向内的顺序依次取用。

二、西餐座次安排

1. 基本规则

（1）女士优先

在西餐礼仪中，女士备受尊重和照顾，即所谓女士优先的原则，也体现了西方男士的绅士风度。

如果男女两人同去西餐厅用餐，男士应请女士坐在自己右侧，还应兼顾避免其坐于过道边的位置。如果席间只有一个靠墙的位置也应请女士就座，男士坐在其对面位置。如果是两对情侣用餐，则女士们应坐在靠墙的位置上，先生则应坐在对面。如果两位男士陪同一位女士就餐，则应女士就座在两位男士中间。

在正式的宴请活动中，一般女主人为第一主人。座位的排列也以女主人为准，女主人坐在上位，而男主人则应退居第二主位。

（2）恭敬主宾

在西餐宴席中，主宾受到高度尊重。即使其他来宾中有人身份、地位、年龄都高于主宾，他仍然会是主人关注的中心。因而，在席位排列时，男女主宾应分别紧靠男女主人就座，以便受到很好的照顾。

（3）距离定位

西餐座位的尊卑，取决于距离主位的远近。距主人席位越近的地位越高，越远的则地位越低。

（4）以右为尊

排列席位时，以右为尊是基本原则。就某一具体位置而言，按礼仪规范其右侧要高于左侧之位。在西餐位次排列中，男主宾要排在女主人右侧，女主宾排在男主人右侧。

（5）面门为上

在餐厅内，以餐厅门作为参照物时，按礼仪要求，面对餐厅正门的位子要高于背对餐厅正门的位子。

(6) 交叉排列

西餐排列席位，讲究交叉排列的原则，即男女应当交叉排列，熟悉的人与陌生的人也应交叉排列。一个就餐者的对面和两侧往往是异性或不熟悉的人，这样可以给大家广交朋友的机会。

2. 排列方法

(1) 长桌座次排列

在正式西餐宴会中一般都使用长桌，一种排列方法是将男女主人在长桌中央对面而坐，两端可坐人，也可不坐人，如图 4-14 所示；另一种排列方法是男女主人分别就坐于长桌两端，如图 4-15 所示。

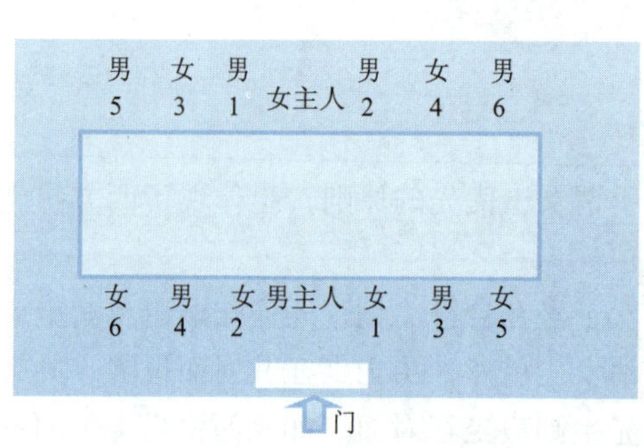

图 4-14 西餐长桌座次的排列（一）

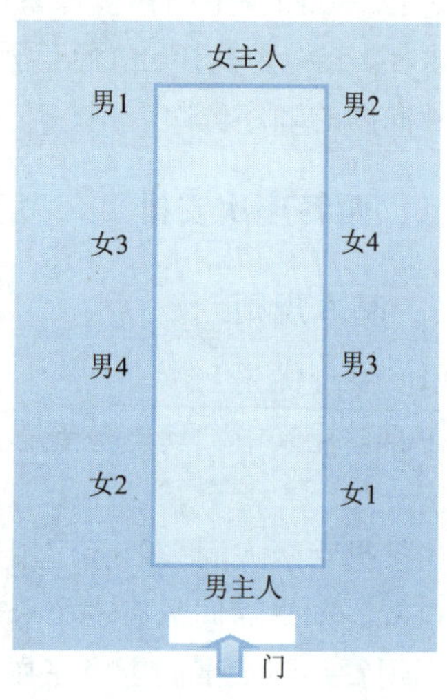

图 4-15 西餐长桌座次的排列（二）

(2) 方桌座次排列

用方桌进行西餐宴请时，就座于餐桌四面的人数应相等。排列座位时，应使男女主人与男女主宾对面而坐，所有人都与自己的恋人坐成斜对角，如图 4-16 所示。

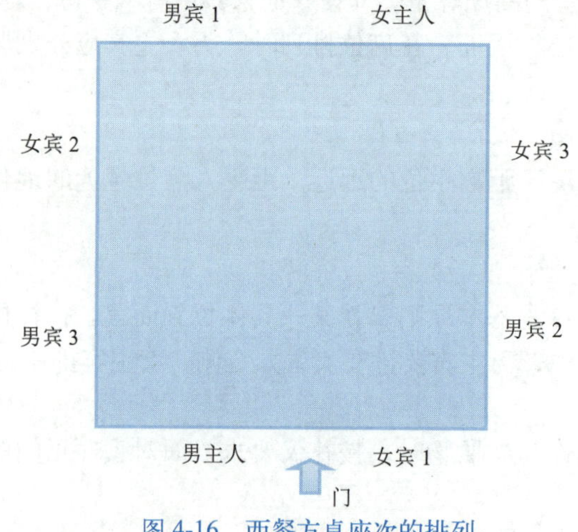

图 4-16 西餐方桌座次的排列

三、西餐宴请接待

西餐宴请是指宴请时的菜点饮品以西式菜品和西洋酒水为主，使用西餐餐具，并按西式服务程序和礼仪服务。从预约到结账，商界人士都必须依据一定的礼仪程序进行，否则可能会出现不必要的麻烦。西餐宴请接待程序主要有四个方面：

1．预约

事先预约能让宴会活动进行得更顺畅。根据宴会规模及主宾情况，发出宴会请柬，被邀者赴宴前应根据请柬要求着装。

2．到达

正式宴会，由男服务生在大门迎接客人，帮助客人脱大衣，男女主人则在大厅迎接客人，微笑握手表示欢迎。打招呼遵循女士优先，进入餐厅，男士为女士先开门并请女士进入，入座、点餐，上餐都要遵循女士优先原则。

3．入席

进入饭店，先不要急于找位子，一般都要到各处周旋，待主人为自己介绍其他客人。可以从服务员送来的酒和其他饮料里面选取一杯适宜的，边喝边与其他人聊天。餐厅门打开，男主人和女主人带大家走进餐厅并对号入座。最得体的入座方式是从左侧入座，由服务生拉椅服务，不要自行就座。

4．就餐

大家落座之后，主人拿起餐巾，表示进餐开始，客人跟随主人依次拿起餐巾。用餐过程要多和邻座交谈。当女主人将餐巾放在桌上并站起来时，表示用餐结束，客人也随之放下餐巾离开座位。这时，男士应站起来为女士拉椅，同时，将自己的椅子归回原位。

四、用餐礼仪

1．穿着得体

外出用餐穿着得体是欧美人的常识。去高档的餐厅，男士要穿着整洁，女士要穿套装和有跟的鞋子。如果指定穿正式服装的话，男士必须打领带。再昂贵的休闲服，也不能随意穿着上餐厅。

2．女士优先

在西餐宴请中，女主人的地位最高，同时也要注意照顾女宾客，正规的西餐厅里也不会雇佣女侍者。

3．体态优雅

就座时，身体要端正，手肘不要放在桌面上，不可跷足，不可两脚交叉，用餐时要抬头挺胸，在食物送进口中时，要以食物就口，而非弯下腰以口就食物。

4. 衣着整齐

进餐过程中，不要当众解开纽扣、拉松领带或脱衣服。如主人请客人宽衣，男宾客可以将外衣脱下搭在椅背上，不要将外衣或随身携带的物品放在餐台上。

5. 不发异响

除轻声用餐以外，餐桌、餐椅、餐具等都不可以发出异响。嘴中含有食物时不可与人交谈，咀嚼食物时应闭着嘴巴，不可张嘴发出声响。

6. 敬酒有礼

用餐时不能拒绝对方的敬酒并要表现得热情，即使不能喝酒也要端起酒杯回敬对方，并与对方碰杯，然后将杯子送到嘴边做出喝的动作。不可直接拒绝对方，或双手比划说明不能喝酒。

7. 拒绝吸烟

当热饮上来以后，方可吸烟，但也要查看餐桌上有无烟灰缸，如果没有则表示禁止吸烟；即使有，也应征得左右邻座同意后，方可吸烟。

另外，用餐时，要注意只能拿靠近自己的食物和其他事物。若需拿取远处东西时，应有礼貌地请就座在其附近的人递送过来，而不可自己站起来伸手去拿。

五、西餐酒具的选择和使用

西餐酒水杯具的选择和使用如表 4-7 所示。

表 4-7　西餐酒具的选择和使用

载杯使用酒类	常见酒具及名称	酒具容量（盎司）	使用说明
烈酒类	净饮杯	1 ~ 2	用来盛含量较高的烈性酒，斟酒量 1/3 杯
威士忌	古典杯 矮脚古典杯	2	杯粗矮有稳定感，斟威士忌酒时常加冰块，斟酒量为 1/4 或 1/5 杯
饮料果汁	水杯、哥士连杯、森比杯、海波杯	8 ~ 16	用来盛各类果汁、冰水、软饮料或长饮类混合饮料，斟水（果汁）量为 8 分满
啤酒	皮尔森杯 啤酒杯、暴风杯	16 ~ 32	皮尔森杯、长三角啤酒杯和暴风杯用来盛瓶装的啤酒，它们的独特的形状使人们较为容易和方便。带把柄的啤酒杯又称扎啤酒杯，常用来盛大桶装的生啤，斟酒量为 8 分满
白兰地	白兰地杯 （矮肚杯、拿破仑杯）	1	杯形状为肚大脚短，使用时，以手托杯，让手温传入杯中使酒微温，以便酒香能更好地散发出来；但一次倒入杯中的酒不宜过多，斟酒量为 1/2 杯
鸡尾酒	三角鸡尾酒杯 梯形鸡尾酒杯	2 ~ 3	杯高脚，以避免手温传入到酒中而影响鸡尾酒的口感，斟酒量为 2/3 至 8 分满
利口酒 雪莉酒	利口酒杯	3 ~ 4	用于盛餐后饮用的甜酒或喝汤时配的雪莉酒，斟酒量为 2/3 杯

续表

载杯使用酒类	常见酒具及名称	酒具容量（盎司）	使用说明
酸酒	酸酒杯	4 ~ 6	杯口窄小而身长，杯壁为圆桶形，专用来盛餐后饮用的酸酒，斟酒量为 2/3 杯
葡萄酒	红葡萄酒杯 白葡萄酒杯	4 ~ 5	红葡萄酒杯比白葡萄酒杯大，红葡萄酒杯斟酒量为 1/3 杯，白葡萄酒杯斟酒量为 2/3 杯

实践操作

以小组为单位进行比赛：分别模拟西餐用餐座次排列，小组成员分别完成以下项目，完成最全面者获胜。

项目：

① 摆放西餐餐具；

② 说明刀、叉、匙、任意两种酒杯、餐巾、牙签的使用方法；

③ 陈述如何吃面包、喝咖啡。

子任务 3　合礼安排自助餐和礼貌用餐

任务情境

陶女士代表公司出席一家外国商社的周年庆典活动。正式的庆典活动结束后，那家外国商社为全体来宾安排了丰盛的自助餐。尽管在此之前陶女士并未参加过正式的自助餐，但是她在用餐开始后发现其他用餐者的表现非常随意，便也就“照葫芦画瓢”，像别人一样放松下来。

让陶女士开心的是，她在餐台上排队取菜时，竟然见到自己平时最爱吃的北极甜虾，于是，她毫不客气地满满地盛了一大盘。当时她的主要想法是：这东西虽然好吃，可也不便再三再四地来取，否则旁人就会嘲笑自己没见过什么世面了。再说，这么好吃的菜，这会儿不多盛一些，保不准一会儿就没有了。

然而令陶女士脸红的是，她端着盛满了北极甜虾的盘子从餐台边上离去时，周围的人居然个个都用异样的眼神盯着她，陶女士顿时感觉十分尴尬。

学生讨论

陶女士错在哪里了？

布置任务

用自助餐时，应注意哪些礼节？

知识链接

自助餐也称为冷餐会，是一种非正式的西餐宴会，经常被应用于商务活动中。自助餐之所以称为自助餐，主要是因为可以在用餐时间调动用餐者的主观能动性，用餐者可自行选取食物，形式也不拘一格，来宾可边吃、边走动、边交谈，因此越来越受到中外人士的喜爱。具体的做法是：厨师将烹制好的冷热菜肴及点心陈列在餐厅长条桌上，就餐者在用餐时根据自身喜好随意取食，然后站着或找位置就座，与他人在一起边吃边交流，或自己一人独自用餐。

一、自助餐的安排

自助餐因其具有免排座次、节省费用、照顾多人口味等特点，越来越受到商务人士的喜爱。在商务交际场合中，也经常会以自助餐作为大型会议等活动的主要用餐形式。但是其安排看似简单，却也要考虑用餐者及活动的需要，量体裁衣，才能达到较好的效果。

1. 就餐时间安排

由于自助餐大多用于大型会议等活动的午餐时间，晚餐很少采用。所以一般根据上午活动结束的时间来确定。如果活动不只持续一天，作为安排者应充分考虑到每天活动时间安排的不同，适时调整自助餐时间，以免耽误用餐。

按惯例，自助餐并无正式的起止时间，用餐者可以随到随吃，一般情况下，每次用餐时间不宜超过一小时。

需要注意的是，就餐安排一定要一视同仁，切不可安排部分来宾用自助餐，另外一部分来宾去参加正式宴请，引起不必要的麻烦。

2. 就餐地点选择

选择自助餐的就餐地点，要考虑周到。一般注意以下几点：

① 为用餐者提供一定的活动空间。

② 要有足够使用的餐桌、座椅。

③ 考虑就餐地点的环境是否适宜。

3. 食物的准备

① 要保证充足的供应，但也不要过多造成浪费。

② 必须注意食物的卫生以及热菜、热饮的保温问题。

③ 要考虑兼顾不同口味，菜品的选择上要口味种类多样。

4. 用餐环节的服务

虽然自助餐的用餐形式不需要主人陪伴，但也应注意用餐环节的服务，令宾客用餐愉快。

① 要注意照顾好主要宾客，但也不必时刻伴随左右。

② 应有专人充当引见者，帮助宾客间进行交际。

③ 应安排服务者做一些辅助性的服务工作，如供应食物、酒水，补充食物等，使宾客用餐更加方便。

二、用餐礼仪

作为用餐者，虽然不必像酒席宴会上始终正襟危坐、推杯换盏，但也要注意言行举止文雅，体现个人及企业的素质。

1. 按序取餐

在用餐时，由于开餐时间相同，往往会出现很多人取餐的情况。在这种情况下，应自觉维护公共秩序，排队选取食物，切忌乱取、乱挤、插队。当轮到本人取菜时，也要迅速决定，快速取菜，以免延误后面宾客用餐。

2. 少量多次

自助餐形式的好处就是不用顾忌席间其他成员的喜好，可以尽管取用自己喜爱的食物。但也要注意取用时量力而行，采取少量多次的方法，避免造成浪费。

3. 拒绝外带

由于自助餐用餐形式的特点，所以一般情况下，酒店都会有不成文的规定，即只允许就餐者在用餐场所自行取用，但不可以用餐完毕后携带回去。因而作为商务人士，在参加自助餐时，一定不要将任何食物带出餐厅，以免造成尴尬局面，有损形象。

4. 注意交际

在任何用餐环境中，商务人士都要注意，宴请是一种社交方式，主要目的是为用餐者提供可以交际的场合。所以，在参加自助餐时，无论食物如何可口、种类繁多，都不要一心一意地食用食物，而是要主动寻找机会，积极地进行交际活动。

实践操作

远阳世纪公司决定在庆祝天津分公司成立典礼仪式后，举办自助餐宴会来招待宾客，但新任负责人不清楚该准备什么和如何准备，请同学以小组为单位进行总结并制作 PPT 陈述。

子任务 4　正确地斟酒、敬酒和饮酒

任务情境

情人节的晚上，小李为了让女朋友过一个浪漫的节日，请她在一家西餐厅用餐。当点好餐后，服务人员礼貌地询问是否要点什么搭配主菜的酒。这令不熟悉西餐的小李犯了难，他们点了菲力牛排作为主菜，那么，应该点一款什么酒来搭配呢？

学生讨论

小李应该点一款什么酒来搭配菲力牛排？

布置任务

西餐用餐时，酒与菜肴如何搭配？

一、酒水种类

1. 按制造方法分类

（1）蒸馏酒

蒸馏酒是指将经过发酵的原料加以蒸馏提纯，以获得含有较高度数酒精的酒液。通常此类酒液经过一次、两次甚至多次蒸馏，如中国的白酒，国外的白兰地、伏特加、威士忌等。

（2）发酵酒

发酵酒又称非蒸馏酒，是指在生产过程中经过发酵但不需蒸馏，得到的酒液。它是以富含糖质、淀粉的果类、谷类为主要原料，添加酵母或其他催化剂，经糖化发酵而成的含酒精的饮料。比如中国的黄酒，国外的啤酒、葡萄酒和其他果酒等。

（3）配制酒

配制酒又称再制酒，常用浸泡、混合、勾兑等方式配制。例如，制作药酒时，就是将蒸馏后得到的高度酒液或发酵后经过滤清的酒液放入不同药材，然后装入容器中密封起来。经过一段时间后，药材的成分就溶解于酒液中，人饮用后便会得到不同的治疗效果和刺激效果。又如鸡尾酒，就是将几种不同的酒液加入其他饮料或食物混合而成的酒液。

2. 按酒精含量分类

① 高度酒是指酒精含量在40°以上的酒。

② 中度酒是指酒精含量在20°～40°之间的酒。

③ 低度酒是指酒精含量在20°以下的酒。

二、中餐酒水礼仪

自古“酒”就有“久”“有”“寿”的象征，中国酒文化历经数载而不衰，酒依然在许多场合使老友新朋关系融洽。善于饮酒的人，不仅能饮，而且会饮。职场人员要真正做到善用酒水，合乎礼仪。

1. 准备酒水

宴会主人要同时准备多种酒，如白酒、红酒、啤酒等，还要为不饮酒的宾客准备好果汁饮料。

2. 酒与菜肴的搭配

酒水的主要功能是在用餐时开胃助兴。如果要使酒水正确地发挥这一作用，就必须懂得酒菜搭配之道。

正式中餐宴会通常会有白酒和葡萄酒。而每位用餐者面前桌面的正前方，排列着大小不等的三个杯子，它们是白酒杯、葡萄酒杯、水杯。

具体来讲，在搭配菜肴方面，中餐所选的酒水讲究不多。爱喝什么酒就可以喝什么酒，想什么时候喝就什么时候喝。通常，正规的中餐宴会不上啤酒，在便餐、大排档中，啤酒最为多见。

3. 斟酒礼仪

(1) 接受斟酒的礼仪

① 接受主人斟酒。主人斟酒时，宾客必须端起酒杯致谢，应起身站立或欠身点头致谢，也可以使用“叩指礼”表示谢意。

② 接受服务员斟酒。服务员斟酒，不必拿起酒杯，但也需要向服务员致谢。

(2) 主人为来宾斟酒礼仪

① 当场起封。主人为来宾斟的酒，应是本次宴会最好的酒，并当场启封。

② 一视同仁。要面面俱到，一视同仁，切勿只为个别人斟酒。

③ 注意顺序。一般以顺时针顺序，从自己所坐之处开始，也可以先为尊长、嘉宾斟酒。

④ 斟酒适量。白酒和啤酒都可以斟满，其他酒不用斟满。

在正式场合，除主人和服务员外，其他宾客一般不要自行给别人斟酒。

(3) 服务员为来宾斟酒

① 斟酒前的准备工作。斟酒前，应用干净的布巾将瓶口擦拭干净。从冰桶里取出的酒瓶，应先用布巾擦拭干净，然后进行包垫。

② 斟酒时机。应在客人干杯前后及时为其斟酒，但当客人正与他人热烈交谈时不宜斟酒。

③ 斟酒的站位与站姿。斟酒时正确的站位是服务员应站在客人的右后侧。同时，站立时应右脚在前，站在两位客人的座椅中间，脚掌着地，左脚在后，身体向左略倾斜，面向客人，右手持瓶，进行斟酒。退时先用左脚掌着地，然后右腿撤回与左腿并齐，使身体恢复原状。再次斟酒时，左脚先向前跨一步，后脚跟上跨半步，形成规律性的进退，使斟酒服务的整个过程潇洒、大方。服务员斟酒时，切忌将身体贴靠客人，不可“左右开弓”，一次为左右两位客人斟酒。

斟酒时的正确站姿应该是先呈直立式持瓶站立，左手下垂，右手持瓶，手臂呈 45° 角向杯中斟酒，上身略向前倾，切忌弯腰、探头或直立。

④ 斟酒方式。按酒具来划分，可分为两种：一种是托盘端托斟酒，另一种是徒手斟酒。

⑤ 持瓶姿势。右手拇指张开，其余四指并拢，掌心贴于瓶身中部，四指用力均匀，使酒瓶握稳在手中，酒瓶商标面向客人。

4. 敬酒礼仪

① 宴会上先由主人向来宾敬酒，主人敬酒后，来宾要回敬主人，在宴席规模较大时，主人则应依次敬酒，各桌可选一位代表到主人所在餐桌上回敬。

② 客人不宜先向主人敬酒，长辈不宜先向晚辈敬酒。

5. 饮酒礼仪

喝酒能反映一个人的格调、品味和修养。每个人酒量都不同，同一个人不同时间、不同心情的情况下，酒量也不同。了解自己的酒量，适当饮酒，避免醉酒失态。

三、西餐酒水礼仪

在正式的西餐宴会，酒水也是主角。与中餐的酒水相比，西餐酒水要丰富得多，有关酒水礼仪也有多方面的要求。

西餐宴会酒水，分为餐前酒、进餐酒、餐后酒三种。

1．餐前酒

餐前酒又称开胃酒，意思是“增加食欲的东西”，是在正式用餐前饮用的，有时会与开胃菜同时食用，目的是刺激食欲，但不能喝太多。

餐前酒因国而异。如，美国——鸡尾酒、威士忌、啤酒；英国——葡萄酒、鸡尾酒、威士忌、啤酒；法国——葡萄酒、威士忌、马丁尼。

2．进餐酒

进餐酒也称佐餐酒，是在正式用餐期间饮用的酒水，西餐进餐酒均为葡萄酒。

在正餐或宴会上选择进餐酒，有一条重要的原则，即“白酒配白肉，红酒配红肉”。白肉指鱼肉、海鲜、鸡肉等，吃这类肉，需要以白葡萄酒搭配。红肉指牛肉、羊肉、猪肉等，吃此类肉时，应搭配红葡萄酒。

3．餐后酒

餐后酒又称消化酒，是帮助消化的意思。常见的餐后酒是利口酒，又名香甜酒。最有名的餐后酒，则是具有“洋酒之王”美称的白兰地酒。白兰地酒精浓度大约42℃或43℃，具有代表性的有法国科涅克地方产的白兰地。

【小贴士】酒吧交际礼仪

酒吧不可作为日常宴请的地点。通常酒吧内提供的都是酒水、饮料及一些小吃，不可作为正餐食用，因而应避免在酒吧进行宴请，而应作为交际的娱乐场所。

- 由于酒吧特定的氛围，应特别强调与异性交往的礼节，应注意举止端庄大方，言语彬彬有礼。
- 重在交际，避免酗酒闹事。

实践操作

模仿公司部门聚餐场景，设置部门不同角色，进行斟酒和敬酒演示。

子任务5　正确地品咖啡和品茶

任务情境

在国企工作半辈子的工程师老李被单位派出与外企的工作人员洽谈技术合作事宜。双方相约在咖啡厅进行商谈。第一次喝咖啡的老李学着其他人的样子随便点了一杯热咖啡。不一会儿，侍者端着大家的咖啡来到桌前，并依次按点单将咖啡放在大家面前。咖啡杯下面的碟子里放着小勺，其他人把糖、奶加入后用小勺搅拌。老李见状顿时茅塞顿开，学着大家的样子也放入糖、奶，然后用勺子搅拌后直接用其舀起就往嘴里送。这时，咖啡厅的人都用奇怪的眼神看着他，并满脸疑惑。老李顿时愣住了，不知道自己到底哪里出了问题。

学生讨论

其他人为什么会满脸疑惑？问题在哪？

布置任务

在饮用咖啡时应注意哪些礼节？

知识链接

在正式的西式宴会，咖啡往往是“压轴戏”。为了照顾个人的嗜好，在宴会上上咖啡的同时往往会备上红茶，由宾客自己选择。

职场人在喝咖啡的时候，一定要注意个人的行为举止，主要是在饮用咖啡的数量、配料的添加、饮用方法等方面注意礼仪规范。

一、品咖啡礼仪

1. 咖啡的种类

（1）巴西咖啡

泛指产于巴西的咖啡。口感中带有较低的酸味，配合咖啡的甘苦味，入口极为滑顺，而且又带有淡淡的青草芳香，清香略带苦味，甘滑顺口，余味令人舒活畅快，是做混合咖啡不可缺少的原料。

（2）哥伦比亚咖啡

产地为哥伦比亚，烘焙后的咖啡豆会释放出甘甜的香味，具有酸中带甘、苦味中平的良质特性，因为浓度合宜的缘故，常被应用于高级的混合咖啡中。

（3）蓝山咖啡

指由产自牙买加蓝山的咖啡豆冲泡而成的咖啡。口味浓郁香醇，而且由于咖啡的甘、酸、苦三味搭配完美，所以完全不具苦味，仅有适度而完美的酸味，一般都单品饮用。

（4）碳烧咖啡

一般用碳火深度烘焙（烘培分煤气、碳火和红外），色泽较黑，味道又香又醇，品起来不觉得酸，如果加炼乳又有一番风味。

（5）摩卡咖啡

摩卡以也门生产的咖啡最佳，摩卡咖啡风味独特，含有巧克力的味道；具有贵妇人的气质，是极具特色的一种纯品咖啡。

（6）意大利咖啡

利用蒸汽压力，瞬间将咖啡液抽出，具有浓郁的香味及强烈的苦味的咖啡。

（7）曼特宁咖啡

产于亚洲印度尼西亚的苏门答腊，别称“苏门答腊咖啡”。它风味非常浓郁，香、苦、醇厚，带有少许的甜味。一般咖啡的爱好者大都单品饮用，但也是调配混合咖啡不可或缺的品种。

2. 饮用咖啡的最佳时间

饮用咖啡的时间一般安排在早餐及午餐后，因其可促进肠胃蠕动，帮助消化，分解高热量、高脂肪食物，也不会因空腹饮用对肠胃造成刺激。咖啡不宜在晚餐过后饮用，以防对睡眠造成影响。

3. 饮用咖啡的礼仪

(1) 数量要少

视频

咖啡饮用礼仪

所谓数量要少是指咖啡与其说是一种饮料，不如说是一种交际的陪衬，因而不宜多饮。一般一杯足够，最多不能超过三杯，并且一杯咖啡需喝上十分钟左右，细细品尝，才能显示品味与高雅。

(2) 自主文明添加配料

添加诸如糖、牛奶等配料时应尽量自主添加而不应随便代他人添加。而且在添加时，应自然大方、温文尔雅，尽量避免不卫生、不得体的做法。

(3) 喝咖啡的方法

① 杯子的握法。不可双手握杯，也不可用手托着杯底，不可俯身就近杯子去喝，不可用手端着碟子去吸食咖啡。应伸出右手，用拇指与食指握住杯耳，轻缓端起杯子。

② 咖啡匙的使用。不可用匙去舀起咖啡来饮用，不可让咖啡匙在杯中立正，不用时应将其平放在咖啡碟里。

③ 给咖啡加糖。给咖啡加糖时，砂糖可以用咖啡匙舀取，直接加入杯内；如果是方糖，先用糖夹将方糖放于咖啡碟的近身一侧，再用咖啡匙把方糖放入杯中，这样可以避免咖啡溅出，而弄脏衣服。

二、品茶礼仪

1. 茶的种类

(1) 绿茶

指一种非发酵茶。由鲜茶叶经杀青、揉捻、干燥等工序制成。叶色青绿。以水沏茶，清香爽口，稍带苦涩味，回味甜。名茶有洞庭碧螺春、西湖龙井、六安瓜片等。

(2) 红茶

全发酵茶。色泽乌黑油润，沏出的茶色红艳，具有特别的香气和滋味。名茶有安徽的祁门红茶。

(3) 乌龙茶

又称“青茶”。一种半发酵茶。茶叶边缘发酵，中间不发酵。由鲜叶经萎凋、摇青（轻度发酵过程）、炒揉和干燥等工序制成。叶色青绿或边红中青。水沏茶汁橙黄或淡金黄，色香味兼有红茶和绿茶的特点。名茶有福建武夷山的大红袍、安溪铁观音、台湾的冻顶乌龙等。

(4) 黄茶

属不发酵茶类,它的加工工艺与绿茶相似,但多了一道焖黄。即鲜叶、杀青、揉捻、焖黄(或在杀青后，或在干燥中途)、干燥。名茶有产自湖南岳阳洞庭湖的君山银针。

(5) 黑茶

属全发酵茶。主产区为四川、云南、湖北、湖南等地。黑茶采用的原料较粗老，是压制紧压茶的主要原料。制茶工艺一般包括杀青、揉捻、渥堆和干燥四道工序。黑茶按地域分布，主要分类为湖南黑茶、四川黑茶、云南黑茶（普洱茶）及湖北黑茶。

(6) 白茶

白茶是指一种采摘后，不经杀青或揉捻，只经过晒或文火干燥后加工的茶。名茶有产自福建省的白毫银针。

(7) 花茶

花茶，又叫香片，是由各种花香熏制而成的茶叶。最大的特点是冲泡沏水后芳香扑鼻，口感浓郁，味道鲜嫩。花茶一年四季都可以饮用，最受欢迎的是茉莉花茶。

2．泡茶的水温

① 普通绿、花、红茶应将水温控制在 85° ~ 90° 。

② 对于一些较为细嫩的茶叶，比如六和春蕊毫、碧螺春等，则应将水温控制在 75° ~ 80° 。

③ 如果是泡制乌龙茶,则可将水温控制在 95° 左右,但也应依茶叶、焙火、发酵程度而定。

3．茶具的选择

茶具分为储茶用具、泡茶用具和喝茶用具。

储茶用具要求防潮、避光、隔热、无味。最好选用特制的茶叶罐，如竹罐、铝罐等，尽量不要用玻璃罐、塑料罐，更不要长时间以纸张包装和存放茶叶。

① 普通绿茶可用浙江龙泉青瓷杯或者景德镇青花盖杯。

② 明前、名优绿茶可用玻璃杯或白瓷敞口杯。

③ 花茶宜用釉色盖碗或者福建脱胎漆器壶杯。

④ 红茶宜用广州织金彩瓷杯、宜兴紫砂壶、涂白釉紫砂杯。

⑤ 乌龙茶宜用潮汕工夫茶具、福建乌龙茶具。

视频

泡茶奉茶礼仪

4．泡茶奉茶

(1) 洁净的茶具

在敬茶前，一定要把茶具洗干净，尤其是放置许久未用的茶具更要细心地用清水刷洗一遍。在冲泡前，还可以用开水烫一下茶壶、茶杯，既讲究卫生，又显得礼貌周到。如果是一次性的纸杯倒茶，则应在倒茶前将杯子套上杯托，以免客人饮用时烫手。

(2) 适量的茶水

冲泡茶叶时，茶叶应适量，过多味道过浓，过少没味道。同时要兼顾客人的口味，以其喜好冲泡。不宜在客人面前取茶，更切忌用手抓取茶叶，应用专业的茶勺拿取，或直接用茶罐将茶叶倒入茶壶、茶杯。倒茶时，茶水不宜倒得过满，应以八分满为宜，以免溢出；但也不可过少，以免引起误解，使客人误以为主人是装模作样，不是诚心诚意。

(3) 双手奉茶

按照中国传统礼仪，应用双手将茶递送给客人。对于有杯耳的茶杯，应用一只手抓住杯耳，另一只手托住杯底，将茶端给客人。

(4) 奉茶顺序

在家中待客时，应由家中晚辈或服务人员为客人上茶；如遇重要客人，则最好由女主人亲自奉茶。在商务场合中，一般应由秘书、接待人员为来宾奉茶；如遇重要客人，则应由本单位在场职位最高者亲自奉茶。

奉茶时讲究顺序，可遵循先客后主、先主宾后次宾、先女后男、先长辈后晚辈的原则；也可以进入室内为起点，按序依次上茶；还可按照客人先来后到的顺序上茶。

5. 品茶

(1) 小口慢饮

饮茶时应小口小口地仔细慢饮品味，切不可大口吞咽或者喝得咕咚咕咚响。

(2) 入乡随俗

茶起源于中国，后来又传播到亚洲及世界其他地区，由于各国文化的差异，饮茶的习俗也不尽相同。例如，西方许多国家，特别是英国有喝下午茶和以茶会招待宾客的形式，除饮茶外，还会提供一些点心或风味小吃；而日本人崇尚茶道，并将其作为陶冶人的心灵的一种艺术。以茶道招待客人，重在渲染一种气氛。

实践操作

礼仪展示 PK 赛：以小组为单位，分别设计两个情境，演示几个朋友一起饮茶，两位友人一同品咖啡。其中要准备茶具、咖啡用具等（见表 4-8）。请同学注意观察并指出做得好的方面。以展示的礼仪点多的小组为胜利组。

表 4-8 饮茶与品咖啡情境模拟

场　景	道　具	礼仪展示评价	备　注
品茶			
品咖啡			

拓展实践

以小组形式，每组 8~10 人。分别设置酒店、西餐厅、咖啡厅场景，分配角色有：餐厅服务员、主人、就餐宾客，模拟入座次序、用餐过程及离席等情境。

要求：演练过程中，明确各环节礼仪注意事项。教师讲评，同学互评。

任务 4 商务会议礼仪

能力目标

- 能够全面地完成会议筹备。
- 能够周道地安排会议服务工作。
- 能够礼貌地出席会议。

梦华服装集团为了开拓夏季服装市场，拟召开一个服装展示会，推出一批夏季新款时装。秘书小王拟了一个方案，内容如下：

① 会议名称："梦华服装集团夏季时装秀"。

② 参加会议人员：上级主管部门领导 2 人；行业协会代表 3 人；全国大中型商场总经理或业务经理以及其他客户约 150 人；主办方领导及工作人员 20 名。另请模特公司服装表演队若干人。

③ 会议主持人：梦华集团公司负责销售工作的副总经理。

④ 会议时间：5 月 18 日上午 9 点 30 至 11 点。

⑤ 会议程序：来宾签到，发调查表；展示会开幕、上级领导讲话；时装表演；展示活动闭幕、收调查表，发纪念品。

⑥ 会议文件：会议通知、邀请函、请柬；签到表、产品意见调查表、服装集团产品介绍资料、订货意向书、购销合同。

⑦ 会址：服装集团小礼堂。

⑧ 会场布置：蓝色背景帷幕，中心挂服装品牌标识，上方挂展示会标题横幅。搭设 T 型服装表演台，安排来宾围绕就座。会场外悬挂大型彩色气球及广告条幅。

⑨ 会议用品：纸、笔等文具；饮料；照明灯、音响设备、背景音乐资料；足够的椅子；纪念品（每人发梦华服装集团 T 恤衫 1 件）。

⑩ 会务工作：安排提前来的外地客人在市中心花园大酒店报到、住宿；安排交通车接送来宾；展示会后安排工作午餐。

请同学们思考：小王的会议方案有无需要改进的地方？你知道该怎么改进吗？

会议，又称集会或聚会。在现代社会中，它是人们从事各类有组织的活动的一种重要方式。在一般情况下，会议是在领导的号召下，有组织地使人们聚集在一起，对某些议题进行商议或讨论的集会。在商界活动中，由于会议发挥非常重要的作用，商务人员往往要亲自从事会务工作，即负责从会议的筹备直至其结束的一系列具体事项。会务礼仪，主要就是有关会议服务的具体礼仪规范。

子任务1　全面做好会议筹备

任务情境

国内著名的某家电公司近期正在筹备召开全国客户咨询洽谈会的有关事宜。近两年，公司推出了一系列新产品，占领国内50%以上的家电市场，在国内影响很大。最近，公司又在计算机、手机、电视等多个项目上研制生产出新型、新款产品，准备在本次客户咨询洽谈会上展出，进而引起客户和消费者的关注。

营销部主任提供了一份本公司的客户名单，包括各类单位和个人，约有两三百人。公司派主抓公关销售的王雄副经理迅速成立会务筹备组，决定给单位和客户发会议邀请函，拟定会议方案，准备大会所用的会议材料。

会议定于2019年10月10日在北京国际会议中心召开，会期暂定为5天，其中第一天为开幕式，第二天专家讲座，第三天专家咨询，第四天专项合作项目洽谈，第五天组织客户游览长城。王副经理成立筹备组，成员共10人，他们首先召集工作筹备会，明确将要召开的咨询洽谈会的主题；围绕主题，拟定大会筹备方案；最后确定参加会议的正式人员280人，其中特邀有关领导和专家10人，工作人员10人。

学生讨论

① 在召开洽谈会前，该家电公司都做了哪些筹备工作？

② 如果你作为大会筹备组成员，接下来还应做哪些筹备工作？

布置任务

以小组为单位拟定会议筹备方案。

知识链接

商务人员在其日常工作中必不可少的一件事情，就是组织会议。因此，会议自然而然地成为商务活动的重要组成部分。一般来说，在整个会议的组织过程中，筹划尤其重要。

一、前期筹划

1. 确定会议主题

在筹备会议前，应先确定会议的主题，即会议的指导思想。因为会议的形式、内容、任务等，都需要在主题确定之后才能够依次加以确定。

2. 确定会议名称

根据会议的主题拟定相应的会议名称，会议名称应言简意赅、主题鲜明。

3. 确定会议规模和规格

根据会议主题、内容，来确定会议的规模，进而确定接待规格，在进行这一工作时，应按需制定，切忌铺张浪费。

4．确定会议时间、会期

根据会议的紧急程度、日程安排、会议内容以及考虑大多数与会人员工作时间，进而确定会议时间及会期的长短，应注意提高会议效率，省去不必要的会议时间，但也应留出应急时间，避免会议中发生延误等情况而措手不及。

5．确定会议所需用品和设备

根据会议主题、内容及规模确定会议所需用品和设备，以便提前准备及购买，例如，悬挂的条幅等用品，应充分考虑其制作周期；而音响及多媒体设备需要提前准备并调试。

6．确定会议组织机构

根据会议主题及内容确立相应的会议组织机构，并将会议筹备工作交由相应的组织机构来进行，要做到分工明确，责任到人。

7．确定与会人员名单

根据会议主题和内容确定与会人员名单，以便尽早通知并确认会议日程。

二、会议场所准备

会议场所的准备是又一项重要工作，场所的确定直接影响会议的效果，通常在进行会场选择时，应依据以下因素：

① 场所地点交通是否便利。

② 是否符合会议规模和档次。

③ 会议举行时间内场所是否有档期。

④ 会议场所周围环境是否安静，避免在噪声过大的地方举行会议，影响会议效果。

⑤ 会议地点停车位、住宿、用餐等情况是否能够满足需求。

⑥ 是否能满足会议所需的各种设备且设备状态良好，例如，照明、音响、空调、多媒体等。

⑦ 相比较租用费用，性价比是否最高。

三、会议事项安排

1．安排会议议程与日程

根据会议内容及已确定的会期，来安排会议议程与日程，要注意充分考虑会议的发展进程及与会人员是否能够劳逸结合，合理安排时间。

2．制发会议通知

会议通知，是会议主办单位发给与会单位和个人的书面通知。通常，应当提前一定时间发至与会单位或个人手中，以便其能够及早安排日程并做参会准备。

会议通知应尽可能的简单明了。应包括会议的名称、目的、内容、时间、地点、路线、会期时间段、出席嘉宾、参会要求（与会人员准备什么、携带什么等）等，做到让与会人员在参会前即对会议有初步了解。

与会人员接到通知后，应向会务组报名。告知将参加会议，以便大会发证、排座位、安排食宿等。

3. 制作会议证件

确定与会人员后，应着手制作会员证件，证件应注意要易辨识，某些会议应要求与会人员提供照片，并印发在会议证件上，以保证会议安全顺畅。

4. 准备会议文件

会议文件根据会议议题准备，即会务组在会前准备的“**会议文件”。文件较多的会议，还应对文件进行编号，编号按会议顺序编定。会议所用的各项文件，均应在会前准备好，装入会议文件袋，在与会人员报到时分发。

四、会场布置

会场要结合会议性质、内容进行布置。大、中型会议往往要设主席台。会场的布置应该包括会标、会徽、台幕、标语、桌签、座签、色调、灯光、气味、旗帜、花卉等方面。此外，还必须安排好音响、照明、通信、录音、照相、录像以及会间茶歇等。

大型会议还要安排好进场、退场的路线。会场的布置应充分考虑会议的主题、形式、内容等方面的情况，适时调整布置风格和所需物品。

在进行布置前，应做好必要的计划和准备，并应考虑实际操作中可能会出现的各种情况，准备时应预留出部分余量，并派专人保存、管理和布置相应的物品，避免由于保存不善而丢失或布置时由于分工不明确而手忙脚乱甚至出现错误。

五、席位安排

有些会议往往要对会场按系统或单位进行划分，分设代表席、工作人员席、记者席等。座次的安排，主要指主席台上除了主持人和讲话人外，还要有领导人员。对这些人员，必须事先确定并逐一落实，位置按党政机关规定的顺序排列，最好摆放名签，以便届时对号入座。话筒要摆放在最佳位置，如讲话人较多，则应多几组话筒。

1. 大型会议席位安排

一般情况下，大型会议的位次都会分为主席台与群众席，通常还会安排发言席，如图 4-17 所示。

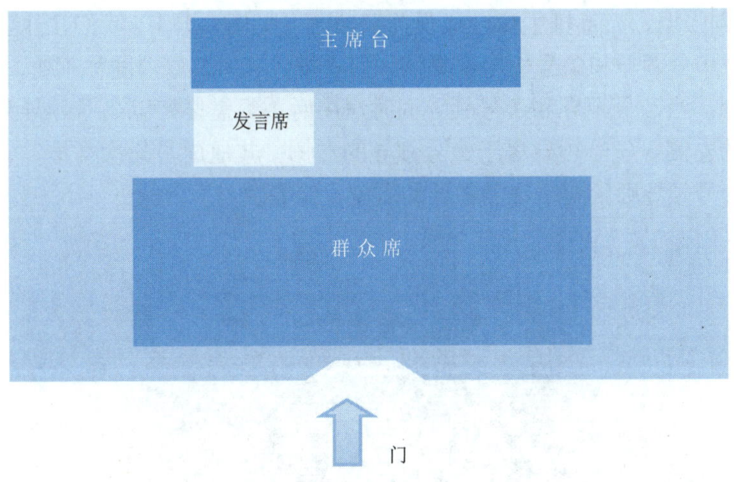

图 4-17　大型会议发言席位置安排

（1）发言席

发言席可以设置在主席台前方中央位置，也可设置在主席台右前方位置。

（2）国内会议主席台

国内的大型会议中，尤其是政务性会议通常主席台成员排位遵循的原则是：以前为尊，居中为尊，以近为尊，以左为尊。

- 以前为尊。如图 4-18 所示，①～⑤号领导高于⑥～⑩号领导。
- 居中为尊。如图 4-18 所示，①号领导为最高职务，即①号领导居中，后排⑥至⑩号中⑥号领导居中。

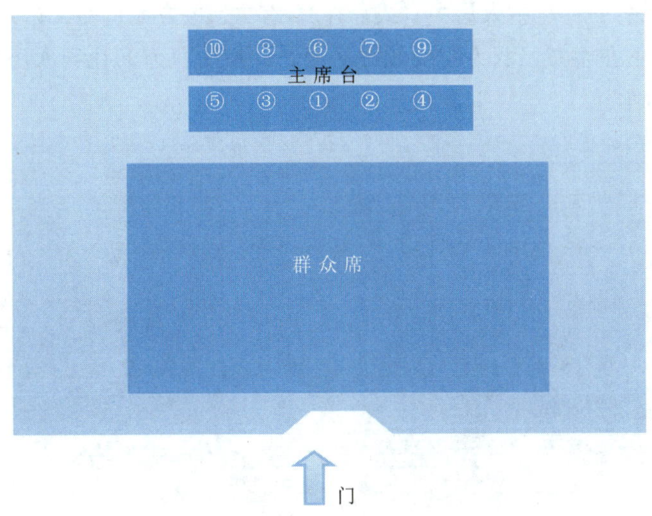

图 4-18　主席台成员每排单数席位排列

- 以近为尊，以左为尊。以近为尊，以左为尊，是指位次离领导越近越尊贵，离领导同等距离时，以居左侧的为尊位，如图 4-18 所示，即②号领导居于①号领导的左侧，③号领导居于①号领导的右侧；④号领导居于②号领导左侧，⑤号领导则就座于③号领导的右侧；无论同一排有多少人次，都以此类推。

• 需要特别强调。当每排主席台成员为双数时（见图 4-19），我们往往会不知所措，不清楚中间的两位①号领导和②号领导位置该如何安排。其实，原则同样不变，遵循以近为尊、以左为尊的原则。当①号领导和②号领导同时居中时，只需坚持以①号领导为准；②号领导居于①号领导的左侧；③号领导居于①号领导的右侧；其他成员此次类推，④号领导居于②号领导左侧，⑤号领导则就座于③号领导的右侧，等等。

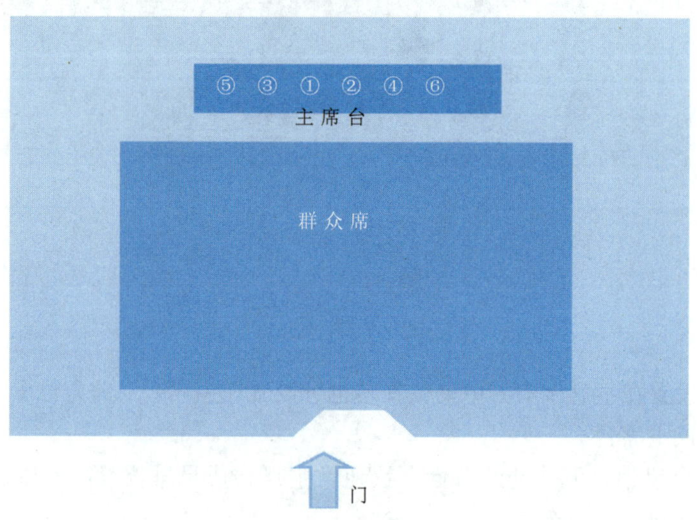

图 4-19　主席台成员每排双数席位排列

（3）涉外会议主席台席位安排

依照国际礼仪惯例，涉外会议主席台成员排列原则：以右为尊。在我国涉外活动中，席位安排主要两种方法：一种是主人居中（或居左），客方、主方人员交叉排列，如图 4-20 所示；一种是分边设座，主左客右，双方主要领导居中，并按照双方的礼宾次序由中间向两边进行排列，如图 4-21 所示。

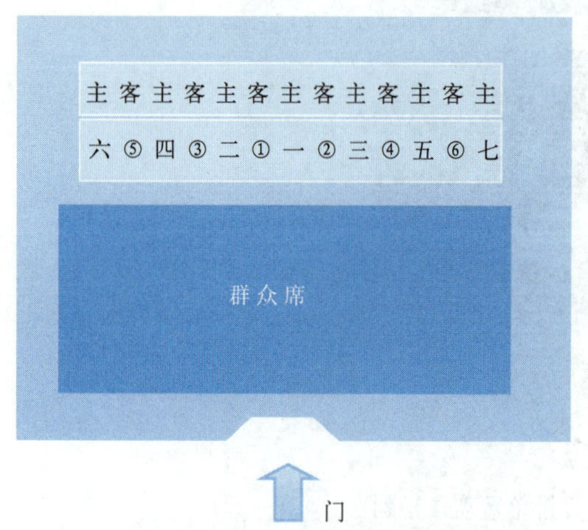

图 4-20　涉外会议主席台席位排列（一）

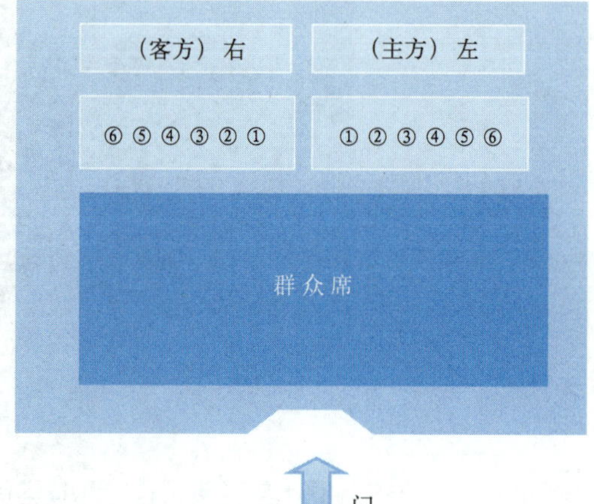

图 4-21　涉外会议主席台席位排列（二）

2．小型会议的席位安排

小型会议的安排一般会选择长桌、椭圆桌或 U 形桌来进行，其中椭圆桌比较有利于与会人员交换意见。

（1）我国国内官方的小型会议

座席安排方式一般遵循以远为上，也就说距门最远的会议桌的一端为 1 号领导之位。其他与会人员的位次则以主席之位为准，以左为尊，自左而右的依次排列，如图 4-22 所示。

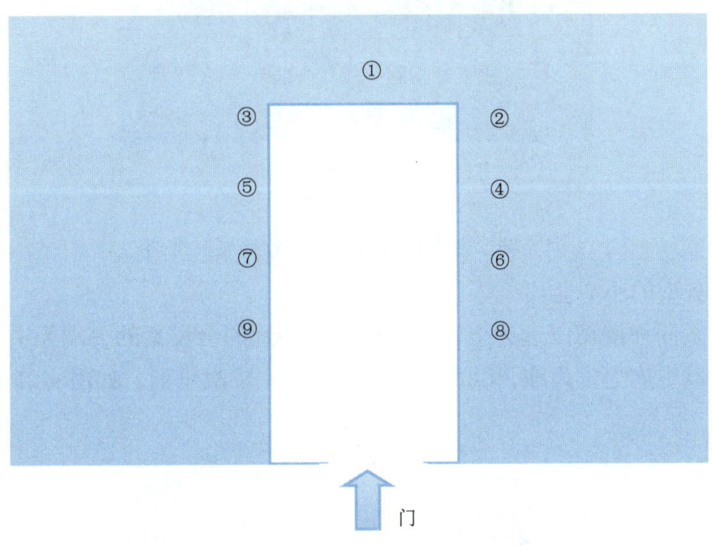

图 4-22　国内官方小型会议长桌席位排列

如果会议是向上级领导汇报情况，通常上级领导及陪同人员坐在面门或朝南一方的主宾席上，主要领导居中，汇报单位对面就坐，如图 4-23 所示；如果是同级单位之间进行座谈、交流，通常是本单位领导及陪同人员坐在面门一方，同级单位的来宾对面就坐，如图 4-24 所示。

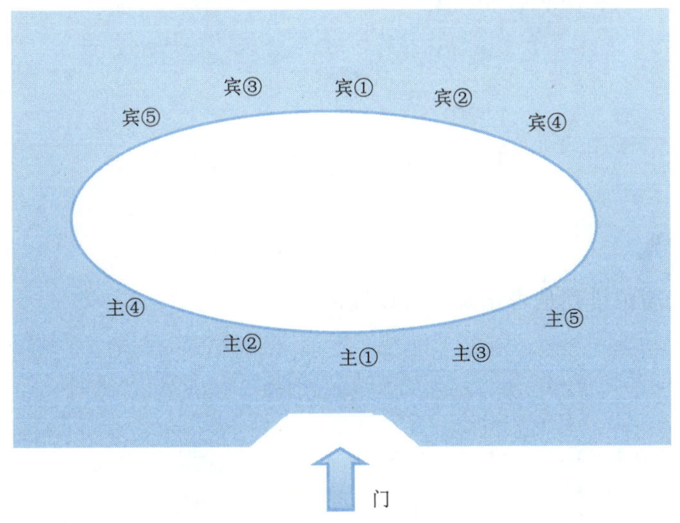

图 4-23　国内官方小型会议椭圆桌席位排列

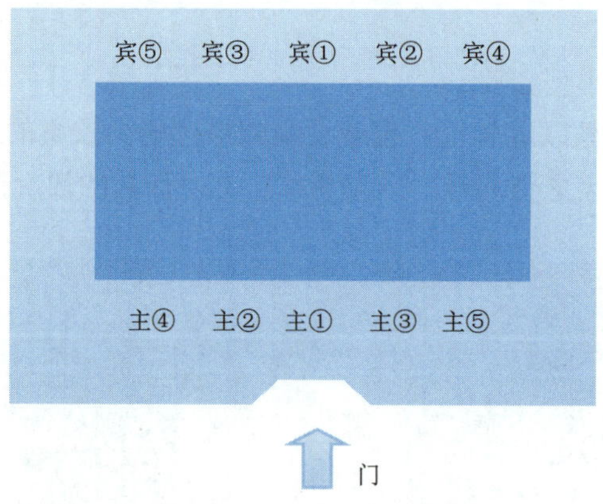

图 4-24 国内官方小型会议长桌席位排列

（2）国际商务型的小型会议

座席安排方式同样遵循以远为上，也就说距门最远的会议桌的一端为主席之位。其他与会人员的位次则以主席之位为准，以右为尊，自右而左依次排列，如图 4-25 所示。

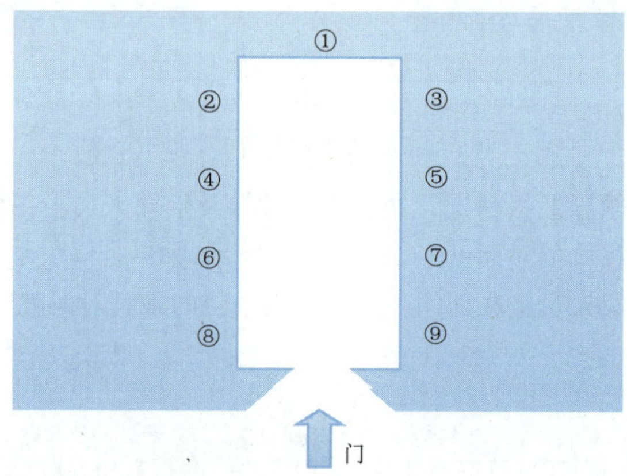

图 4-25 国际小型会议长桌席位排列

实践操作

图 4-26 中会议席位排列是否正确，谈谈理由。

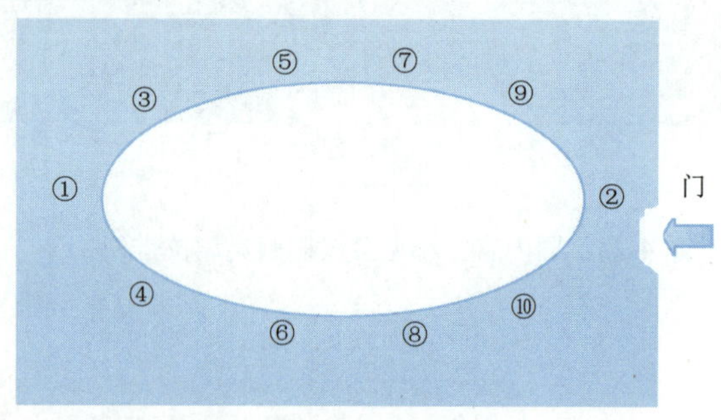

图 4-26 会议席位

子任务 2　规范地进行会议服务

任务情境

一家四星级酒店正举行一场小型会议，接待员把与会人员引领到大堂边的一个金碧辉煌的接待室，以等候主方会见。落座后，服务员在每位与会人员的茶几上摆放了茶杯，然后用手从茶叶筒里取出茶叶，依次放入每位与会人员的茶杯中，再用暖水瓶往杯子里倒水。5 分钟后，服务员尚未把滚烫的开水倒完，主方人员就赶来了。干渴的与会人员没喝一口水就离开前往会议室了。

学生讨论

① 酒店在会议茶水服务方面有何不妥之处？

② 在进行会议服务前应做哪些准备工作？

布置任务

应如何才能做好会议服务工作？

知识链接

一、接站服务

举办某些大型商务会议时，由于与会人员来自全国各地乃至世界各地，作为东道主，为确保与会人员顺利抵达会议场所，需要提供接站服务。一般情况下，提供接站服务主要需要做以下工作：

1．确定接站规格

根据与会人员的身份、地位、与东道主的关系等来确定接站规格，以便派遣适宜的人员和车辆进行接站。对方职务较高时，需要领导亲自接站，如果领导不能亲自接站，接站的人员要代替领导接站，并向对方表示歉意。无论与会人员有多少，负责接站人员都应亲自接站，以免与会人员误会被怠慢。

2．掌握抵达情况

当确定与会人员名单后，应及时确认抵达人员的姓名、职务、联系方式、交通方式、抵达时间、到达的具体站点等情况，以便提早做出安排。在与会人员抵达前，接站人员还应再次与其联系，最后确定准确时间和地点，并应至少提前 10 分钟到达接站地点，以免造成错接、漏接。

3．确保热情服务

抵达接站地点后，应选择醒目位置放置接站牌，写明会议名称及与会人员姓名等信息，并耐心等候。客人抵达后，应主动相迎问候握手，并进行自我介绍，若对方行李较多，则应主动表示可以提供帮助。到达接送车辆处，则应主动帮助其放置行李并协助其登上车辆，之后，接站人员应随车陪同客人抵达住宿地点，并帮助其办理入住手续。

二、报到服务

一般情况下，主办方应在会议日程开始的前一天，在驻地设立报到处，安排专人负责报到事宜，具体工作如下：

1. 查验证件

与会人员报到后，应由工作人员对其证件进行查验，主要包括个人身份证件及单位介绍信或邀请函等，以确认与会人员身份，避免出错。

2. 登记信息

当确认与会人员身份后，应及时将其相关信息登记在册，包括个人姓名、职务、联系方式、房间号码等，以便会议过程中与其保持联系并确认出席情况。

3. 分发会议资料

当与会人员报到时，应将会议资料及时分发至每位与会人员手中，使其能够对会议日程及安排、其他与会人员情况有更为全面的了解，帮助其顺利参加会议。

4. 安排食宿

应对与会人员的食宿问题进行妥善安排，依据会议的接待规格，尽量满足与会人员的合理要求，为其参加会议提供方便。

5. 提供咨询服务

会议举办期间，会务组成员应及时提供会议相关的咨询服务，将联系方式告知每位与会人员，为大会顺利进行提供保障。

需要注意的是，在进行服务的过程中，工作人员应注意自身礼仪规范，多使用文明礼貌用语，提供微笑服务。

三、签到服务

为准确统计参会人员情况，每天会议日程开始前，主办方应在入口处设置签到处，帮助确认与会人员是否到齐。

1. 签到卡

重要会议往往用此种方式，与会人员在卡面上签名之后再进入会场。

2. 签到簿

这是小型会议常常采取的形式。与会人员在签到簿上签名，一般还应注明单位和职务。签到工作结束后，工作人员应及时将到会情况报告会议主持人。

四、引导服务

会务组还应在办公地点及会议举办大厅附近设置引导牌。引导牌能够让参会人员准确找到相应地点。必要时，还应派专人进行引导服务，特别是对于参加会议的重要领导或成员，要按照服务礼仪的规范要求为其提供引导服务，并应注意提前培训引导人员，使其仪容、仪表及仪态符合规范，令与会人员感受到会议接待的规范及周到的服务，使得会议在顺利进行的同时充分体现会议组织单位的精神风貌。

五、会间服务

1. 发放会议资料

在每天的会议日程中，可能还需要有临时发放的会议材料，会务组应派专人进行发放，发放时要注意人手一份，按顺序依次发放，并尽量不扰乱会场秩序。

2. 茶水服务

(1) 准备工作

在会议开始前，应按照会议规格准备一种或多种茶及饮料，在上茶前可询问与会人员的喜好，如果只有一种茶叶也应向其告知，求得同意后再上茶。另外，应提前将茶具清洗干净，确保茶具干净卫生，避免由于茶具未清洁干净而引起宾客的反感。最后，作为负责茶水服务的工作人员，在会议前还应检查个人卫生情况，确保宾客的身体健康和茶水的清洁卫生，并应注意不可用手抓取茶叶。

(2) 倒茶礼仪

倒茶时，应站于宾客右侧，切忌站在宾客正前方挡住视线或在两位宾客间左右开弓倒茶；续水时，如果是有盖的杯子，用中指和无名指将杯盖夹住，轻轻抬起，大拇指、食指和小拇指将杯子取起，侧对客人，用左手容器填满，同样摆放在饮水者右手上方 5 ~ 10 厘米处，有柄的则将其转至右侧；无论是大杯小杯，倒水的位置一般以杯子的七八分满为宜。

实践操作

以小组为单位，模拟进行会议报到服务，演示项目和实践要求见表 4-9。

表 4-9 会议报到服务模拟

演示项目	实践要求	评 价
场景 1：查验证件	双手接递；文明用语；语言亲切；热情微笑	
场景 2：登记信息	解释清晰；热情服务	
场景 3：分发会议资料	双手递送；热情服务	
场景 4：安排食宿	解释清晰；热情服务	
场景 5：提供咨询服务	细致耐心；热情服务	

子任务 3 礼貌入住酒店和出席会议

任务情境

张华大学刚刚毕业不久，工作还算得心应手。前不久，该公司应邀参加一个市级研讨会，这次研讨会邀请了很多商界知名人士以及新闻界人士参加。公司总经理李总特别安排张华和他一道去参加，同时也让他长长见识。

因为晚上整理资料有些晚了，第二天，张华居然睡过了头，早早已到会场的李总给他打电话时，他才从梦中惊醒。等他赶到会场，会议已经进行了二十多分钟了。他慌慌张张推开了会议室的门，“吱”的一声脆响，他一下子成了会场上的焦点。刚坐下不到五分钟，肃静的会场上又响起了摇篮曲，原来是张华的手机响了！这下子，他可真成了全会场的“明星”……

没过多久，听说张华已经另谋高就了……

学生讨论

① 张华为何会另谋高就？

② 谈一谈张华在参加会议时都有哪些失礼之处。

布置任务

你认为参加会议时应注意哪些礼仪规范？

知识链接

一、入住酒店

1．提前预定

在商务场合中，参加会议往往需要入住酒店。入住酒店应提前预定，以免出现因缺少房源等情况造成无法入住。预订可采取电话或网络预订的形式，如果是国家公务人员则应该在国家指定的定点酒店入住。

电话预订时应礼貌询问服务人员酒店具体情况，是否符合企业、单位出差报销要求，并询问本企业、单位与该酒店是否有协议价格。应将入住的人数、房间数、房间要求、入住时间、退房时间和其他要求向酒店前台预订人员先行讲明。如果因特殊情况不能按时到达酒店，应尽快电话联系前台，否则预订就会被取消。

2．办理入住

入住当天应携带个人身份证件去前台办理入住手续，并提前告知酒店开具发票的要求。办理过程中，尊重服务人员，注重礼貌用语，双手递接物品。

如果带了大量的行李，酒店行李员会帮助搬运行李，作为宾客也要礼貌地道谢或付小费表示感谢。当前面有正在排队的顾客，要静静地按顺序等候，并保持一定的距离，不要贴得太近，更不能乱挤或采取无理取闹的态度。

3．公共场合

酒店大厅、餐厅、走廊属于酒店的公共场所，作为宾客一定不要在这些场合表现得像在家里一样，甚至穿着睡衣或浴衣转来转去。同时，还应注意不要大声说话和吵闹。遇到雨雪天气，要收好雨具，把脚上的泥雪去净再进入酒店。

4．客房休息

(1) 人际关系

① 礼貌对待服务人员。对于服务人员，应注意平等相待，处处尊重其人格。

② 理解同屋室友。有些情况下，可能需要与其他同事同住于一间客房之内。此时，不仅要符合有关规定，还要注意互相适应、互相理解。切勿以我为尊、目中无人。

③ 会晤来访客人。在商务场合中，有时企业、单位会临时租用客房作为办公之用，在客房接待来访客人应注意以下禁忌：

第一，接待客人数目不宜过多。在房间内接待客人时，一定要注意人数不宜过多，以免由于人数过多影响酒店正常服务，也会影响其他客人的休息和安全。

第二，接待时间不宜过长。接待时间应尽量选择在白天工作时间内进行，避免打扰其他客人休息。另外，也应注意接待时间不宜过长，更不可随便邀请客人留宿，以免破坏酒店规定，影响他人入住。

④ 对待周围邻室要友好。在客房内进行任何活动时，都应充分考虑周围房间客人的休息和工作。如果对方有求于自己，如有条件，应尽力相助。

(2) 享受服务

① 遵守规章。在客房入住期间，应遵守酒店的各项规章制度，例如，在房间的哪些地方是禁止吸烟的，等等。

② 爱护设备。在客房休息期间，应自觉爱护酒店的设备，如果损坏应照价赔偿。宾馆提供给客人使用的物品，应尽量节约使用。

③ 注意安全。在入住期间应注意自身生命安全，特别是防火安全。如果遭遇突发事件，一定要服从酒店工作人员的安排，有秩序的撤离现场。

④ 慎管财物。应妥善保管个人财物，一般情况下，不应将贵重物品、现金、有价证券等财物存放于客房之内。有些酒店提供免费的贵重物品寄存服务，可将其存放于此，以免造成财物损失。

⑤ 注重细节。保持房间内清洁卫生，废弃物要放于垃圾桶内；房内物品尤其是个人物品尽量摆放整齐；电视音量要适中；淋浴时，将浴帘下部放到浴缸内，不要把地面弄湿，等等。

二、礼貌出席会议

作为商务人士，在出席各类会议时，其代表的是整个企业的形象。因而，出席会议时应遵守什么样的礼仪规范就显得尤为重要。

1．重视着装

无论会议规模大小都应视作是正式场合，所以出席会议时的着装不能像平时一样随意，而是应该尽量着正装出席，着装的色彩和图案也应力求简洁、素雅。

2．遵守秩序

出席会议的过程中，出于礼貌的角度，应将手机等可能发出异响的设备关闭；会议开始后，不能够在会场内随意走动或擅自中途退场；当有与会人员发言时，应适时地予以掌声鼓励；同时，应尽量服从会务组的会议安排，不要特立独行或挑三拣四。

3．按时出席

应在规定的时间之前到达会场，并找到自身位置，提前做好会议开始前的准备，应避免迟到、早退这些不礼貌的行为。如确实必须离开时，应当向有关人员讲明原因，离席时要弯腰、侧身，尽量少地影响他人，并表示歉意。

4．尊重与会人员

会议开始后，应尊重与会人员，互相礼让，专心听讲，认真记录。切不可破坏会场秩序，与他人交头接耳，或在会议进行中做出打哈欠、皱眉头等不当举动。

实践操作

请同学分组模拟入住酒店如何办理入住手续，演示项目和实践要求见表 4-10。

表 4-10　办理酒店入住手续模拟

演示项目	实践要求	评　价
场景 1：礼貌询问	文明用语；语言亲切	
场景 2：出示证件	积极配合；亲切微笑	
场景 3：领取房卡	双手接物；亲切微笑	
场景 4：询问事宜	语言清晰；亲切微笑	

拓展实践

秦皇岛职业技术学院于 2021 年 6 月份为新一届毕业生举办毕业典礼，地点确定为学院报告厅，与会人员包括学校院级领导、各系部的主管领导、毕业班辅导员以及全体毕业生。请同学们结合所学为毕业典礼进行会议策划。

要求：

① 以小组为单位，撰写会议方案并 PPT 演示。

② 考核要求：小组分工明确；方案完整全面，有可操作性；讲解语言流畅，仪容仪表规范，仪态大方。

项目五 综合训练

综合训练环节是通过模拟前四个项目真实情境，引导同学们主动参与、积极合作，全面整合前四个项目的礼仪知识和技能，并加以体验。通过强化训练将所学知识真正落实到实践中，提升同学们对仪礼知识的应用能力，以便更好地为职业生涯发展做好准备。

任务 1 约见人力资源招聘主管

应聘面试，是学生正式走向社会的第一步，也是求职者如愿走上心仪工作岗位的必经关卡。面试中，礼仪是一个非常重要的因素，透过礼仪可以展示面试者的涵养和素质，甚至决定着面试的成败。通过此项任务训练，让学生能够进行全方位的礼仪展示，达到学则会用的目的。

训练目标

- 能够做好面试前的准备。
- 能够做到约见面试过程言谈举止大方得体。
- 能够做到小组成员团结协作。

训练任务

子任务 1：准备求职资料。

子任务 2：设计个人形象。

子任务 3：演示面试过程礼仪。

任务情境

公司名称：鱼酷餐饮管理公司。

人力资源主管：贾先生。

应聘部门：运营部。

应聘职务：门店餐厅经理。

应征者简介：

姓名：______ 性别：______ 年龄：______ 毕业学校：______ 所学专业：______

设计的问题：

① 介绍一下你的家庭成员。

② 评价一下自己，你的优点和缺点都有哪些？

③ 谈一谈在校期间你参与过哪些社会实践？收获是什么？

④ 大学期间，你的实习单位是哪里？你的实习期有多长时间？评价一下你的实习单位（认同方面与否定方面）。

⑤ 你对我们公司了解有多少？为什么想来我们公司工作？

⑥ 你对应聘的岗位了解多少？你觉得你有足够的能力来胜任这个岗位吗？为什么？

⑦ 如果你获得了这个机会，你可不可以想象一下三年或五年以后的自己？你有没有考虑过你的职业生涯规划？

⑧ 你所期望的待遇可能超过了我们公司的预期，我们可能无法满足你的要求，你能接受吗？为什么？

实践要求

按项目情境内容，在班级中分出若干小组。每个小组中分别选出一个或几个人力资源主管及面试者，进行演示训练（面试场景设计自拟）。小组上台试演，全班讨论确定最佳表现小组，教师进行总结评价。

子任务 1　准备求职资料

任务实施

1. 撰写求职简历

① 封面设计：简洁、美观、独具个人特色。

② 个人简历：个性突出、设计精美。

2. 撰写求职信

① 格式要求完整的四个方面：称呼、正文、结尾、署名、日期。

② 称呼要明确、有礼貌；内容尽力展示自己的优势；个人评价要实事求是。

3. 填写登记表或求职表

① 填写认真、细心，内容具体、清晰，有逻辑性 。

② 回答问题完整具体。

4. 其他个人材料

① 推荐信、毕业证书、成绩证明。

② 获奖证书。

③ 论文或科研成果。

5. 了解应聘单位和应聘职位

对应聘单位及职位情况的了解和研究，做出书面信息整理（到企业实地考察、网络查阅、电话问询等）。

考核评价

考核点和考核要求如表 5-1 所示。

表 5-1 考核点和考核要求

考 核 点	考 核 要 求	评 价
完成时间	一周	
资料齐全	五项	
文字格式	符合规范	
内容阐述	真挚感人	
电子邮件	符合礼仪规范	
总体分值（100 分）		

学生分享

由小组选取代表对本小组模拟训练情况进行整理评价，与大家分享，取长补短。

子任务 2 设计个人形象

任务实施

1. 展示仪容

① 个人仪容卫生：面部、四肢；忌口腔异味。

② 面容化妆：精致淡妆。

③ 头发：清洁整齐，发型、发色符合角色标准。

2. 展示着装（可借用）

① 服装上下装款式、搭配及颜色符合面试要求。

② 鞋袜：鞋光亮清洁，款式和颜色搭配得当。

③ 饰品：首饰少而精；服饰搭配得体。

考核评价

考核点和考核要求如表 5-2 所示。

表 5-2　考核点和考核要求

考　核　点	考　核　要　求	评　　价
发型	清洁、整齐、大方	
眉毛（胡须）修饰	干净、整洁	
整体妆容	清新亮丽感	
下装款式	大方得体	
鞋袜搭配	光亮、清洁、协调	
饰品搭配	大方得体	
总体分值（100 分）		

学生分享

由小组选取代表对本小组模拟训练情况进行整理评价，与大家分享，取长补短。

子任务 3　演示面试过程礼仪

任务实施

1. 语言展示

① 问候语：面带微笑、声音甜美；伴有小鞠躬、点头礼。

② 自我介绍：目光有神、面带微笑；语言清晰、语调明快。

③ 交谈：态度真诚、谦恭、专注；回答问题简明扼要、切中重点。

2. 基本姿态展示

① 站姿：上体挺拔、下颌微收、面带微笑、优雅大方，选择适宜的站姿。

② 走姿：上体挺拔、精神抖擞、面带微笑、步态自然、富有节奏。

③ 坐姿：左侧入座，右脚后撤，女士拢裙，屈膝屈髋坐下；落座至坐具的三分之二或二分之一处，选择适宜自己的规范坐姿；上体挺直、肩下垂、双腿自然、目光平视、面带微笑；起座时，右脚后撤，伸髋伸膝起身。男士自信豁达，手放膝盖；女士端庄矜持两手相叠，（一般右手握左手）轻放于两腿间；坐姿传递的信号是大方随和的，表达出愿意合作的诚意；离座时，座归位，并致谢。

3. 体态语言展示

① 目光：注视对方额头与双眼的三角区；注视时间占谈话时间的三分之二；注视方式为正视为主，环视为辅。

② 微笑：真诚、自信；客观、激情，有亲和力；可露 6 ~ 8 颗牙齿。

③ 手势：面试过程中，尽量不用手势；做指示手势时，五指并拢，肘关节成 140° 左右；双手正向对方递接物品。

④ 其他细节：手肘不要放在桌子上；不要抖腿；不要向后靠椅背；不嚼口香糖；不吸烟；

随身物品（略大的包等）要放在座位下右脚旁边；结束时，将喝水纸杯带走；先后退两三步再转身离开，轻轻关好门；主动向单位的工作人员告别。

考核评价

考核点和考核要求见表 5-3。

表 5-3　考核点和考核要求

考　核　点	考　核　要　求	评　　价
问候	谦恭有礼	
自我介绍	清晰、自信、亲和	
交谈	专注、稳重	
基本姿态	规范得体	
目光微笑	真诚	
手势	符合标准	
其他细节	自然谦逊	
总体分值（100 分）		

学生分享

由小组选取代表对本小组模拟训练情况进行整理评价，与大家分享，取长补短。教师讲评。

应聘面试模拟过程中，要求学生必须将以上考核点应用到训练环节中，同时，也可以加入电话礼、鞠躬礼、敲门礼，甚至下蹲拾物品礼仪等。要给予学生充分的展示空间，调动学生主观能动性，在自然、宽松的氛围中展示礼仪，通过反复的训练，使其成为一种习惯。

任务 2　与上级一起拜访公司客户

拜访是指前往他人的工作单位或住所，有目的、有准备地去会见、探望对方的一种社会交往活动。可以联络感情，扩大信息，增进友谊。不论是公务交往还是私人往来，拜访都是人们在社会交往中经常采用的一种社交方式。

拜访客户，是职场活动中不可缺少的重要环节。登门拜访时在时间选择、着装修饰、言行举止等各方面都应该注重礼仪规范，遵循一定的礼节。作为职场人士，要在思想上高度重视客户拜访工作，拜访前多做准备，尊重主人，做到客随主便，做一个深受欢迎的拜访者。

通过此项任务训练，让学生能够全面感受拜访客户的礼仪规范，礼貌做客，进而落实到工作和生活的细节中。

训练目标

- 能够做好拜访前的准备。
- 能够做到拜访有礼。

- 能够做到小组成员团结协作。

训练任务

子任务 1：拜访前准备。

子任务 2：优雅拜访。

任务情境

拜访目的：业务合作。

受访公司：海燕国际旅行社。

拜访对象：刘柳（计调部经理）。

拜访公司：绿洲国际大酒店。

拜访者：周岩（销售部经理），史欣然（销售部业务员）。

会见地点：海燕国际旅行社接待室。

相关信息：

① 绿洲国际酒店刚刚开业两个月。

② 绿洲国际酒店希望与海燕国际旅行社达成业务协议，业务员史欣然将为海燕国旅的刘经理进行合作计划陈述，并进一步展示自己酒店的实力，以获得对方对酒店实力的认可。

注：角色可自行设计添加。

实践要求

按照项目情境内容，分组进行模拟演练。

子任务 1　拜访前准备

任务实施

1. 制订约定计划

① 明确拜访目的。

② 事先联络：注意电话礼仪。

③ 确定约见时间：避开节假日、午休及用餐时间。

④ 确定拜访地点：公司接待室。

⑤ 明确拜访所在地的交通路线。

⑥ 确定照顾上级的细节：表达尊重、礼让。

2. 展示仪容

① 个人仪容卫生：面部、四肢；忌口腔异味。

② 面容化妆：精致淡妆（女）；剃须（男）；淡雅的香水。

③ 头发：清洁整齐，发型符合角色标准。

3. 展示着装（可借用）

① 着装整洁、大方、得体，与拜访场所协调。
② 鞋袜：鞋光亮清洁，款式和颜色搭配得当；注意袜子的颜色。
③ 饰品：公事包或手提包要正式，符合职场要求；首饰少而精。

4. 展示物品准备

① 对方公司及合作客户现状。
② 名片（要求自制）。
③ 馈赠对方的礼品。
④ 所需的文字资料和电子资料（可以用文件夹模拟）。
⑤ 笔记本电脑（可以用电脑包替代）。

考核评价

考核点和考核要求见表 5-4。

表 5-4　考核点和考核要求

考　核　点	考　核　要　求	评　　价
制订约定计划	全面、明确、合理	
仪容	符合形象要求	
着装	与场合协调	
物品准备	全面、有新意	
总体分值（100 分）		

学生分享

由小组选取代表和老师一起对本小组模拟训练情况进行整理评价，与大家分享，取长补短。

子任务 2　礼 貌 拜 访

任务实施

1. 举止表现

① 敲门：注意力度、节奏。
② 礼貌打招呼：称呼合礼，表达敬意。
③ 落座：文雅入座，坐姿规范、有欠身致谢。
④ 递接物品：双手捧接对方递来资料，包括：茶水、烟及其他。
⑤ 交谈：注意分寸，谈吐得体，不喧宾夺主。

2. 交际礼节姿态及顺序展示

① 自我介绍：精炼简洁。

② 他人介绍：介绍顺序，尊者先知。

③ 规范握手：注意顺序、力度、时间等。

④ 交换名片：注意顺序、取放名片的递接姿态及语言呼应。

3. 告辞展示

① 起身握手：及时告辞，握手致谢。

② 礼貌道别：适时转身举手道别。

考核评价

考核项目和考核要求见表 5-5。

表 5-5　考核项目和考核要求

考核项目	考核点	考核要求	评　价
举止表现	敲门	力度、节奏合礼仪	
	礼貌打招呼	称呼合礼，表达敬意	
	落座	入座，坐姿规范、有欠身致谢	
	递接物品	双手捧接：资料、茶水、香烟等	
	交谈	有分寸、得体、不喧宾夺主	
交际礼节姿态及顺序展示	自我介绍	精炼简洁	
	他人介绍	介绍顺序，尊者先知	
	握手礼	顺序、姿态、力度、时间等合礼	
	交换名片	取放、递接姿态及顺序合礼仪	
告辞展示	起身握手	及时告辞，握手致谢规范	
	礼貌道别	适时转身，举手道别自然大方	
总体分值（100 分）			

学生分享

由小组选取代表对本小组模拟训练情况进行整理评价，与大家分享，取长补短。教师讲评。

拜访模拟过程中，要求学生必须将以上考核点应用到训练环节中，同时，也可以依据情境加入更多的角色以及电话礼、鞠躬礼、馈赠礼等礼仪要求。给予学生充分的展示空间，调动学生主观能动性，在轻松、自如的氛围中，展示礼仪，通过反复的训练，使其成为一种习惯。

任务 3　办公室接待来访

办公室人员在日常工作中，随时需要接待来自各方的客人。日常接待工作看似简单，却会给客人留下各种不同的印象——对公司的印象、对部门工作的印象、对公司员工素质的印象等。这些印象的好坏，直接关系到公司事业的成功与否。亲切微笑、热忱迅速、细致周到，是接待工作是否成功的衡量标准。通过此项任务训练，让学生能够学会热情周到地接待来访，展示公司及个人的良好形象。

训练目标

- 能够做到接待准备工作全面周到。
- 能够规范、礼貌地进行接待。
- 能够做到小组成员通力协作、互帮互助。

训练任务

子任务 1：接待准备。
子任务 2：演示接待过程。
子任务 3：演示送别来宾。

任务情境

公司名称：广田服饰管理有限公司。
参与接待人员：杨宗林（总经理）；杜军（开发部经理）；张丽（秘书）……
接待部门：办公室。
来访者单位：旭日商贸有限公司。
来访人员：董世杰（总经理）；李刚（经理助理）；小刘（司机）……
相关信息：
① 来访目的：商洽两家公司合作共同开发民族服饰事宜。
② 人员关系：杜军与董世杰之前在宁夏服装博览会有过一面之缘。
③ 来访者自驾车。
注：角色可自行设计添加。

实践要求

按项目情境内容，在班级中分出若干小组。每个小组中分别安排不同角色进行演示训练（接待场景设计自拟）。小组上台试演，全班谈论确定最佳表现小组，教师进行总结评价。

子任务 1　接 待 准 备

任务实施

1. 前期计划表

① 明确来访对象：来访的姓名、性别、身份、人员数量。
② 确定接待规格：根据来访者的目的确定接待负责人。
③ 确定迎接方式：依据来访者抵离的时间和乘坐的交通工具确定迎接方式。
④ 安排用餐、车辆，确定参观等各项工作。

2．接待物品准备（道具齐全：可用标志语代替道具）

① 水、茶叶、茶杯、水果等。

② 钢笔、便笺。

③ 笔记本电脑、投影仪、音响设备、照相机等。

④ 相关资料准备（可用普通 A4 纸替代）。

3．环境布置展示

① 场地整洁、桌椅摆放合礼。

② 每个位子前摆放好名牌，符合礼仪顺序。

4．接待人员个人形象展示

① 仪容：头发梳理整齐，男士要剃须，女士化好淡妆。

② 仪表：着装合礼、合规，符合场合要求。

考核评价

考核点和考核要求见表 5-6。

表 5-6　考核点和考核要求

考　核　点	考　核　要　求	评　　价
前期计划表	全面、符合规定	
接待物品准备	物品齐全、适用	
环境布置展示	符合礼仪要求	
个人形象展示	符合场合要求	
总体分值（100 分）		

学生分享

由小组选取代表对本小组模拟训练情况进行整理评价，与大家分享，取长补短。

子任务 2　演示接待过程

任务实施

1．前台接待

(1) 问候客户

主动、热情、面带微笑，要鞠躬；问清姓名、公司或单位名称；问明来意、进行登记，并电话告知总经理秘书。

(2) 引导客户

① 走廊引导：走在客人左前方的 2、3 步处。引路人走在客人的左侧，让客人走在路中央。要与客人的步伐保持一致。引领时要关注客人，适当地做些介绍。拐弯或有楼梯台阶的地方应使用手势，并提醒客人“这边请”或“小心台阶”等。

② 上下楼梯：转弯处或楼梯口，停下来说"请您往这边走"，手臂指引姿态规范。

上下楼梯时，在上楼梯时可让客人走在前面，自己紧跟在后。

下楼梯时，要自己走在前面，并将身体倒转向客人，周到地加以照顾。

螺旋梯，则让客人走在内侧。

③进出电梯：预先告知在几楼出电梯，进电梯，客人先进；出电梯，客人先出。

(3) 敲门有礼

音量、节奏符合礼仪要求。

2. 过程接待

① 介绍礼：介绍顺序，以客为尊，以尊者先知为原则。

② 握手礼：伸手顺序、姿态、力度、握手时间等要合礼。

③ 名片礼：取放、递接姿态及顺序要合礼。

④ 入座：请坐手势、坐姿要合礼。

⑤ 递送茶饮：双手递送、手触及杯具位置、水量、表情等要合乎规范。

⑥ 交谈：简单交谈，身体姿态、语言、表情等要得体、大方。

考核评价

考核项目和考核要求见表 5-7。

表 5-7 考核项目和考核要求

考核项目	考核点	考核要求	评价
前台接待	问候	热情、规矩、业务环节熟练	
	引导客户	手势、站位、路线、语言规范	
	敲门有礼	音量、节奏适宜	
过程接待	介绍礼	介绍顺序，以客为尊，尊者先知原则	
	握手礼	伸手顺序、姿态、力度、握手时间等要合礼	
	名片礼	取放名片、递接姿态及顺序要合礼	
	入座	请坐手势、坐姿要合礼	
	递送茶饮	递送、手触及杯具位置、水量要合乎规范	
	交谈	身体姿态、语言、表情等得体、大方	
总体分值（100 分）			

学生分享

由小组选取代表对本小组模拟训练情况进行整理评价，与大家分享，取长补短。教师讲评。

子任务 3　演示送别来宾

任务实施

1．送别来宾到门口演示

① 交谈：寒暄表达诚意。

② 握手：握手作别，等客人先伸手。

③ 返回：在对方离开视线后转身返回。

2．送别来宾至乘车演示（可室内假设）

① 打开车门：座次位置、开车门动作、关车门动作。

② 告别致意：站在车前一米处，15° 鞠躬并举手致意；待车消失于视线内转身返回。

考核评价

考核项目和考核要求见表 5-8。

表 5-8　考核项目和考核要求

考核项目	考核点	考核要求	评价
送别来宾到门口	交谈	寒暄环节规范	
	握手	握手客人先伸手	
	返回	在对方离开视线后转身返回	
送别来宾至乘车	打开车门	座次位置、开车门动作、关车门动作	
	告别致意	站位、鞠躬、举手致意、转身返回合礼仪	
总体分值（100 分）			

学生分享

由小组选取代表对本小组模拟训练情况进行整理评价，与大家分享，取长补短。

办公室接待来访模拟过程中，要求学生必须将以上考核点应用到训练环节中，同时，也可以依据情境加入更多的角色和礼仪要求，力求自然、真实，充分调动学生主观能动性，在轻松、欢快的氛围中，展示礼仪，通过反复的训练，使其成为一种习惯。

任务 4　和朋友们一起赴宴

在日常工作、生活中，人们经常会以宴会作为交际平台，用以沟通交流，加强人际交往。而礼仪是打开人际交往大门的一把金钥匙。在宴会中，一个人的礼仪举止体现了其修养和道德品质，因而应该引起人们的注意。通过此项任务训练，旨在让学生能够进行赴宴时的全方位的礼仪展示，达到学则会用的目的。

训练目标

- 做好赴宴前的准备工作。
- 做到宴会过程中言谈举止大方得体。

训练任务

子任务 1：设计个人形象。

子任务 2：演示宴会过程礼仪。

任务情境

宴会主题：欢迎医学博士张婷学成归来。

参会人员：张婷的同学、好友及其伴侣，约 8 ~ 10 人。

宴会举办地：香格里拉酒店宴会厅。

用餐形式：中餐。

角色：迎宾，张婷，男朋友，好友（负责安排座次的组织者），大学同学……

相关信息：

① 目的：张婷回国工作，好朋友、同学一起庆祝并相互认识。

② 要求：每个角色都有不同的职业，并且展示职业气质，围绕职业岗位进行交流。

注：角色可自行设计添加。

实践要求

按项目情境内容，在班级中分出若干小组。每个小组中分别选出相关角色，进行演示训练（宴会场景设计自拟）。小组上台试演，全班谈论确定最佳表现小组，教师进行总结评价。

子任务 1　设计个人形象

任务实施

1. 展示仪容

① 仪容卫生：清新整洁；忌口腔异味。

② 妆容修饰：精致妆容（女）；剃须（男）；涂抹适宜的香水。

③ 发型：清洁整齐，符合角色中职业气质并与服装相协调。

2. 展示着装（可借用）

① 服装：符合赴宴礼仪要求，款式得体，女士着裙装。

② 鞋袜：鞋面光亮清洁，款式和颜色搭配得当。

③ 饰品：首饰与服饰搭配得体；包、手表、腰带、领带等佩饰搭配合理。

考核评价

考核点和考核要求见表 5-9。

表 5-9　考核点和考核要求

考 核 点	考 核 要 求	评　　价
仪容卫生	清新整洁；口腔无异味	
妆容修饰	妆容得体；香水适宜	
发型	符合角色气质	
服装款式	女士着裙装；符合 TPO-R 原则	
鞋袜搭配	光亮、清洁、协调	
饰品搭配	搭配得体，恰到好处	
总体分值（100 分）		

学生分享

由小组选取代表对本小组仪容仪表修饰情况进行整理评价，与大家分享，取长补短。

子任务 2　演示宴会过程礼仪

任务实施

1．语言展示

① 问候语：面带微笑、称呼得当；能够很快拉近彼此距离。

② 介绍自身现况：目光有神、面带微笑；语言清晰、语调明快；不夸大其词，也不妄自菲薄。

③ 交谈：态度真诚、专注；能够寻找适宜的话题，营造融洽的交谈氛围。

④ 致欢迎词：作为宴会组织者在致欢迎词时，自信、大方、热情；用词文明、亲切；能将会场气氛带入高潮。

2．基本姿态展示

① 站姿：上体挺拔、下颌微收、面带微笑、优雅大方，选择适宜的站姿。

② 走姿：上体挺拔、精神抖擞、面带微笑、步态自然、富有节奏。

③ 坐姿：左侧入座，右脚后撤，女士拢裙，屈膝屈髋坐下；落座至坐具的三分之二或二分之一处，选择适宜自己的规范坐姿；上体挺直、肩下垂、双腿自然、目光平视、面带微笑；起座时，右脚后撤，伸髋伸膝起身；坐姿传递的信号是大方随和的，表达出愿意与人交往的态度；离座时，不发出声响，不影响他人；坐具归位。

3．体态语言展示

① 目光：注视对方额头与双眼的三角区；注视时间占谈话时间的三分之二；注视方式为正视为主，环视为辅。

② 微笑：真诚、自信；客观、激情，有亲和力。

③ 手势：交谈过程中，尽量不用多余的手势；双手向对方递接物品。

4. 餐间礼仪展示

(1) 席间有礼

进餐过程中，举止姿态要文雅；要正确使用餐具，比如，餐巾是用来擦嘴的，就不要擦脸、擦汗或者擦餐具；要主动与同桌人交谈，边吃边谈是宴会的重要形式，应主动与同桌人交谈，声音不要过大，也不可窃窃私语。

(2) 祝酒有礼

敬酒时应按身份地位由高到低，或者按座次顺序依次进行。身份地位低的人杯口要低于身份地位高者。主人致辞或与他人交谈时要放下餐具，停止进食。

(3) 退席有礼

正式宴会上主人将餐巾放在桌子上或者从餐桌旁站起来，就表明宴会结束。宴会结束离开餐桌时，不应将椅子拉开就走，而应将椅子挪回原处。客人在分手时，应向主人道谢，并与其他客人致意告别。

(4) 餐间禁忌展示（安排负面角色并有角色提醒）

① 不为他人夹菜。由于是合餐制，出于卫生以及尊重个人喜好的考虑，用餐时不宜主动为他人夹菜，可以请客人多用些或品尝某些菜肴，即让菜不夹菜。

② 不在席间吸烟。在出席宴会时，应该自觉做到不在席间吸烟，以免有损他人健康。

③ 不在席间整理妆容。在出席宴会时，无论男士还是女士都不应在席间更换衣帽、修补妆容。

④ 不在席间把玩手机。在席间，不可随意把玩手机，甚至敲出声音。

⑤ 不在宴请时一言不发。宴请本身就是一种社交方式，更不能始终保持沉默。

⑥ 不在席间剔牙。

(5) 组织者对于座位的安排

组织者对于席位的安排应遵循中餐宴会席位安排的方式。

考核评价

考核项目和考核要求见表 5-10。

表 5-10　考核项目和考核要求

考核项目	考核点	考核要求	评价
语言展示	问候	热情、大方，称呼得当	
	自我介绍	手势、站位、路线、语言规范	
	交谈	面带微笑；语言清晰、语调明快	
	致辞	自信、大方、热情，有感染力	
基本姿态	站姿	挺拔、优雅，姿态大方	
	走姿	挺拔、自然，富有节奏	
	坐姿	入座、落座、起坐规范有礼	

续表

考核项目	考核点	考核要求	评价
体态语言	目光	注视方式，注视部位合礼	
	微笑	真诚、自信，有亲和力	
	手势	正确、规范、得体	
餐间礼仪	席间有礼	姿态文雅，举止得体	
	祝酒有礼	敬酒顺序；持杯碰杯；适时落筷	
	退席有礼	挪移、道谢、告别	
	餐间禁忌	全面、自然展示，并有角色提示	
总体分值（100 分）			

学生分享

由小组选取代表对本小组模拟训练情况进行整理评价，与大家分享，取长补短。教师讲评。

赴宴模拟过程中，要求学生必须将以上考核点应用到训练环节中。同时，也可以依据情境加入其他角色及电话礼等其他礼节，或对于赴宴人员的身份经历进行设计。给予学生充分的展示空间，调动学生主观能动性，在轻松、惬意的氛围中，展示礼仪，通过反复的训练，使其成为一种习惯。

综合训练项目考核

项目考核的过程即是学习的过程。其目的，不仅仅是对学习结果的检验，让同学们获得期望的分数，更重要的是让同学们通过考核过程的历练，充分调动个人潜质，在创新和合作中拥有更多意想不到的收获。

考核目标

- 能够独立合理设计在整个情境中的礼仪点。
- 培养礼仪思维，无论何时，无论何地，充分考虑并注重礼仪形象，让礼仪如影随形，养成礼仪习惯。
- 培养团队合作精神，互帮互爱，共同进步。

考核说明

此考核为小组成绩，占课程总成绩的 40% ~ 50%。以小组为单位，根据考核项目要求，结合所学知识，分别进行场景设计并模拟演示。要求：

① 考核表中的每一个考核点都必须融进整个自设情境中。

② 每个角色都要有至少 2 个考核点体现。

③ 各角色间考核点可以重叠展示。

④ 每小组考核结束，教师要按考核标准（评分表）逐一说明得分理由及扣分理由，指出

小组及个人的不足及如何完善。

考核方式

要求学生自行课下完成，只需向老师提供视频资料。

考核内容

考核 1：面试场景设计（见表 5-11~ 表 5-13）。
考核 2：用餐场景设计（见表 5-14~ 表 5-16）。
考核 3：商务谈判场景设计（见表 5-17~ 表 5-19）。
考核 4：商务酒会场景设计（见表 5-20~ 表 5-22）。

考核标准

考核 1　面试场景设计

表 5-11　面试情境礼仪考核评分表

组号：　　　　　　　　主题：　　　　　　　　小组总成绩：

项　目	内　容	分 值	成 绩	说　明
资料	求职简历	5		
	求职信	5		
	登记表或求职表	5		
	其他资料	5		
个人形象	发型	5		
	仪容卫生	5		
	面容修饰	5		
	着装整洁与平整度	5		
	款式搭配	5		
	鞋袜搭配	5		
	饰品搭配	5		
面试过程	问候	5		
	基本姿态（站、坐、行、蹲）	5		
	表情（目光、微笑）	5		
	手势（指示、递接）	5		
	细节要求	5		
	交谈（表达、应答）	5		
面试结束	致谢	5		
	告退	5		
	细节要求	5		

续表

项　目	内　容	分 值	成 绩	说　明
加分	情境设计（合理顺畅）	10		
	同伴合作（配合默契）	5		
	道具真实	5		
扣分	情境不完整	–10		
	考核点展示不全（整体及个人）	–10		
合　计		100		

表 5-12　面试情境礼仪考核角色分配表

组长：　　　　　　　　成员人数：

姓　名	角　色	考核点项目	说　明

表 5-13　教师评定表

考核教师：

项　目	评　定	特别说明
考核点设计		
考核点展示		
各角色展示		
团队精神状态		
过程亮点		
建议		

考核2　用餐场景设计

表5-14　用餐礼仪考核评分表

组号：　　　　主题：　　　　　　　　小组总成绩：

项　　目	内　　容	分值	成绩	说　　明
基本礼仪	迎宾	5		
	入座	5		
	开宴及致辞	5		
	交谈	5		
	敬酒	5		
	结束与送客	5		
用餐过程	座次安排	5		
	餐具与餐巾的摆放	5		
	餐具使用	5		
	就餐仪态	5		
	就餐过程中的其他细节	5		
酒水礼仪	斟酒方法	5		
	斟酒顺序	5		
	斟酒量	5		
	斟酒时机	5		
	敬酒、祝酒辞	5		
加分	情境设计（合理适当）	10		
	同伴合作（配合默契）	5		
	道具真实	5		
扣分	情境不完整	−10		
	考核点展示不全（整体及个人）	−10		
合　　计		100		

表5-15　用餐礼仪考核角色分配表

组长：　　　　成员人数：

姓　　名	角　　色	考核点项目	说　　明

表 5-16　教师评定表

考核教师：

项　　目	评　　定	特别说明
考核点设计		
考核点展示		
各角色展示		
团队精神状态		
过程亮点		
建议		

考核 3　商务谈判场景设计

表 5-17　商务谈判情境礼仪考核评分表

组号：　　　　　　　　主题：　　　　　　　　小组总成绩：

项　　目	内　　容	分值	成绩	说　　明
资料	协议文本	5		
	名片	5		
	其他资料	5		
个人形象	发型	5		
	个人卫生	5		
	面容修饰	5		
	着装整洁与平整度	5		
	款式搭配	5		
	鞋袜搭配	5		
	饰品搭配	5		
谈判过程	问候	5		
	递送名片	5		
	握手	5		
	发放资料	5		
	茶水服务	5		
	表情（微笑、不卑不亢）	5		
	交谈（表达、应答）	5		
	细节要求	5		
谈判结束	告别	5		
	细节要求	5		
加分	情境设计（合理顺畅）	10		
	同伴合作（配合默契）	5		
	道具真实	5		

续表

项　目	内　容	分值	成绩	说　明
扣分	情境不完整	-10		
	考核点展示不全（整体及个人）	-10		
合　计		100		

表 5-18　商务谈判情境礼仪考核角色分配表

组长：　　　　　成员人数：

姓　名	角　色	考核点项目	说　明

表 5-19　教师评定表

考核教师：

项　目	评　定	特别说明
考核点设计		
考核点展示		
各角色展示		
团队精神状态		
过程亮点		
建议		

考核4　商务酒会场景设计

表5-20　商务酒会礼仪考核评分表

组号：　　　　　　主题：　　　　　　小组总成绩：

项　目	内　容	分　值	成　绩	说　明
外表的塑造	着装得体 （鞋子、首饰和装饰品）	3		
	妆容得体 （发型、指甲）	3		
问候	目光微笑	3		
	仪态谦恭	3		
自我介绍	内容	5		
	语言流畅得体	5		
	微笑、目光有神	3		
名片礼	有身份和名片	3		
	角色制订合理	3		
	递送	3		
	接收	3		
	存放	5		
握手礼	个人姿态	5		
	微笑、目光有神	3		
	握手者间距离	3		
	手姿态	3		
	身体姿态	3		
	伸手顺序	3		
基本仪态	站姿（交谈）	3		
	坐姿（用餐）	3		
	走姿（入、退席）	5		
语言谈吐	文明用语	3		
	语言流畅	5		
	保持微笑	3		
交际能力	能够与陌生人相识	3		
	能够与人自如交谈	3		
用餐礼仪	能够文明用餐	5		
	能够帮助别人	5		
加分	情境设计（合理顺畅）	10		
	同伴合作（配合默契）	5		
	道具真实	5		
扣分	情境不完整	-10		
	考核点展示不全（整体及个人）	-10		
合计		100		

表 5-21　商务酒会情境考核角色分配表

组长：　　　　　成员人数：

姓　　名	角　　色	考核点项目	说　　明

表 5-22　教师评定表

考核教师：

项　　目	评　　定	特别说明
考核点设计		
考核点展示		
各角色展示		
团队精神状态		
过程亮点		
建议		

参考文献

[1] 陈济．中华文明礼仪 [M]．北京：高等教育出版社，2017．
[2] 孙玲，江美丽．商务礼仪实务语操作 [M]．北京：对外经济贸易大学出版社，2017．
[3] 秦保红．职场礼仪教程 [M]．北京：中国人民大学出版社，2016．
[4] 康开洁，柳娜，孙艺敏．商务礼仪实务 [M]．北京：清华大学出版社，2015．
[5] 彭林．中国古代礼仪文明 [M]．北京：中华书局，2013．
[6] 戴晓丹．礼仪实训教程 [M]．北京：清华大学出版社，2013．
[7] 陈光谊．现代实用社交礼仪 [M]．北京：清华大学出版社，2013．
[8] 金正昆．政务礼仪教程 [M]．北京：中国人民大学出版社，2013．
[9] 刘艳．我的第一本职场礼仪书 [M]．呼伦贝尔：内蒙古文化出版社，2012．
[10] 金正昆．当代公关礼仪 [M]．北京：高等教育出版社，2012．
[11] 李洪兵．礼仪实训教程 [M]．北京：外语教学与研究出版社，2012．
[12] 陶玉立．你的礼仪价值百万 [M]．北京：中国华侨出版社，2012．
[13] 博瀚．社交与礼仪知识大全 [M]．北京：同心出版社，2012．
[14] 彭林．彭林说礼 [M]．北京：电子工业出版社，2011．
[15] 梁颖．旅游礼仪 [M]．上海：上海交通大学出版社，2011．
[16] 金正昆．服务礼仪教程 [M]．北京：中国人民大学出版社，2010．
[17] 孙素，陈萍．旅游服务礼仪 [M]．北京：北京理工大学出版社，2010．
[18] 罗春娜．秘书实务 [M]．北京：清华大学出版社，2010．
[19] 波多里奇．最佳经理人礼仪指导手册 [M]．章月皎，译．哈尔滨：黑龙江科学技术出版社，2010．
[20] 王琦．旅游礼仪服务实训教程 [M]．北京：机械工业出版社，2009．
[21] 金正昆．商务礼仪教程 [M]．北京：中国人民大学出版社，2009．
[22] 金正昆．社交礼仪教程 [M]．北京：中国人民大学出版社，2009．
[23] 刘永俊，陈淑君．民航服务礼仪 [M]．北京：清华大学出版社，2009．
[24] 牟红，杨梅．旅游礼仪实务 [M]．北京：清华大学出版社，2007．
[25] 薛群慧，邓永进，庄新成．现代旅游接待礼仪 [M]．北京：北京大学出版社，2006．
[26] 李嘉珊，刘俊伟．旅游接待礼仪 [M]．北京：中国人民大学出版社，2006．
[27] 何丽芳，隋海燕．酒店礼仪 [M]．广州：广东经济出版社，2005．
[28] 黄琳．商务礼仪 [M]．北京，机械工业出版社，2005．
[29] 陈红．国际交往礼仪 [M]．北京：清华大学出版社，2004．
[30] 张利民．旅游礼仪 [M]．北京：机械工业出版社，2004．
[31] 陈萍．最新礼仪规范 [M]．北京：线装书局，2004．
[32] 彭林．中华传统礼仪 [M]．北京：燕山出版社，2004．
[33] 林友华．社交礼仪 [M]．北京：高等教育出版社，2003．
[34] 陈刚平，周晓梅．旅游社交礼仪 [M]．北京：旅游教育出版社，2003．
[35] 段建国，李莉．旅游接待礼仪 [M]．北京：中国人民大学出版社，2001．
[36] 陆永庆．旅游交际礼仪 [M]．大连：东北财经大学出版社，2001．